KB251405

중학교 **국어 수업**
어떻게 김미경 선생의 국어 수업 일지 '언제나 맑음' 365일!
할 것인가?

중학교 **국어 수업**
어떻게 김미경 선생의 국어 수업 일지 '언제나 맑음' 365일!
할 것인가?

중학교 국어 수업 어떻게 할 것인가?

초판 1쇄 발행 2013년 5월 15일
초판 2쇄 발행 2016년 8월 31일

지은이 김미경
펴낸이 김승희
펴낸곳 도서출판 살림터

기획 정광일
편집 조현주

인쇄·제본 (주)현문
종이 월드페이퍼(주)

주소 서울시 영등포구 양평로21가길 19 선유도 우림라이온스밸리 1차 B동 512호
전화 02-3141-6553
팩스 02-3141-6555
출판등록 2008년 3월 18일 제313-1990-12호
이메일 gwang80@hanmail.net
블로그 http://blog.naver.com/dkffk1020

ISBN 978-89-94445-43-4 03370

중학교 국어 수업 어떻게 할 것인가?

김미경 선생의 국어 수업 일지 '언제나 맑음' 365일!

김미경 지음

살림터

아내와
교사 사이에서

학교에서 집에 오자마자 피곤하다고 눕는 아내를 안타깝게 바라본다. 한밤중까지 교재 연구를 하기 위해 컴퓨터 앞에 앉은 아내는 교사가 아니었으면 좋겠다는 생각을 한다.

나는 아내와 교사와 함께 산다. 어떤 때는 수수한 아내이다가 어떤 때는 주부보다 더 많은 시간을 꼿꼿한 교사와 산다. 아주 많이 불편하다.

그동안 아내는 해마다 학급 문집과 독서 동아리 문집을 만들고, 수업 실천 사례집을 책으로 내면서 목 디스크라는 훈장을 달았다. 그것으론 모자랐는지 아직도 무엇인가를 쓰고 오리고 적고 있다. 아직은 살 만한가?

아내는 "올해는(2012학년도에는) 수업 일지를 쓰고 그것을 책으로 내고 싶다."고 말했었다. 아니 통보했다. 걱정이다. 아파서, 더 이상 몸을 해칠 수 없어서, 이제는 아내로 사는 듯하더니 다시 교사로 살겠다는 선전포고이다. 또 교사로 사나? 집에서만이라도 아내로 살면 안 되나?

2012년이 끝나 갈 무렵 두툼한 파일이 메일로 도착했다. 부탁의 내용은 간단하다. 잘 읽어 보고 서문을 쓰라는 거다. 가족끼리 북 치고 장구 치며 노는 모습이 좋을 리 없으니 훌륭한 분을 모셔서 글을 받으면 좋겠다는 의견은 무시됐다.

가정의 수호를 위해서 할 수 있는 선택권은 하나다. 오랜 시간을 읽었다. 마음에 들지 않는다. 교사라면 한번쯤 고민한 것들이라서 흔한 소재이고 어떤 문제에 대한 완전한 해결책을 제시하는 글도 아니다. 물론 수업이나 교육의 방법에 왕도가 있는 것은 아니기에 완벽을 바라는 것은 무모한 일이다. 그렇다면 현재 유행하는 수업 방법이나 철학을 바탕으로 수업 모형을 개발하고 일반화할 수 있는 자료를 제시하든지, 교사들이 알고 있으면 좋을 교육 철학이나 교육 이야기를 쓸 수는 없었을까?

시큰둥하게 읽어 내려가다가, 일지는 과거를 현재에 기록하는 것이지만 미래를 준비할 수 있는 강력한 도구라는 생각이 들었다. 지난 수업 시간이나 지난 하루가 단순한 과거라면 굳이 기록할 이유가 없고, 기록하지 않는다면 지난 수업이나 하루에 대한 생각이 없는 것이며, 상상력이 없다면 과거는 미래로 발전할 수 없는 화석에 불과하다는 깨달음 때문이었다.

수업 일지를 읽어 갈수록 미래를 위해 애쓰는 아내를 발견하게 되었고 책으로 엮고자 하는 마음을 이해하게 되었다. 뿐만 아니라 같은 국어과 교사로서 화석만 만들고 있는 나를 창피하게 만들었다. 이렇게 사느라고, 아내도 중요하지만, 이 땅의 교사로 사느라고 매일 다리를 밟아 달라고 했나 보다.

이 책을 읽으면서, 또는 아내와 같이 교육에 대해 같이 이야기하며 느낀 생각을 몇 가지로 정리해 보겠다.

첫째, 교육의 목적 또는 학교에서 공부를 하는 목적을 아이들의 발달에 두었다는 것이다. 너무나도 당연한 이야기를 특징으로 잡았다는 핀잔을 들어도 싸지만, 입시 위주의 현실에서 아이들에게 발달적 변화를 목표로 수업을 한다는 것은 그렇게 녹록하지 않음에 동의할 것이다. 교사가 앞장서서 이끌어 가려 하지 않았고 아이들을 지켜보았으며, 교사가 필요한 부분에는 최소한 개입하여 도왔고 아이들에게 따로 또 같이할 수 있는 수업 기회를 주었다.

둘째, 아이들의 발달을 위해서 우리 교사가 할 수 있는 가장 중요한 일을 멍석 깔기로 보았다는 것이다. 아내는 교사를 처음 시작할 때부터 읽기와 쓰기를 중시했다. 굳이 선진국의 예를 들지 않더라도 읽기와 쓰기는 삶의 기초이자 공부의 시작이다. 뿐만 아니라 독서를 중시해서 많은 책읽기 동아리 활동과 통합수업을 계획하여 실천했으며, 가르칠 자료를 위해 수많은 곳을 여행했고, 그 흔적을 수업의 자료로 삼았다.

셋째, 아이들을 기다려 주었고 믿었다는 것이다. 가슴은 없고 머리만 있는, 깊이는 없고 빠름만 중시하는 새로운 종족을 믿고 기다린다는 것은 쉬운 일이 아니다. 더구나 '국어'라는 따분한 과목을 가르치면서 여러 가지 방식으로 아이들에게 다가가려고 했던 노력은 더욱더 쉽지 않았을 것이다.

제 식구를 내세우는 것은 팔불출이라고 배우며 살아온 나는 이 글을 쓰면서 팔불출이 행복할 수도 있다는 다른 생각을 했다. 가끔 뜬금없는 여행으로 피곤하기도 했지만 그것이 우리 아이들을 위한 교재 연구였다고 생각하니, 이 세상에는 아내와 교사가 모두 많아야 함을 이제야 알겠다.

이 책의 내용을 읽어 보면 저자의 의욕이나 독자의 바람과는 달리 모자람이 많을 것이다. 이 책은 교육 철학 책이거나 교육 방법을 전수하는 책이 아니라, 아이들을 위해 살아온 대한민국 보통 교사의 기록이다. 이 기록의 편린들을 지켜본 사람으로서, 남편이자 국어 교사라는 동료로서 평균도 살지 못한 죄책감에 이 글을 쓰고 있으며 출판을 도왔다. 영광이다.

오늘의 수업에 좌절하지만 다시 일어서서 내일의 수업을 준비하는 교사들에게 작은 힘이나마 되길 빈다. 앞서 간 사람들의 발자국과 자신의 발자국을 어떤 의미로 연결 짓느냐 하는 것은 순전히 그 길을 가는 그 사람의 몫이다.

2013년 4월
부천동여자중학교 교사 반금현

『어린 왕자』에 나오는 '길들인다'라는 말을 떠올려 보았다. 왕자는 장미를 길들여 특별한 관계를 만들었고, 왕자의 친구가 된 여우도 왕자에게 특별한 의미가 되었다. 애정을 쏟으면 모든 것이 새로운 의미로 다가오고, 특별한 존재 가치를 갖게 된다는 것이다.

아이들은 몸을 바로 세우고 입을 다문 채 일방적으로 선생님의 강의를 듣는 수업 방식에 단련되어 왔다. 뛰는 것만 보고 들은 개구리가 위급한 상황에서 잘 뛸 수 없는 것처럼, 주입식 교육에 익숙한 아이들은 자기 의견 개진에 충실할 수도, 남의 말을 올바르게 비판할 수도 없다. 그렇기 때문에 아이들을 학습 중심으로 이끌어 내는 것이 우선이었다.

그동안 나는 아이들과 함께 수업을 하며 아이들의 마음을 들여다보고 아이들을 길들이는 수업 방식을 고민했다. 장미가 되고 여우가 될 아이들을 위해 왕자가 된 나는 특별한 도술을 부렸다. 아이들에게 제시한 도술은 '공책을 활용하는 수업 방법'과 아이들이 수업의 주체가 되는 '활동 참여식 수업', 그리고 '모둠 토의 수업 방법'이었다.

'공책을 활용하는 수업'으로 아이들이 창조적으로 생각하고, 그 생각을 독창적으로 표현하도록 하는 데 중점을 두었다. 그리고 '활동 참여식 수업'과 '모둠 토의 수업 방법'으로 많은 아이들을 수업에 자발적으로 참여하도록 하는 데 힘을 모으고, 모둠 활동과 역할 나누기를 통하여 집단 사고의 필요성과 협동의 중요성을 알도록 하였다.

아이들이 수업의 객체가 되지 않고 주체가 되어 문제를 찾음은 물론 해결할 수 있는 능력을 기르도록 했고, 타인의 의견을 경청하고 존중하면서 의사 교환을 통해 문제를 해결하도록 하였다. 그러기 위해서 많은 자료와 정보를 수집하고 교재를 재구성하여 다양한 수업 활동을 계획했다. 그리고 신명 나는 수업을 하기도 했다.

그동안 수업에 적극적으로 참여한 아이들의 노력 속에서 나는 장미를 보았다. 그리고 아직은 향기조차 흐리지만 언젠가는 그들이 짙은 향내를 낼 수 있을 것이라는 희망을 확인했다.

지금까지 국어 공부를 함께해 온 3학년 1반, 2반, 3반과 1학년 1반, 새로운 국어 공부의 방향을 잡을 수 있도록 도움을 준 전국국어교사모임, 이 책이 출판될 수 있도록 애쓴 도서출판 살림터 식구들께 고마운 마음을 전한다.

2013년 또 한 번의 봄을 보내며
도서관 창가에서 김미경

차례

01

공책을 활용한 자기 주도적 학습

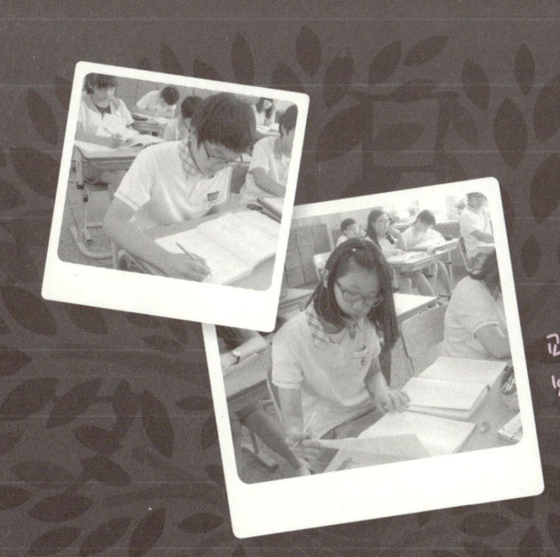

교과서 바탕글을 읽으며 공책에
본문 내용을 스스로 요약 정리하고 있다.

공책은 빈 것이다. 빈 것을 채우는 것은 바로 여러분이다.

내가 칠판에 써 놓은 수업 내용을 여러분이 베껴 쓰는 공간이 공책이라면,

공책의 주인공은 내가 될 것이다. 그러나 조금은 서툴고 익숙하지 않아도 여러분이

나름대로 논리를 세우고 구조화하여 써 나간다면 공책은 여러분 것이 된다. 그래야

공책은 주인에 따라 다르게 표현되는 개성이 드러나고, 고민하고 노력하여

한 줄 한 줄 써 나간 창의력이 발견되며 그 덕택으로 여러분은

성숙을 말할 수 있을 것이다.

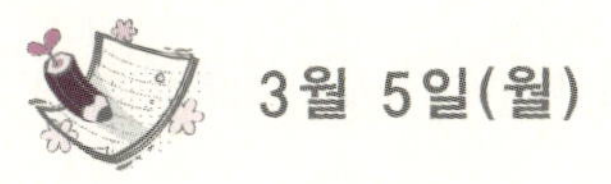

첫날 첫 시간

새 학년 새 출발. 신선한 마음으로 등교를 했다. 교실 문을 열고 들어가 새로움에 대한 기대와 약간의 두려움으로 가득한 눈망울과 만났다. 낯설고 서먹한 분위기. 아이들의 꽉 다문 입술, 자못 무겁다. 곧 제 세상을 만난 듯 시끌벅적하겠지. 속으로 웃음 지으며 아이들 옆으로, 뒤로 슬금슬금 다가갔다.

내 소개를 했다.

"안녕하세요. 먼저 3학년으로 진급한 것을 축하드립니다. 제 이름은 김미경입니다. 만나서 반갑습니다. 저는 1963년 충북 엄정에서 태어나 운동장만큼 넓고 뒷동산만큼 푸른 선생님을 꿈꾸며 학창 시절을 보냈습니다. 저는 결혼을 해서 씩씩한 딸, 귀여운 아들을 낳았습니다. 두 아이를 기르면서 생명의 소중함을 더욱 깨닫게 되었답니다.

어려서부터 책읽기와 글쓰기를 좋아하여 대학교에서 국어 교육을 공부하였습니다. 1986년 서울의 월계중학교에서 국어 선생으로 첫발을 내디뎠습니다. 그로부터 3년 뒤인 1989년 아이들을 사랑하는 방법에 대해 깊이 고민하기 시작했습니다. 때론 웃기도 하고 가끔은 눈물을 감추며 교육에 힘써 온 결과 아이들에게서 희망을 발견할 때가 많았습니다. 글쓰기와 삶을 이은 교육 방법을 전국 국어 선생님들과 함께 나누고 힘쓰기도 했습니다.

다시 여러분을 수업의 중심에 놓고 여러분이 주인공이 되는 수업을 만들고 싶습니다. 그리고 참다운 사람을 서로 배우는 진정한 교육을 하고 싶습니다. 남을 누르고 자기만 살려는 이기주의와 출세를 위한 것으로 이용되는 배움은 하고 싶지 않습니다.

진실한 인간 교육이 될 수 있도록 서로 노력합시다. 국어 시간이 삶의 진실을 나누는 열린 배움 공간이 될 수 있도록 서로 노력합시다. 고맙습니다."

내가 소개를 마치자 여기저기에서 뜨거운 박수 소리가 들렸다. 이어 나의 국어 수업 방법 중 '공책을 활용하는 수업'을 자세히 설명하고 나서 PPT 자료 화면을 통해 이 세상에 하나밖에 없는 '나만의 예쁜 국어 공책 만들기'를 안내했다. 첫날, 첫 시간의 첫 번째 과제였다.

나만의 예쁜 국어 공책 만들기

과제

1 공책 4권을 삽니다.

2 양면 테이프로 붙입니다.

3 공책 이름을 짓고, 이름표를 공책 겉장에 붙입니다.

4 공책 첫 쪽에 공책 이름 지은 이유와 앞으로의 국어 수업 계획을 적습니다.

5 오래 보관할 수 있도록 비닐로 쌉니다.

6 완성: 나만의 예쁜 국어 공책

이 세상에 하나밖에 없는
'나만의 예쁜 국어 공책'

교실에 들어서자 아이들이 제 공책을 만지며 뽐내고 있었다. 아이들의 공책을 하나씩 살펴보았다. '나의 1%를 찾아서', '주인 닮은 공책', '해가 뜨면 달려라', '국어와 난 붉은 실 사이', '추억담', '나의 자서전', '국어 100점', '감초 같은 내 인생', '개나리 노란 꽃그늘 아래', '꿈의 나래를 펼치며', '별을 쏘다', '나의 발전 기록장', '벗', '2% 배고플 때', '꿈의 대화', '희망', '알록달록 꿈구름', '사랑의 속사임', '새로운 곳', '내 마음의 국어 상자', '문학의 통로', '문학 지름길', '훨씬', '내 마음의 보석 상자', '국어여행', '항해 일지', '명품', '꿈나무', '선풍기', '신발장', '푸른 하늘', '화분', '하이브레인', '무통기한', '해바라기' 등. 심지어 '똥'이라고 한 아이도 있었다.

공책에 붙인 이름을 보니 저마다의 개성이 드러났다. 나는 공책의 의미를 이야기해 주었다.

"공책은 빈 것입니다. 그곳을 채우는 것은 바로 여러분입니다. 내가 칠판에 써 놓은 수업 내용을 여러분이 베껴 쓰는 공간이 공책이라면, 공책의 주인공은 내가 될 것입니다. 그러나 조금은 서툴고 익숙하지 않아도 여러분이 나름대로 논리를 세우고 구조화하여 써 나간다면 공책은 여러분 것이 됩니다. 그래야 공책은 주인에 따라 다르게 표현되는 개성이 드러나고, 고민하고 노력하여 한 줄 한 줄 써 나간 창의력을 발휘하며 그 덕택으로 여러분은 성숙을 말할 수 있을 것입니다. 공책은 책가방에 들어 있는 여러 기록장 중의 하나로 빛나는 여러분의 성숙 기록부랍니다.”

이어서 공책 사용 규칙을 자세히 일러 주었다.

첫째, 친구의 것이나 교과서에 있는 내용을 그대로 베껴 적지 않습니다.

둘째, 새로운 단원이 시작될 때 단원 구분을 위하여 쪽수를 바꿉니다.

셋째, 학습 참고 자료를 공책에 붙여 단원 이해의 폭을 넓힙니다.

넷째, 공책은 수업의 기록이며 성과이기 때문에 소중하게 여깁니다.

다섯째, 공책을 통해 자신의 창의성과 개성이 드러나도록 합니다.

여섯째, 공책 정리를 통해 나날이 거듭나는 삶을 확인합니다.

일곱째, 공책을 영역별로 나누어 사용합니다.

- **공책 1**: 교과서 바탕글 학습 내용, 토의·토론 내용
- **공책 2**: 창의적인 글쓰기
- **공책 3**: 학습 자료 붙이기
- **공책 4**: 시 달력 만들기, 3분 글쓰기

일 년 뒤에 자신의 삶이 차곡차곡 쌓이고 소중한 삶의 발자취가 그득히 담긴 공책을 읽어 보면, 훌쩍 커 버린 자신을 틀림없이 발견할 수 있을 것이다.

내 국어 공책의 의미

　나의 공책 이름은 '돗자리'이다. 돗자리 한 개를 짜기 위해 얼마나 많은 씨줄과 날줄이 만나야 할까? 그냥 앉기에는 미안한 마음이 들 정도로 돗자리를 짠 사람의 노고가 그대로 드러난다. 나는 나를 위해 돗자리를 짜는 마음으로 국어 공책을 만들 것이고 아이들이 마음껏 뛰어놀 수 있게 내 돗자리를 짤 것이다. 아이들이 즐거울 수 있다면 나는 매일 돗자리를 짜고 또 짤 것이다.

나의 국어 공책

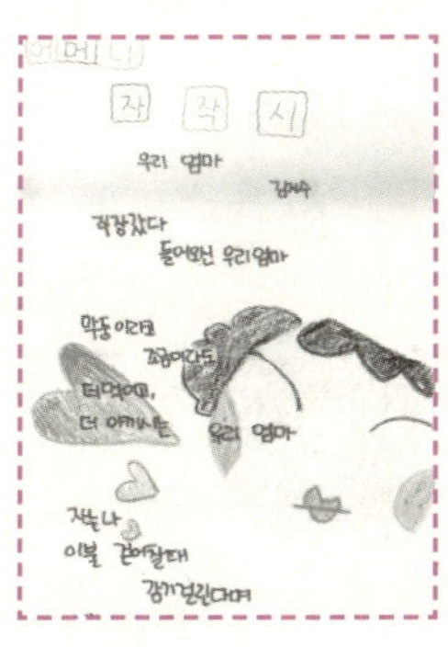

안영은의 국어 공책

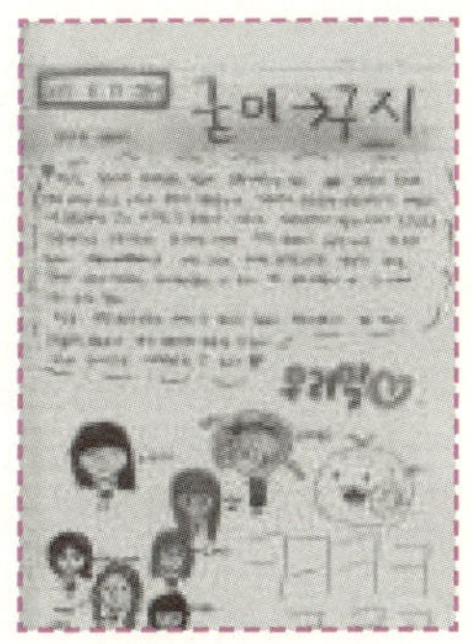

공책 안

'해바라기'라는 이름의 의미와 국어 시간의 계획

3-1 안영은

　해바라기는 언제나 한결같이 해만을 쫓아서 큰다. 태양이 움직이면 함께 움직이고, 태양이 낮게 떠 있다면 고개를 낮추고, 높게 떠 있다면 고개를 높이는 해바라기는 마치 자신의 목표를 정해 놓고, 언제나 변함없이 그 목표를 달성하고자 하는 느낌을 나타내기에 알맞은 꽃 같다.

나는 언제나 목표를 많이 세우지만, 실제로 성취해 내는 결과가 드물어서 늘 조금씩은 실망하게 되는 편이다. 언제나 좌절하지 않고 씩씩하게 한 발 한 발 목표를 향해 다가가는 사람이 되고 싶다. 그래서 항상 씩씩하고 좌절하지 않고 당당한 해바라기처럼 국어 수업뿐만 아니라 모든 수업 그리고 앞으로 있을 모든 일을 해내고 싶어서 이름을 해바라기라고 짓게 되었다.

1학년 1학기에는 수줍음이 많아서 언제나 씩씩하고 자신감 있는 발표를 하지 못했었다. 하지만 점점 시간이 갈수록 자신감도 많이 생기고 당당함이 수줍음을 한참 앞지르게 되었다. 가만히 앉아 생각하고, 마음속에서만 혼자만의 발표를 하기보다는 여러 사람 앞에서 큰 소리로 말하는 것이 훨씬 더 좋다고 생각한다. 앞으로의 국어 시간은 선생님만 말씀하시고 설명하시는 수업보다는 우리 반 모두의 목소리를 들으며 즐거운 마음으로 하는 수업을 했으면 좋겠다. 그러기 위해서 발표도 열심히 하고 대답도 크게 하며 열심히 수업에 참여하는 학생이 되도록 노력해야겠다.

즐거운 국어 수업을 위한 규칙

김춘수 시인의 「꽃」이라는 시를 공책에 붙이고 함께 읽으며 교사와 학생 사이의 특별한, 의미 있는 관계를 맺었다. 그리고 일 년 살이 함께할 규칙을 만들었다.

첫째, 선생님과 학생 사이, 서로 존중하고 인권을 침해하지 않는다.

둘째, 떠들어서 선생님과 다른 학생들의 수업을 방해하지 않는다.

셋째, 다른 사람이 발표할 때는 꼭, 꼭, 꼭 잘 듣는다.

넷째, 모둠 토의 수업에 적극 참여하고 수업 이외의 이야기는 가급적 하지 않는다.

다섯째, 다른 사람의 공책을 베끼지 않는다. 창의적인 행동과 개성을 중시한다.

여섯째, 선생님의 허락을 받지 않고도 자연스럽게 손을 들고 1명씩 화장실에 다녀오고 책임질 행동을 한다.

일곱째, 모둠 안에서 서로 돕고 활발하게 활동하며 남을 무시하거나 왕따를 만들지 않는다(왜! 우리 모두는 소중하고 쓸모없는 인간은 없으니까).

여덟째, 국어 수업 일기를 잘 써서 배운 내용을 확인한다.

규칙을 정한 후 자투리 시간에 '국어 시간'이란 글자를 가지고 4 행시를 모둠별로 지었다. 첫 모둠 활동이었다.

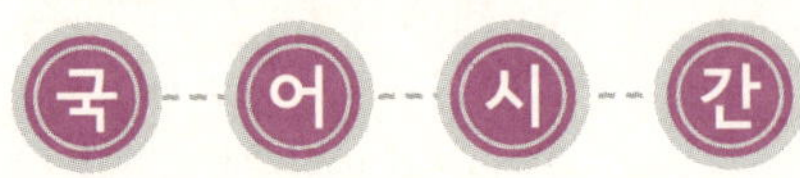

3-2 홍구별 모둠

국   국어 수업은~

어   어~ 뭐랄까 스페셜이다. 왜냐하면

시   시간 시간마다

간   간단하면서도 특별한 수업을 하기 때문이다.

3-2 승재별 모둠

국   국어 수업이 들지 않은 날에는

어   어김없이

시   시간이 더디게

간   간다.

3-2 영인별 모둠

국   국어 시간에

어   어물쩍 넘어가다가는

시   시험 시간에

간   간간이 가슴을 치며 후회한다.

국어 수업 준비물

“네? 국어 수업 준비물도 있어요?”

“네. 있어요. 국어 시간에 책, 공책, 풀, 자, 색연필, 형광펜 등 이 여섯 가지가 국어 수업 준비물입니다. 국어 교과실에 올 때는 이 여섯 가지를 챙겨서 가지고 오세요.”

이렇게 말하자, “국어 시간에 뭐 이런 게 필요해요?”라며 툴툴거리는 아이들도 있었다.

내가 수년간 공책을 활용한 자기 주도적 수업 방법을 전개하면서 아이들에게 가지고 오라고 한 준비물이었다.

책과 공책은 물론 필수이며 색연필은 글쓰기를 마무리한 후 삽화를 그릴 때 필요한 것이고, 풀은 학습 참고 자료를 붙일 때 사용한다. 형광펜은 책을 읽을 때 필요하다. 읽기는 국어 공부의 기본이다. 적극적으로 읽기 위해 중요한 부분에 밑줄을 긋는다.

자는 국어 공책을 디자인할 때 사용한다. 공책 칸을 둘로 셋으로 때론 여섯으로 나눈다. 칸을 나누면 아이들은 그 안을 채우려는 속성이 있다. 손으로 찍찍 긋지 말고 자로 반듯하게 긋는다. 반듯한 삶. 나름대로 의미를 붙여 본 것이다.

내 마음밭을 아름답게
가꾸는 3분 글쓰기

글쓰기에 관심을 가진 것은 오래 전부터이다. 글쓰기에 대한 강의가 있다고 하여 수업을 마치고 강의 장소에 갔다. 하도 오래되어서 강의 장소는 기억나지 않았지만 그때 들은 말은 잊히지 않는다.

"글을 쓰는 것은 똥을 누는 것과 같다. 음식이 들어가면 자연스럽게 배설되듯이 글쓰기도 마찬가지이다. 생각도 쌓이면 글로 쏟아진다."

이 말이 글짓기 개념에서 글쓰기 개념으로 바뀔 때 내 마음을 사로잡았다. 삶을 가꾸는 글쓰기 교육. 그것이었다. 글쓰기 교육을 할 때마다 생각이 나서 아이들에게 말하곤 하였다.

자신의 삶과 경험을 글로 솔직하게 표현하는 것이 진짜 글쓰기라고 열심히 가르쳤다. 그러나 아이들은 항상 글쓰기를 어려워하고 부담스러워했다. 아마 글감 재료가 풍부하지 않기 때문일 것이다. 진솔한 생활글쓰기를 하고 그곳에서 감동을 느끼는데 우리 아이들의 생활은 학교, 학원 생활 등 단조롭기만 했다. 다양하고 특별한 삶이야말로 쓸거리를 풍부하게 만드는 것이다.

자신의 생각을 한 편의 글로 완성하는 것도 어려워하는 아이들에게 논리성과 창의성을 기대할 수 없었다. 하지만 자주 글을 쓰고 생활화한다면 삶을 가꾸는 계기가 되지 않을까? 그 방법으로 생각한 것이 3분 글쓰기였다. 생활의 체험을 쓰며 꾸미지 않고 솔직하게 쓰는 것이다. 그리고 본 대로, 들은 대로, 한 대로, 생각한 대로 정직하게 쓴다. 주제는 내가 다양하게 던져 주고 수업 시작할 때나 끝날 무렵 쓰도록 했다. 쓰는 시간은 3분이었다. 시간 날 때마다 "독서는 사람을 풍요롭게 하고 글쓰기는 사람을 정확하게 한다."라는 말을 자주 해 주었다. 책읽기와 글쓰기가 아이들의 미래를 열어 주고, 삶을 윤택하게 할 것이다.

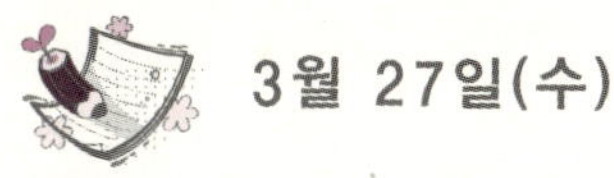 **3월 27일(수)**

정보 활용 수업

수업이 마음에 안 들면 수업을 마치고 교실 문을 열고 나오는 발걸음이 몹시 무겁다. 기분도 좋지 않다. 그럴 때마다 왜 그랬을까? 왜 아이들은 지루한 표정을 지었을까? 수업 장면을 다시 들여다보고 곰곰이 생각한다. 이내 교수 학습 방법에 문제가 있음을 알게 된다.

　어제도 그랬다. 나의 일방적인 설명으로 아이들의 배움은 일어나지 않았다. 좋은 수업이 아니었다는 생각이 들었다.

오늘 아이들을 컴퓨터실로 데리고 갔다. 컴퓨터실에서 국어 수업을 진행했다. 정보화 시대에 인터넷을 활용하여 자신에게 필요한 정보를 찾는 수업이었다. 아이들이 직접 찾은 정보가 수업 결과이다. 수업 안내를 했다.

제시된 네 명의 시인 신경림, 신동엽, 한하운, 변영로를 검색하고 시인의 대표작과 그의 문학 세계를 아는 것이다. 그 결과를 공책에 적는다. 역시 영상 매체에 익숙한 아이들은 흥미를 느끼며 적극적으로 참여했다. 정보화 시대에 정보가 넘쳐나는 만큼 올바른 정보에 접근하고 문제 해결 능력을 키우는 것도 교사의 몫이고 결국 아이들에게 제대로 정보를 찾고 그렇게 수집한 정보가 올바른가를 판단하는 능력을 길러 주는 것도 교사의 몫이다.

수업 종이 울렸다. 컴퓨터 문을 힘차게 열고 나왔다. 어제의 기분이 다소 풀렸다.

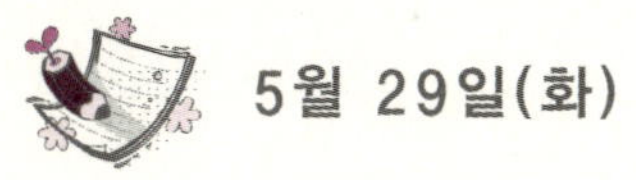

두 작가의 공통점 찾기

이태준의 소설 「행복」과 정지용의 시 「향수」를 배우기에 앞서 이태준과 정지용에 대해 아는 것이 먼저였다. 흥미 유발을 위해 지난 몇 차례 충북 옥천의 정지용 생가와 문학관에 다녀온 것을 동영상으로 만들어 보여 주었다. 또 이태준이 월북하기 전 잠시나마 행복하게 살았던 성북동 수연산방에 다녀온 것도 동영상으로 만들어 보여 주었다.

그렇게 맛보기 영상을 통해 알게 된 두 사람을 좀 더 자세히 알게 하려고 작가에 대한 안내 자료를 나누어 주었다. 공책에 벤다이어그램을 그리고 각자 읽으며 두 작가의 공통점과 차이점을 찾아 정리했다. 정리한 것을 몇 명의 아이들이 발표했다.

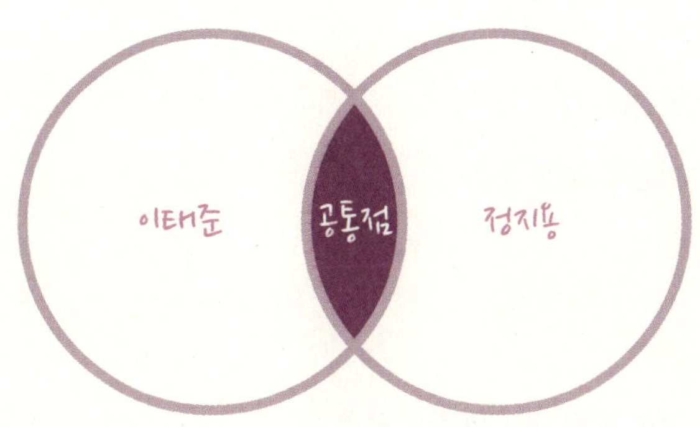

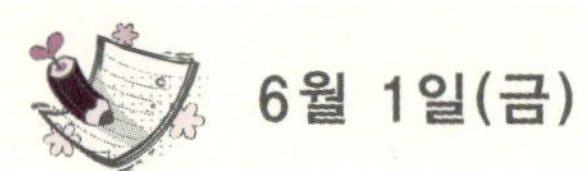

바탕글 자기 주도적 학습

수련회 다녀온 후 교실 분위기는 소란스럽고 초여름 날씨가 찾아와 교실은 후텁지근했다. 어수선하여 바탕글 파악하는 학습을 모둠 활동 대신 개별 활동으로 돌렸다. 각자 '문학을 보는 눈' 바탕글을 정독했다. 학습의 열쇠는 읽기이고 쓰기다. 아이들은 스스로 찾고 이해한 내용을 공책에 정리하였다.

책장 넘기는 소리만 들렸다. 조용한 교실 안. 아이들은 끙끙대고 낑낑거렸다. 그 과정이 진정한 공부라 하며 힘들어도 시켰다. 제법 잘했다. 낯선 수업 방식에 길들여지는 것이 쉽지 않았다. 세 달 만에 느끼는 보람이었다.

문학의 이해

1. 문학 비평이란?

2. 문학 비평의 과정 순서

①

②

③

3. 문학 작품을 평가할 때 주의할 점은?

4. 문학 비평의 목적

5. 문학 비평의 의의

6. 문학 비평의 올바른 자세

7. 문학 비평의 네 가지 관점

①

②

③

④

 **6월 7일(목)**

문법 공부

문법 단원이 나오면 겁부터 내고 어려워하며 심지어 싫어하는 아이들. "지겨워요.", "어려워요."라며 툴툴거리는 소리를 이겨 내고 수업을 시작했다. PPT 자료와 교과서를 보며 설명을 하는데 금세 자세가 흐트러지고 산만해졌다. 떠드는 아이가 많았다. 첫 시간은 실패했다.

오늘 수업은 '공책을 활용한 수업'과 '강의식 수업 방법'을 선택했다. 나는 모음 사각도를 직접 그리고 설명하면서 판서를 했다. 아이들은 공책의 칸을 넷으로 나누고 칠판에 있는 내용을 공책에 적었다. 나의 시선과 손놀림을 아이들도 따라다녔다. 비로소 집중하는 것 같았다. 전 시간보다 나아졌다. 수업 정리 단계에서는 모둠별로 앉아 배운 내용을 서로 물으며 확인했다. 때로는 강의식 수업 방법이 필요함을 느꼈다.

모음의 체계

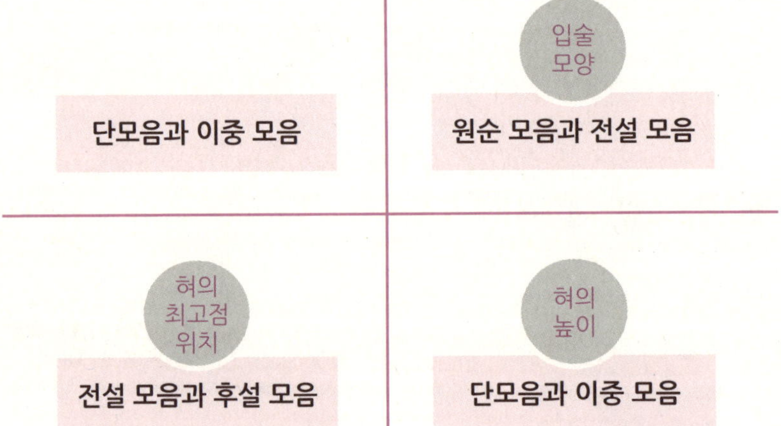

02

활동 참여식 수업

'표준어와 지역 방언'을 배우고 8도 지역 방언으로
우리 학교 소개하는 말하기를 하고 있다.

소설 「오발탄」을 읽고 난 후
인물 '철호'의 삶에 대해 찬반 토론을 하고 있다.

아이들은 몸을 바로 세우고 입을 다문 채

들려오는 선생님의 강의를 감상하는 수업에 단련되어 왔다.

뛰는 것만 보고 들은 개구리가 위급한 상황에서 잘 뛸 수 없는 것처럼,

주입식 교육에 익숙한 아이들은 자기 의견 개진에 충실할 수도,

남의 말을 올바르게 비판할 수도 없다. 그렇기 때문에 아이들을

학습의 중심으로 이끌어 내는 것이 우선이었다.

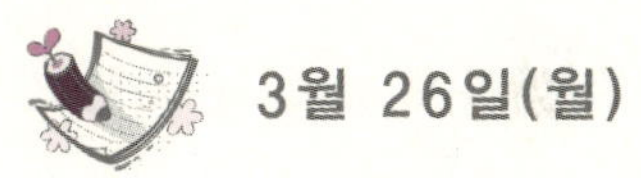

우포늪 리플릿과 영상 제작

'우포늪-거기엔, 헤아릴 수 없는 매력' 단원은 글에 담긴 가치와 의미를 이해하고 '우포늪'을 홍보하기 위한 영상을 구성해 보는 활동을 통해 지역 사회를 홍보하는 영상물을 만들어 보는 것이 학습 목표이다.

그러나 여러 번 생각해도 우리 아이들 모두가 영상을 만드는 것은 무리이고 아이들이 부담스러워할 것 같았다. 무작정 숙제로 제시할 수 없고 영상 만드는 것을 국어 시간에 할 수 없었다. 나는 변형을 시도했다. 바로 우포늪 리플릿을 만드는 것이었다. 물론 영상 제작을 원하는 아이들은 그렇게 하도록 선택의 폭을 넓혀 주었다.

일주일 전 경남 창녕 군청으로부터 우편으로 우포늪 안내 책자를 받았었다. 그것을 아이들에게 견본으로 제시했다. 이어 리플릿 만드는 데 필요한 준비물을 가져오게 했다. 모둠별로 8절 색상지, 풀, 색연필, 가위 외에 우포늪 관련 사진이나 그림, 교과서 외의 우포늪 자료 등이었다.

준비물을 책상에 올려놓고 교과서 본문을 먼저 읽었다. 리플릿에 들어갈 내용을 스스로 마련하기 위해서였다. 우포늪 분위기, 형성 과정, 역사, 우포늪의 가치, 우포늪의 역할, 우포늪의 식물 등 본문 내용을 요약했다. 그리고 우포늪을 알리고 싶은 내용들을 구성하고 선정했다.

창의적으로 제목을 만들었다. '중학교 졸업하기 전에 꼭 가보고 싶은 곳, 우포늪', '우포늪, 경남 창녕에서 만나다', '1억 4천만 년 태고의 신비, 우포늪', '자연의 신비, 생명의 소중함이 있는 곳으로 가자', '우포늪, 거기엔 헤어날 수 없는 마력', '대한민국 숨은 여행 찾기, 우포늪', '죽기 전에 가보고 싶은 곳', '오! 멋진 우포늪', '꿈속이라도 가보고 싶은 곳', '내 생애 가장 아름다운 곳, 우포늪', '자연과 함께 숨쉬는 아름다운 우포늪', '생태계의 보고, 우포늪' 등.

모둠원끼리 머리를 맞대고 의논하는 모습이 아름다워 보였다. 신비스러운 우포늪이 아이들 손끝에서 다시 피어났다. 멋진 풍경이었다.

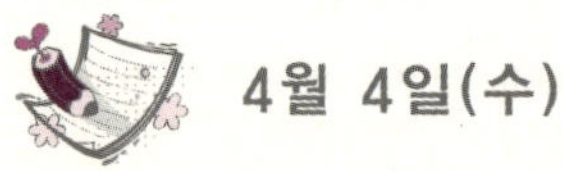 **4월 4일(수)**

문답식 수업

오늘 수업이 다소 만족스럽다고 생각한 것은 어제 수업의 실패로 문답식 수업을 했기 때문이었다.

오늘 수업 목표는 한글의 과학성과 우수성을 이해하고, 한국어를 발전시킬 수 있는 방안을 찾는 것이었다. 각자 바탕글을 읽게 했다. 읽은 후 한글이 왜 과학적이고 우수한지에 대해 질문했다. 한 명씩 발표를 시켰다. 대답을 못하는 아이는 교실 뒤쪽으로 보냈다. 알게 되면 발표를 하고 다시 제자리로 오는 것이다.

나는 처음에 한 번만 질문하고 아이들은 돌아가면서 발표했다. 한 번만 질문을 하니 무엇을 질문했는지 모르는 아이도 많았다. 제대로 지도 교사의 말을 듣지 않았기 때문이었다. 그런 아이들을 위해 두세 번 질문을 했다. 아이들이 발표를 하기 시작했다.

"한글은 다른 글자를 모방해서 만든 것이 아니라 사람의 발음 기관과 천·지·인 삼재를 본떠 독창적으로 창제한 문자입니다. 그래서 글자의 모양만 보고도 그 글자의 음가를 알 수 있어요. 초성 다섯 자에는 …… 중성 세 자에는 …… 그리고 한글은 이원적 구성으로 …… 또 한글은 모아쓰기 방식을……." 제대로 이해하고 발표하는 아이는 적었다. 하지만 조금이라도 알고 발표를 하면 통과를 시켰다.

많은 아이들이 대답을 못하고 뒤로 나갔다. 밑줄 그으며 적극적인 책읽기를 당부했건만 아이들은 무엇을 읽었는지 파악하지 못했다. 뒤로 나간 아이들이 다시 바탕글을 열심히 읽고 발표를 하여 제자리로 돌아왔다.

많은 아이들이 발표를 하고 듣는 동안 수업 목표에 도달하였다. 잘 듣지 않고 읽지 않은 아이들에게 이 수업 방법은 적절했다. 건성으로 읽거나 대충 읽거나 딴생각을 하면서 읽은 아이들에게 이런 식으로 수업하면 꼼꼼하게 읽게 되고 대답을 통해 내용을 이해할 수 있을 것 같았다. 앞으로 설명문 단원에서 문답식의 수업 방법을 취해야겠다.

한국어를 발전시킬 수 있는 방안에 대해 모둠별 토의를 하고 수업을 마쳤다.

컴퓨터실에서의 사투리 공부

감기 기운 때문인지 두통이 나고 몸이 떨렸다. 밤잠을 설친 탓에 더욱 힘이 들었다. 보건실에 가서 쌍화탕 하나 건네받고 휴게실에서 잠시 누웠다가 일어나 컴퓨터실로 향했다.

수업을 안내했다. '지역 방언으로 우리 학교를 소개하는 말하기', 오늘은 그 사전 활동으로 각 지역 사투리를 인터넷으로 검색하며 공부하는 것이다.

컴퓨터를 켜기 전에 나는 각 지역 사투리가 잘 드러난 영화와 텔레비전 드라마 일부를 보여 주었다. 강원도 사투리는 영화 「웰컴 투 동막골」에, 경상도 사투리는 요즘 방영되는 TV 드라마 「바보 엄마」에, 전라도 사투리는 영화 「킹콩을 들다」에, 평양 사투리는 요즘 방영되는 TV 드라마 「더 킹」에 잘 나타나 있었다. 무엇보다도 경상도, 전라도, 함경도 세 지역이 함께 나오는 사투리는 영화 「평양성」에 잘 표현돼 있었다.

그것을 다운받기 힘들어서 직접 TV 화면에 카메라를 대고 찍었다. 화질이 좋지 않았다. 그렇게 한 것이 웃긴지 아이들은 키득거리며 놀렸다. 아무렴 어떠랴, 이렇게라도 수업 자료를 얻으면 되지.

아이들은 흥미를 갖고 방언에 대해 공부하기 시작했다. 각 지역의 사투리는 나름대로 고유한 멋과 가치가 있었다. 아이들이 사투리를 잘 알면 사투리가 나오는 문학 작품이나 영화를 훨씬 잘 감상할 수 있을 것이다.

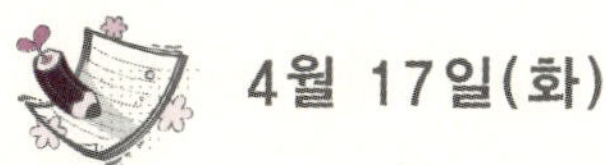 **4월 17일(화)**

각 지역 방언으로
우리 학교 소개하기

오늘은 그동안 공부하고 준비한 각 지역 사투리를 발표하는 날이다. 제비뽑기를 통해 순서를 정했다. 평가표를 나누어 주고 작성하는 방법을 안내하였다. 억양을 살려서 실감 나게 표현하도록 강조했다. 뜨거운 박수 속에 '각 지역 사투리로 우리 학교를 소개하는 말하기'가 시작되었다.

수업에 참관하신 교장, 교감 선생님께서 아이들이 그 지역 사투리의 특징을 살려 발표하는 모습을 보고 흐뭇한 표정을 지으셨다. 특히 말하기 속에 우리 학교를 사랑하는 아이들의 마음이 듬뿍 담겨 있어서 대견해하시고 칭찬도 아끼지 않으셨다. 언제 들어도 사투리는 구수하고 정감이 넘쳤다.

3-2 ○○별 모둠

　지는 경상도 사투리로 개봉중핵교를 소개하겠습니더. 즈이 학교는 예 학교 옆에 매봉산이 있는지라 덕분에 공기가 맑습니데이.

　그런디, 28년뿐이 안 된 즈이네 학교가 드릅게 오래된 것처럼 보이는지라 아들이 낡아 보인다고 싫어하지예. 그래서도 즈이 핵교 운동장은 드릅게 좁은 대신에 옆에 수돗가라도 있어서 그나마 좀 곤찮지예. 또 즈이 핵교 교화는 장미인데예 '긍지, 정열, 예지'라는 뜻일 가지고 있지라에예.

　그라꼬 교목은 은행나무. 후덕, 기품, 건강들을 뜻합니더. 또 교훈은 '슬기롭게, 튼튼하게, 아름답게'입니더. 그라고 즈이 핵교 선생님들은예 정말 착하고 성격 좋으신 분들뿐입니더. 뭘 하나 물어보면 대답도 잘 해 주시고 수업도 잘 가르치시는 선생님들뿐입니더. 거기다가 급식도 맛있는지라 정말 좋습니더. 이런 즈이 핵교가 즈이는 윽수로 좋심더.

3-2 ○○별 모둠

　안녕하지매?

　즈히는 서울 개봉중핵괴루 소개 하겠심둥. 우레 핵괴는 서울시 구로구 개봉동의 매봉산 저럭에 있꼬매. 오레로 28년 됐구마. 그리고 우레 핵괴에는 교장 선생님이 새로 오셨는데 그분이 바로 공영택 교장 선생님이구마.

　우레 핵괴는 ㄷ자 모양의 건물과 체육관, 운동장으로 돼 있꼬마. 독특한 건, 우레 학교는 지집 아이들이 소나이보다 많심둥. 그리 소나이들이 우레 학교 근처의 우신 소나이 중핵괴로 가기 때문이고마. 우레 핵괴의 교훈을 말하지매-슬기롭고, 튼튼하고, 아름답게이구마. 마치 아름다운 교화 장미와 튼튼한 교목인 은행나무와 슬기로운 우리들을 말하는 것 같지비.

　그리고 우레 핵괴의 장점은 학상들이 아조 활기차다는 것이구마. 우리 핵괴 학상들이 아조 활기찬 시간을 꼽으라매 내내로 그기 점심시간이구마. 아직 소개우터를 입어야 할지비 날씨가 차군매 소나이들은 운동장에서 아조 뛰어다니매 간나들은 요기조기 오솝시리 앉아 무시기 애기를 고래 하거나 츠렁츠렁한 머리칼과 교복츠마를 펄럭이매 뛰어다니고마. 우레 핵괴는 이레 활기차고 즐건 학교이구마.

　우리 핵괴는 처음으로 '드림플래너'라는 다이어리를 최초로 시행했으메, 그것을 통해 학생들에게 많은 도움을 줬심둥. 우리 핵괴 학생들 교복은 여학생 동복은 초록색이메, 남학생 동복은 상의는 남색 하의는 진한 회색임둥. 여학생과 남학생 하복은 상의는 흰색, 하의는 연한 회색임둥. 우리 핵괴에 오시려면 구로02번 마을버스를 타고 오시면 됩니둥. 우리 개봉중 핵괴로 놀러 오슴메~

<충청도>

3-1 ○○별 모둠

　안녕하세유. 반갑구먼유. 시방으로부터 핵교를 소개하겠시유. 지는

유 구로구 갸봉중핵교에 다니는 삼학년이 된 학상이야유~

일단 우리 갸봉중핵교는유 서울시 구로구 갸봉1동 24-2번지라유. 즈희 핵교의 교장 선상님은 요번에 새로 부임하신 공영택 교장 선상님이라구 하구만유. 우리 핵교 교육 목표는유 바른 풍성과 실력을 갖춘 합리적인 글로버 인재 육성이구유. 우리 핵교의 경영관은유 향복과 사랑이 넘치는 핵교유. 또 교화는유 장미구먼유. 씨뻘건 장미의 뜻은 정열이구만유. 교목도 있어유. 교목은 은행나무야유. 기품과 그러고 근강(건강)을 성장하구유. 교훈도 있는디유 "슬기럽고 튼튼하구 아름답게" 에유. 증말루 멋지지 않아유? 저희 학교의 모습은유 건물이 ㄷ자 모양이구먼유. 운덩장 한 구석탱이에는유 헌누리관이 있어서 보기가 증말루 좋아유. 나중에 와서 구경도 해 보셔유.

그리고 저희 핵교의 학상들과 선상님들을 소개하자면유 일단! 학상들부터 말하자믄유 증말루~~ 야들이 마음씨가 죽여준다니깐유. 야들이 이래뵈도 친구들을 섬길 줄 알구유. 서로 돕기도 하구유. 힘든 아이들을 돕기두 한다니깐유. 증말 대단한 거 같아유. 이런 친구들이 갸봉중에 다닌다는 것이 향복혀유. 그리고 우리 학상들만큼 밝은 친구들은 없을껼유. 웃음 가득하구유. 즐겁고 활기차유.

또 선상님들은 어떠신디유~ 애들을 증말루 좋아하시구유. 몇몇 선상님들은 재치도 있으셔유. 을마나 재밌는디유 정말 끝내준다니깐유. 하지만 무섭게 변하실 때두 이쓰지만유. 그래도 자식처럼 아껴주셔유. 특히 저희 3-1반 담임 선상님은유, 카리스마가 짱이셔유. 그래서 별명도 있어유. 뭐나믄유~ 바로 얼음공주여유. 진짜 어울려유. 차갑우시면도 카리스마가 장난 아니여유. 그치만 많이 챙겨 주시구유. 화나실 땐 증말 무서워유. 하지만 마음은 증말 따뜻해유. 그래두 우리 반 선상님 밖엔 없을 걸유~ 저희는유 지금이 증말루 행복혀유. 우리 핵교가 짱이여유. 시방까지 개봉중핵교에 대한 소개를 잘 들어줘서 고맙구먼유.

〈제주도〉

3-2 ○○별 모둠

안녕덜 하시우꽈. 저는 문준오이우다. 저희 모둠은 제주도말로 저희 혹교를 소개허쿠다. 호쏠 심심해 뵈여도 봐줍써양.

저희 혹교는 서울시 구로굴 개봉1동에 이수다. 막 쉽게 골으민예 매봉산 뒤펜에 이신 평범한 중학교우다. 저희 혹교 교훈은 '슬기롭고 튼튼하고 아름답게'인디예. 이 교훈을 들엄시믄 자랑스러운 개봉중학교 학생이 되사주허멍 마음 먹어져마씸. 저희 학교 교화는 장미고예, 교목은 은행나무우다. 교화인 장미는 긍지, 정열, 예지를 나타내고예. 교목인 은행나무는 후덕, 기품, 건강을 나타내마씸.

저희 혹교 아이덜은 몬딱 밝고 모든 일에 앞에 나상 열심히 허는 아이들이우다. 경허고 양이신 심다허멍 열심히 그(고?)르쳐주시는 훌륭한 선생님덜이 계셤신디예. 그중에 멫 선생님들만 소개허쿠다. 먼저, 저희 담임 선생님이신 박대용 선생님. 선생님은 체육 선생님이신데 정말 우리헌테 열정적이고예, 수업도 막 재미져예. 성격도 잘도 화끈하고 좋아마씸.

다음으로 제가 제일 좋아하는 국어 선생님이신 김미경 선생님이 계신디예. 김미경 선생님은 책 읽는 거 막 좋아허시고예, 수업을 정말 정말 열심히 준비허영 그(고?)르치는 분이우다. 수업과 관련된 곳을 답사허기도 허고예, 저희를 위해 하루에 2시간씩 공비도 허시는 선생님이우다.

또 저희 수학 선생님 박진희 선생님이 계신디예. 한때 벌점 대마왕으로 불릴 정도로 막 무서운 분이라신디예. 지금은 벌점도 많이 안 주고 저희를 매우 아끼고 사랑해 주시는 분이라예. 모두 수업을 재미나게 이끌어 주시는 재미난 선생님들이우다.

아 첨! 저희 교장 선생님 소개가 빠져신디예. 이번 해에 새로 부임해 오신 공영택 교장 선생님이우다. 올해 오셔부난 아직 잘 모르쿠다만 막 좋은 교장 선생님 닮아마씸. 아직 소개할 것이 막 하신디예, 이걸로 저희 학교 소개를 간단히 마치쿠다. 들어줭 고맙수다.

⟨평안도⟩

3-2 ○○별 모둠

혜진: 개봉중학교 재학 중인 오경진 학생 인터뷰하겠습니다. 안녕하세요?

경진: 안녕하세이야, 뱅겁습니다.

혜진: 네, 반가워요. 어디서 오셨나요?

경진: 내래 평안도지방에서 왔시다.

혜진: 학교의 상징과 특징 같은 것은 어떻게 되나요?

경진: 저희 교장 선생님은 공영택이라. 저희 핵교의 교화인 아름다움이라는 뜻을 갖고 있는 은행나무인데 은행나무는 후덕과 기품 그리

고 건강을 상징한데이. 그리고 2012년 개봉 특색 사업으로 세 가지를 하고 있는데 첫 번째로 꿈 계획서 쓰기, 동아리 활동 중 책돌이와 책순이 독서여행, 자연과 함께 인성교육 등 저희 핵교만의 자랑거리가 많습니데.

혜진: 우와! 그렇게 학교가 운영되고 있군요. 학교 분위기와 선후배 친구들은 어때요?

경진: 선후배 관계는 원만한 편이라. 친구들이 매우 착해서 싸우는 일도 적습니데. 간나들이 요즘 선배 개념이 사라져 가고 있어서 불만이 있지만 생김새는 정말 예쁘고 멋있는 학생들이 많습니데. 다른 핵교에 비해서 많이 애들이 순진하고 공부도 열심히 해서 학교 분위기 자체는 매우 즐겁고 활기차죠. 교복도 초록색 개구리마냥 예쁜 색깔을 지니고 있어서 길을 가다 보면 개봉중학교 학생이라는 것을 한눈에 알아볼 수 있수.

점심시간마다 운동장에서, 체육관에서 뛰놀고 있는 친구들과 후배님들을 보면 건전하게 생활하는 것을 느낍니데.

혜진: 선생님은 어떤 분인가요?

경진: 우리 반 담임 선생님은 박대용 선생님이신데 때론 무섭지만 학생들을 진심으로 아껴 주고 관심을 가져 주시는 따뜻한 분입니데. 체육도 무척 잘 배워 주신다우.

혜진: 아~ 정말 잘 들었습니다. 마지막으로 친구들에게 하고 싶은 말이 있으시다면 말씀해 주세요.

경진: 동무들아, 남은 많은 시간 동안 즐거운 시간 같이하자꾸나. 고맙습네다.

<강원도>

3-3 ○○별 모둠

보라카이, 안녕하시구레이.

저희 쪼는 깨봉중핵교를 강원도 빵언으루 쏘깨하기루 했씁니다. 우리 핵교의 쬬훈은 슬기롭꼬 튼튼하꼬 아름답게이꼬 쬬화는 장미이꼬 아룸다운이라는 뜻을 까지구 잇새 끙지 쩡렬 구리구 예찌를 상찡해구 잇드래요. 교묵은 은행내무이구 후떡과 기풍 끄리구 껀강을 쌍징해구 잇드래요. 요번에 쌔루 오씬 교쨩 선생님은 공영택 선생님이시구, 교깜 선쌩님은 유양옥 선쌩님니다. 저희 핵교 선쌩님들은 충 53분이십니다.

다움으루 저희 핵교는 집앤 사정을 까지구 있는 새램들두 꽁부할 쑤 잇꾸 뱁두 주는 공부빵을 운행하고 있드래요. 또한 우리 핵교는 빵과후 학꾜루 여러 까지 프루그램을 운행해구 있드래요.

매찌막으루 저희 핵교 영양새 선쌩님은 최쩡은 선쌩님이시구 저희 핵교 급석에 대해 신경을 많이 써 주십니다. 그리구 저희 핵교 급석은 영양새 선쌩님이 신경을 많이 써 쭈셔써 그런지 껀깡에두 좋으면서 맛두 맛있사 여러분들 욕봤다, 열심히 해래이.

<전라도>

3-3 ○○별 모둠

안녕들 하셨지라?

지는 이번에 주끼게(말하게) 딘 송아리조의 최예닮이랑께요. 이번에

지가 주낄 주제는 우리 핵교에 대한 건디 먼저 핵교 근처 지역에 대해 먼저 주께 보겠당께요. 우리 핵교 근처에는 일단 가끔(산)이 하나 있는디 그 가끔이 매봉산이라 한당께요. 그리고 우리 핵교 근처에는 병원이 하나 있는디 우리가 거기서 검진도 받고 그랬재요.

본격적으로 학교 소개를 하면 먼저 우리 핵교 슨상님들 소개 먼저 해 부리겠당께요. 먼저 국어 담당 슨상님이신 김미경 슨상님이 계시고, 담임 쌤으론 박진희 수학 담당 슨상님이 계시제예. 그리고 우리 학교 친구들을 서로 싸우는 것도 없고 서로 화목하게 지네지예. 우리 학교 가이내(남자애)들은 튼튼하고 점심 묵고 가직한(가까운) 애들이랑 축구하고 있고 가나그(여자애)들은 운동하기보단 핵교 교실 내에서 잡담하거나 독서실서 책 읽고 있당께요.

운동 예기가 나와서 그러는디 우리 학교에는 2006년에 한누리관이라고 실내 체육관을 설치했지예. 그라고 또 우리 학교 자랑 중에 하나인 도서관을 말하자면 또 입 아파 부러. 또 이번 년도에는 기존의 강현선 교장 슨상님께서 가 부리시고 공영택 교장 슨상님이 오셨지라. 근디 중요한 걸 하나 까먹을 뻔해 부렸네. 우리 핵교 거시기 그 핵교 교훈이 슬기롭고 튼튼하고 아름답게랑께요. 또 우리 학교를 대표하는 교화로는 궁지, 정열, 예지를 대표하는 장미가 있재예. 그리고 교목으로는 후덕과 기품, 건강을 뜻하는 은행나무가 있당께요.

이만 강단지게 끝을 맺어 부리겠당께요. 여태 들어줘서 아따 고맙고마잉 감사혀~

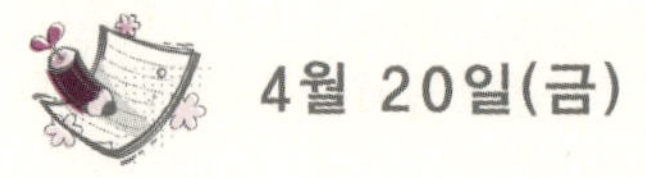

엄마 카드 만들기

긴 겨울을 보내고 애타게 기다렸던 봄. 그래서 더욱 반가운 봄. 그 봄이 활짝 열렸다. 며칠 전 백승헌 선생님께서 아이들과 함께 심은 분홍빛의 꽃잔디가 환하게 웃고 저마다 곱고 아름다운 봄꽃이 피었다. 모진 추위 언 땅을 뚫고 틔운 꽃망울. 귀한 생명이었다.

수채화 같은 봄날에 어둡고 외로움이 묻어나는 시 한 편을 감상했다. 기형도의 시 「엄마 걱정」이다. 열무 삼십 단을 이고 장에 가신 엄마는 고되고 힘든 삶을 살았고, 비 오는 밤 엄마를 기다리는 화자는 찬밥처럼 홀로 남아 외로움과 두려움에 떨었다.

초등학교 3학년 때 아버지가 뇌졸중으로 쓰러지면서 가세는 급격하게 기울고 그때부터 시인의 어머니가 생계를 꾸렸다. 그리고 누나의 죽음을 맞이했다. 시를 통해 기형도 시인의 쓸쓸하고 외로운 유년 시절을 만날 수 있었다.

시를 감상하고 우리들의 엄마에 대해 생각하는 시간을 가졌다. 부모님은 맞벌이를 하고, 아침 일찍 나가셔서 저녁 늦게 일을 마치고 온다. 아이들은 빈방에 홀로 엎드려 훌쩍거리기도 했겠다.

'엄마 카드'를 만들기 위해 A4 종이 한 장을 반으로 접었다. 반으로 접은 겉장에 엄마의 얼굴이나 모습을 그렸다. 종이를 펼쳐 반으로 나눈 오른쪽에는 우리 엄마를 글감으로 창작시를 쓰고, 왼쪽에는 엄마에게 드리는 편지를 썼다. 편지 쓸 때는 호칭, 계절 인사, 기형도의 「엄마 걱정」 시에서 느낀 점, 우리 엄마의 삶과 비교, 엄마에게 하고 싶은 말, 끝인사, 서명 등이 포함될 수 있도록 자세하게 일러 주었다.

'엄마 카드'가 완성되었다. 카드 안에 있는 아이들의 창작시와 엄마에게 드리는 편지를 읽었다. 엄마에 대한 감사와 사랑하는 마음이 가득 담겨 있었다. 가슴이 뭉클하였다. 엄마, 불러 보며 나도 어린 시절을 떠올려 보았다. 그리움이 가슴 가득했다.

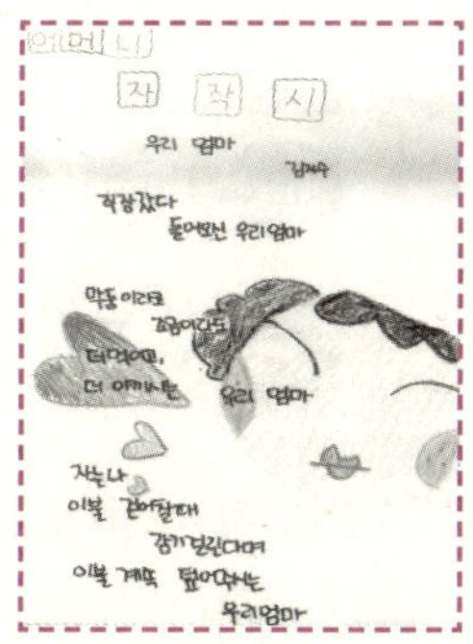
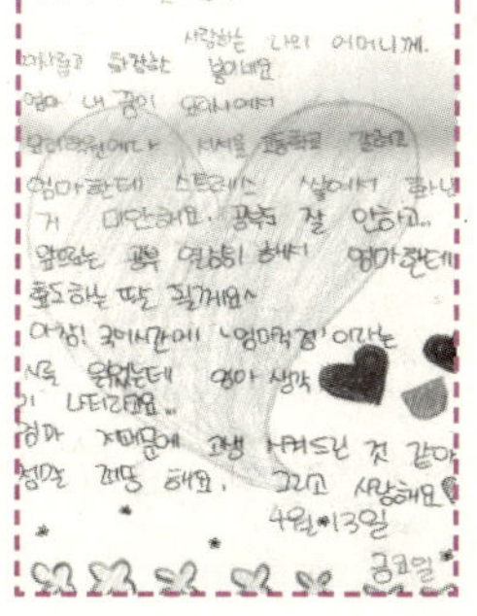

1-1 아이들이 만든 엄마 카드

나도 소설가

소설 단원을 마치고 우리도 작가가 되어 소설 한 편 쓰기로 했다. 그 동안 낯선 수업 방법에 적응하느라 힘들었지만 아이들은 의외로 잘 극복하였다. 오늘도 기발한 작품이 나올 것을 기대하고 아이들 앞에 멍석을 깔아 놓았다.

아이들에게 그림 다섯 장을 제시했다. 그중 한 장을 골라 인물을 설정하고 사건을 전개하도록 했다. 상황이나 인물의 행동을 자세하게 쓰고 대화를 적절히 섞어 이야기를 완성하는데, 완성도가 높은 작품 을 만들어 내는 것에 치중하지 말라고 주의를 주었다.

그것에 치중하면 아이들은 '무엇을 쓸 것인가'를 고민하기보다, '어떻게 쓸 것인가', 즉 기교적인 측면에만 집착할 수도 있기 때문이다.

잘 못 쓰더라도 쓰기의 과정을 즐기며 상상력과 창의력을 충분히 발휘하여 창작의 즐거움도 함께 누릴 수 있도록 당부했다.

1단계: 교실에서 쓰기

소설 쓰기 안내를 한다. 제시된 그림 한 개를 선택한다. 인물, 배경을 설정하고 사건을 이끌어 내어 이야기를 만들기 시작한다.

소설의 첫 부분은 다양한 방법으로 접근할 수 있지만 분위기 를 만들고 배경을 설명하는 것부터 시작하도록 유도한다.

2단계: 컴퓨터실에서 쓰기

전 시간에 쓴 내용을 컴퓨터로 옮기고 이어 쓰기를 한다. 쓴 내용은 자신의 이메일로 보낸다.

3단계: 집에서 쓰기

컴퓨터실에서 쓴 내용을 이메일에서 꺼내서 이어 쓴다. 작품이 완성되면 인쇄하여 한 부는 지도 교사에게 제출하고 한 부는 공책에 붙인다.

4단계: 모둠원끼리 소설 돌려 읽기

공책에 붙인 소설을 모둠원끼리 읽으며 친구가 쓴 소설에 대해 느낀 점을 쓴다.

5단계: 반끼리 소설 돌려 읽기

지도 교사는 작품을 모아 묶어서 교실 한 켠에 둔다. 친구들이 시간 날 때마다 돌려 읽고 평을 해 준다.

만만치 않은 작업을 마쳤다. 소설 쓰기는 인터넷, 문자 메시지 등으로 인해 단편적이고 무의미한 쓰기 방식에 익숙한 아이들에게 더욱 풍부하고 깊이 있는 생각과 자기표현 능력을 길러 줄 수 있는 좋은 방법이었다.

직접 소설을 써 보니 아이들은 소설이라는 문학을 더욱 깊이 이해할 수 있었고, 상상력과 창의력이 발휘되어 창작의 즐거움을 느낄 수 있었다.

그리고 소설의 갈등 시작과 발전, 심화, 해결 과정을 창작해 봄으로써 현실에서의 문제 해결 능력과 함께 자신의 주변에 대한 따뜻한 시선과 자세하고 정확하게 관찰하는 눈을 기르는 효과를 얻었다.

이제부터 다른 문학 작품을 더욱 높은 수준으로 감상할 수 있을 아이들에게 고마운 마음을 보냈다.

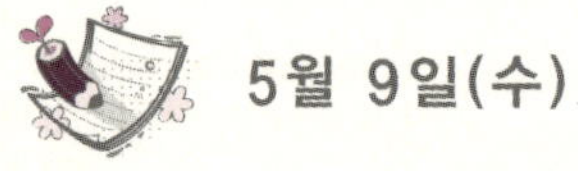 **5월 9일(수)**

만화 수업

어릴 적에 본 만화 중 『도깨비감투』라는 것을 잊을 수 없다. 도깨비감투를 쓰면 투명 인간이 된다. 주인공은 도깨비감투를 쓰고 투명 인간이 되어 무슨 일이든지 마음껏 했다. 그것을 본 뒤로 나도 '도깨비감투' 하나 있었으면 좋겠다는 생각을 했다. 특히 시험 볼 때 간절했다.

만화에 대한 추억은 그다지 좋지 않다. 초등학교 시절 만화방에서 빌려 온 만화를 보다가 엄마에게 들켜서 혼난 적이 한두 번이 아니었다. 20년 전 구로중학교 근무하던 시절. 아침 자율학습 시간에 교내 순시 중이던 교장 선생님께서 『먼 나라 이웃나라』 책을 읽는 우리 반 아이에게 만화책을 본다고 꾸지람을 하셨다.

이렇게 만화를 불량식품처럼 몰아가던 때가 있었다. 아이들은 야단맞을까 봐 무릎 밑에 숨겨 두고 읽었고, 때만 되면 만화가들은 저질 문화의 주범으로 비판을 받았다.

그랬던 만화가 이제 소통과 교육을 위한 효과적 매체이자 미래의 문화 산업 콘텐츠로 각광받게 되었다. 만화는 교과서 속의 주인공으로 당당히 들어섰다. 이태준의 소설 「행복」이 만화로 각색되어 교과서에 실린 것이다. 작가 오세영의 특유의 꼿꼿함과 정성 속에 다시 태어났다.

작가 오세영은 사실적이고 한국적인 그림과 세밀한 묘사로 소설을 만화로 그렸다. 그는 한국 만화가들 가운데 거의 유일하게 한국의 대표적인 문학 작품을 만화로 재창작하는 데 오랜 세월을 매진했다고 한다.

만화로 표현된 「행복」을 색다르게 감상했다. 누구나 좋아하는 만화를 통해 소설에 쉽게 접근할 수 있어서 좋았다. 감상을 마친 후 '나도 만화가' 활동을 했다. 연암 박지원의 소설 「허생전」과 주요섭의 소설 「개밥」을 읽고 줄거리를 만화로 표현하였다.

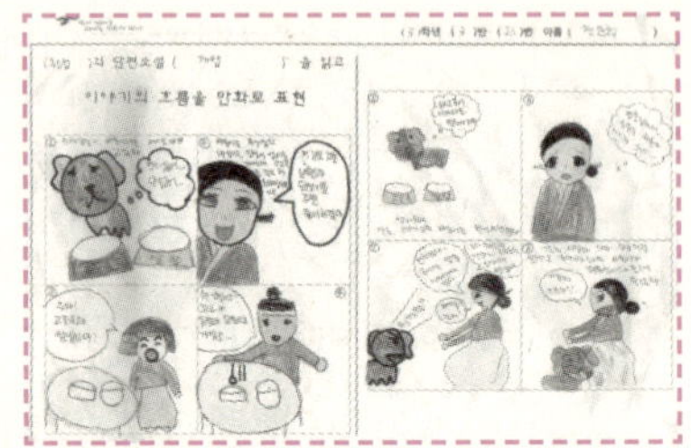

「허생전」, 「개밥」을 읽고 표현한 만화

5월 17일(목)

듣기·말하기와 그 순서 정하기

말하기 수업은 아이들의 내면을 꺼내어 서로의 벽을 부수게 하며 공동 관심사를 새로이 인식하고 해결하는 데 의미가 있다. 말하기를 함으로써 여러 사람 앞에서 내 생각을 바르게 전달하고 또한 자신감을 기르며 자신이 처한 상황과 입장을 상대방에게 솔직하게 표현한다. 그러면서 서로 간의 애정과 신뢰를 가꾸어 나간다. 이러한 의미에서 해마다 말하기를 실시하였다.

그동안 진로와 관련하여 말하기, 친구 소개하기, 경험 말하기, 신문기사 내용 말하기, 역사적 사건 말하기 등 주제를 정해 말하기를 하였다. 그러나 몇 해 전부터 이 모든 것을 종합적으로 발표하기 시작했다. 이렇게 했을 때도 단점은 있었다. 말할 거리를 제시하고 원하는 것을 고르라고 하면 한 곳에 집중하기 일쑤였다.

어떻게 해야 다양한 주제를 이야기할까 고민하다가 궁여지책으로 선택한 것이 좋은 결과를 가져왔다. 말할 거리 40여 가지를 제시한 후 말하고 싶은 주제를 고르라고 했다. 똑같은 주제가 나오면 가위바위보로 정했다. 가위바위보는 흥미로웠지만 최선이 아닌 차선의 방법이었다. 그러나 여러 가지 말하기를 통해 모르는 것을 알게 하는 것이 목적이라서 그 방법을 선택할 수밖에 없었다. 다행히 아이들은 큰 불만이 없었다.

말하기도 중요하지만 듣기는 더 중요했다. 제 말만 하고 남의 말을 듣지 않는 아이들에게 간곡히 부탁했다. "잘 듣는 사람은 겸손한 사람이다. 그리고 상대방의 마음을 이해할 줄 아는 눈물 많은 사람이다."라고 말하고 협박성 발언을 했다. "듣기가 안 되는 사람은 말할 자격도 없다. 잘 안 듣는 사람은 나만 잘 살려는 이기적인 사람이며 출세 지향적인 사람이다."라고 말하면서 걱정도 되었다. 인신공격성 발언이 되지 않았을까 싶었지만 그만큼 듣기가 중요했기 때문에 강조하는 뜻에서 말했다. 들을 때는 상대방의 눈을 바라보고 공감이 가는 부분은 고개를 끄덕거려 준다. 그러면 말하는 아이가 용기가 생길 수 있다며 덧붙여 말하고 끝을 맺었다.

국어 시간마다 두 명씩 발표를 할 것이다. 아이들의 말하기로 국어 시간이 힘차게 열리겠지.

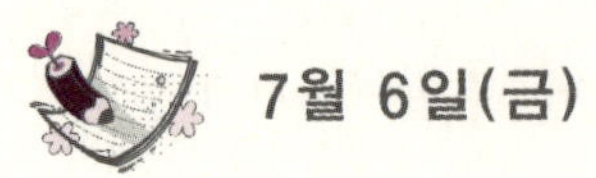

고래도 춤추게 하는 칭찬 대회와 국어 신문 만들기

기말고사를 치르고 난 날부터 여름 방학을 하기 전까지 아이들은 들뜨고 수업에 집중하지 않는다. 좋은 수업거리를 찾다가 1학년 아이들을 대상으로 '고래도 춤추게 하는 칭찬 대회'를 열고, 3학년 아이들 대상으로 '한 학기 국어 수업을 마무리하는 국어 신문'을 만들기로 하였다. 새로운 수업 방법으로 푹푹 찌는 더위를 이겨 낼 것이다.

고래도 춤추게 하는 칭찬 대회

1. 목적

'고래도 춤추게 하는 칭찬 대회'는 청소년 시기에 가장 중요한 친구, 가족, 사제 간의 관계를 두텁게 할 수 있으며 서로에게 귀감이 되어 주고 자신을 돌아보며 반성하는 계기가 된다. 이 수업이 끝나더라도 아이들이 서로 좋은 점을 칭찬하고 본받으며 신뢰하는 모습을 보여 주기를 희망한다.

2. 방법

가. 칭찬 대상을 정한다(칭찬 대상의 인적 사항을 기록한다).

(인적 사항: 이름, 생년월일, 가족 관계, 성격, 특기나 취미, 장점, 감명 깊게 읽은 책이나 영화)

　나. 칭찬할 점을 찾는다.

　다. 사례를 쓴다.

　라. 그에게 본받을 점을 적는다.

　마. 그에게 하고 싶은 말을 적는다.

　바. 느낀 점을 간단히 쓴다.

3. 지켜야 할 점과 권장 사항

　가. 10컷 이상의 PPT 자료를 만든다.

　나. 칭찬 대상은 되도록 반 친구 중에서 한다.

　다. 칭찬 대상의 사진을 곁들이면 좋다.

　라. 2분 동안 한다.

4. 듣는 학생은 칭찬 대회 평가를 한다(평가표 작성)

발표자	칭찬 대상	칭찬 이유나 인상 깊은 점	평가

5. 기대 효과

칭찬은 듣는 사람도 하는 사람도 기쁘게 만드는 활력소가 된다. 칭찬 한마디가 아이들에게 꿈이 생기고 자신감을 갖게 하는 중요한 역할을 한다. 칭찬 대회를 통해 일상생활 속의 선행과 미담 사례를 알리고 격려해 주는 분위기를 만들어 서로 귀감이 된다.

국어 신문 만들기

1. 의의

수업의 총정리를 유익하고 흥미 있게 한다.

2. 준비물

A4 용지 5장, 사인펜, 펜, 색연필

3. 신문 제작의 예

국어 수업 목표	신문 이름	만든 날 만든 이
〈1면〉 •한 학기 국어 수업을 마치고 •내가 바라는 국어 시간		**〈3면〉** •배운 내용을 마인드맵으로 나타내기 (총정리하기)
〈4면〉 •국어 시간 되돌아보기 - 글쓰기 - 독서 시간 운영 - 말하기 - 학습지 활동 - 모둠 토의 - 토론 - 발표 수업 - 청문회 수업 - 나의 국어 공책	**〈2면〉** •국어 시간에 겪은 5대 사건 •가장 기억에 남는 단원, 좋아하는 단원을 정리하기 •국어 수업, 이럴 때 힘들었어요 •국어 수업, 이럴 때 좋았어요	**〈5면〉** •국어 수업을 알리는 전면 광고 •국어 수업 시간 만화

여름 방학 숙제

애들아, 평상시와는 달리 방학은 우리들이 여러 가지를 체험할 수 있는 귀중한 시간이다. 학교 수업 시간을 통하여 쉽게 하지 못했던 것들을 우리 스스로 해 봄으로써 깨달음의 의미를 찾아보자. 아래 내용 중 한 가지 고르면 된다.

1. 한 가지 착한 일을 하고, 그 일을 자세히 적기
2. 영상시 만들어 오기
3. 나를 기쁘게 하는 것들 다섯 가지와 나를 슬프게 하는 것들 다섯 가지를 적고 그 이유까지 자세히 써 오기
4. 각종 박물관, 문화재, 고적 답사 후 감상문 쓰기
5. 봉사 활동 체험담 쓰기
6. 새롭게 알게 된 친척 어른들의 이야기 쓰기
7. 차를 타고 어디든지 다녀와서 기행문 쓰기
8. 책방이나 도서관 구경하고 일기 쓰기
10. 농촌 생활을 경험하고 느낀 점 쓰기

여름 방학에 나는 (   )을/를 하며 뜨거운 날을 보냈다

개학을 하였다. 국어 교과실 문을 활짝 열자 펄펄 살아 움직이는 아이들의 소리가 들렸다. 검게 그을린 아이, 키가 훌쩍 큰 아이. 파마한 머리를 미처 펴지 못하고 온 아이 등 모두들 건강했다.

방학 내내 30도를 웃도는 폭염과 싸우느라 고생이 많았을 것이다. 런던 올림픽의 메달과 그들의 값진 땀방울이 더위를 조금 식혀 주기는 했지만.

여름 방학 과제물을 점검했다. 어머나! 과제를 해 온 아이가 거의 없었다. 한 반에 5명 정도였다. 나름 방학 동안 알차게 보냈을 텐데.

컴퓨터실로 아이들을 데려갔다. 방학 동안 특별히 경험한 것을 작성하도록 했다. 소중한 체험을 기록으로 남겨 둔다면 그때의 설렘과 감동은 오래도록 기억할 수 있을 것이다. '여행, 책읽기, 공부, 봉사활동, 캠프, 아르바이트, 놀기, 운동, 다이어트, 영화 감상, 도서관 방문, 방과 후 활동, 시골 친척집 방문' 등 다양한 글감을 제시했다. 생명력 있는 글을 위해 글씨 포인트는 12, 분량은 한 쪽 이상 요구했다. 아이들에게는 귀찮은 일이었겠지만, 기록하지 않은 역사는 역사가 아니듯, 정리하지 않은 경험은 진정한 내 것이 될 수 없다는 생각 때문이었다.

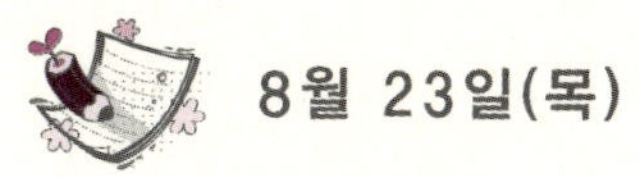

우리 들꽃 카드 만들기

몇 해 전 내가 소속된 전교조 서울 남부지회 참교육 실천대회에 참가한 적이 있었다. 그때 식전 행사로 서동석 선생님께서 만든 '계절 따라 피는 우리 꽃' 영상을 보았다. 꼬마 아이들이 부르는 노래 속에 우리 들꽃이 아름답게 피어났다. 볼수록 예쁘고 마음이 맑아지는 느낌이었다. 그것을 얻어 수업 자투리 시간이나 아이들이 힘들고 지칠 때 보여 주곤 하였다.

마침 3학년 교과서에 야생화 단원이 나와 그것을 십분 이용하고 우리 꽃 카드 만들기 수업을 진행했다. 먼저 A4 용지를 반으로 접어 겉장에는 본인과 닮은 우리 들꽃을 그린다. 그리고 종이를 펼쳐 왼쪽에는 교과서 본문인 '우리 삶과 함께하는 야생화'를 읽고 알게 된 점을 쓴다. 오른쪽에는 자기가 가장 좋아하는 반 친구에게 편지를 쓴다. 되도록 같은 반 친구에게 편지 쓰기를 권장한다. 이유는 편지 대상에게 만든 카드를 주어 우정의 시간을 잠깐 맛보기 위해서이다. 예쁜 우리 들꽃 카드를 만드느라 아이들은 고개도 들지 않았다.

8월 29일(수)

사소한 것의 소중함

안도현의 수필 「연탄 있는 집」을 배웠다. 그리고 글 속에 인용된 두 편의 시 「너에게 묻는다」, 「연탄 한 장」을 감상했다. 이 시를 배우며 많은 것을 느꼈다. 과연 우리들은 누구에게 든든한 사람이 되었는지, 누구에게 뜨거운 사람이 되었는지 묻게 되었다.

자신의 몸을 태우고 한 덩이 재마저 미끄러운 길 위에 뿌려져 사람들이 마음 놓고 걸어갈 수 있도록 해 주는 연탄. 그처럼 따뜻한 마음으로 남을 배려하며 살았는지 생각해 볼 수 있는 시간이었다.

단원을 마치고, 너무 사소해서 그 소중함을 잊게 되는 대상을 주변에서 찾아보는 활동을 했다. 찾은 대상은 그 소중함이 잘 드러나도록 참신하게 표현하도록 했다. 이 활동은 시적 표현 능력을 기르는 의미도 있었다.

1-1 지수별 모둠

- **공기**: 보일 듯이 보일 듯이 보이지 않는 그대
- **바람**: 보이지 않아도 느낄 수 있는 당신의 마음
- **바퀴**: 세상을 구르는 위대한 물건
- **초콜릿**: 일상의 피로를 달래 주는 달콤한 친구
- **나무**: 항상 그 자리 그대로 지키는 친구
- **물**: 내 마음도 욕심 없이 투명해지는 샘
- **연필**: 세상을 공부하게 하는 위대한 물건
- **운동장**: 우리의 마음처럼 드넓은 마음, 꿈을 싣고 다니는 곳
- **돗자리**: 지친 일상 속 드넓은 들판 같은 휴식처
- **밥**: 힘든 일상 속 든든한 한 끼를 내주는 힘이 되어 주는 그대
- **아이스크림**: 더위를 식혀 주는 내 삶의 달콤한 휴식
- **책상**: 꿈을 이루도록 도와주는 보트, 기꺼이 몸 바쳐 받침대가 되어 주는 그대
- **의자**: 편안하게 일을 하도록 도와주는 물건
- **냉장고**: 먹을 것이 가득한 세상
- **핸드폰**: 심심할 때 놀아 주고 연결 고리가 되어 주는 친구
- **뇌**: 못생겼지만 나에게는 소중한 마음과의 친구, 우리 몸속의 외계인

학급 아나바다 장터 열다

박경화의 글을 배우고 반 아이들과 학급 아나바다 장터를 열기 위해 3일 전부터 개인이 간직했던 물건 하나씩을 가져오게 했다. 담임 교사인 이현주 선생님도 참여하고 주변의 여러 선생님들도 참여하여 물건이 제법 쌓였다.

오늘 아이들의 환호 속에 장이 열렸다. 시작하기 전 아이들은 공책에 자기가 가지고 온 물건에 대해 한 편의 글을 썼다. 물건이 자기 손에 들어오게 된 계기, 물건에 얽힌 추억, 물건의 가치 등 세 가지 내용을 담았다. 쓴 글을 한 명씩 돌아가며 읽었다. 물건에 대해 충분히 공유했다.

판매 수익금에 대해 논의를 했다. 나는 전에 해 왔던 경험대로 판매 수익금으로 과자를 사 가지고 학교 옆 애덴복지관을 방문하자고 권유했다. 그런데 아이들은 판매 수익금을 본인이 갖겠다고 했다. 그렇다면 이 행사는 의미가 없다고 내가 말하자 아이들은 자기의 물건을 친구에게 저렴하게 판 다음 그 친구가 잘 사용하는 것도 좋다고 아우성이다. 설득과 주장이 맞섰다. 1학년 아이들을 당해 낼 재간이 없었다. 나도 그들의 말에 좋은 의미를 부여하고 진행했다.

본격적으로 장이 열렸다. 자기가 가져온 물건을 책상 위에 놓고, 아이들이 물건을 사러 왔다. 주인은 사러 온 친구들에게 상품의 가치를 충분히 설명했다. 저희들끼리 잘도 사고팔며 논다. 시간이 부족해 아쉬운 마음을 달래는 아이들도 많았다. 재미있다며 다음 시간에 또 하잔다. "그래, 내일 또 하자. 집에 있는 물건 더 찾아보고 가져와."라고 말하며 장을 마쳤다.

나도 주변 선생님들께 다시 한 번 이야기하고 우리 집에 있는 것도 다시 살펴봐야겠다. 이 시간이 끝난 후 단원을 배우고 알게 된 점 및 장터를 열고 난 소감문을 작성할 것이다.

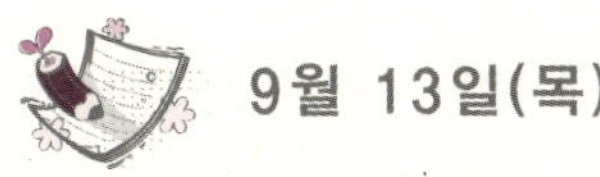

9월 13일(목)

안천중 공개 수업 참가와 토론 수업

오늘 「오발탄」을 읽고 찬반 토론 수업을 진행할 수 있었던 것은 교장 선생님의 권유로 안천중학교 국어과 공개 수업에 참가한 덕분이었다. 출장 가기 전 교장 선생님께서 어떤 수업이 좋은 수업인지 KICE에서 실시한 설문 조사 자료를 주셨다. 수업 참관 후 발표할 기회가 있을 때 참고하고 그 부분을 주의 깊게 살피란다. 그중 몇 가지를 새기며 발걸음을 안천중학교로 옮겼다. '교사-학생 상호작용이 활발한 수업', '흥미 있고 재미있는 수업', '학생의 눈높이에 맞는 수업', '학생들이 적극적으로 참여하는 수업', '수업 준비와 계획이 철저한 수업'이었다.

수달스(수업의 달인이 되고 싶은 교사 학습 동아리 모임) 회원인 조중현, 김보기, 이영진 선생님과 함께 안천중학교에 도착한 시각은 늦은 2시였다. 성큼 다가온 가을꽃이 우리들을 반겼다. 아이들은 하나둘씩 귀가하고 한 반만 남아 수업을 했다. 수업의 주제는 '사회 문제에 대한 자신의 생각 정리하기'이며 토론식으로 진행되었다. 4모둠이 각각 다른 주제-사형제 폐지해야 한다, 게임 셧다운제 폐지해야 한다, 일반 의약품 슈퍼 판매 전면 허용해야 한다, 교실과 복도에 CCTV 설치해야 한다-로 자료를 조사한 후 토론하는 것이다.

총 8차시 중 오늘은 5차시의 첫 번째 모둠이 수업의 주인공이 되었다. 그들은 '사형제 폐지해야 한다'라는 주제로 토론을 했다. 토론 방식은 CEDA의 변형이었다. 입론-작전 타임-반론 펴기-반론 꺾기-청중과의 질의응답-작전 타임과 최종 결론과 2분이 지나면 종이 한 번 울리고 2분 30초가 지나면 두 번 울리는 등 아이들은 형식에 맞추어 제법 열띤 토론을 하였다. 수업이 살아 있었다. 수업의 꽃이 토론이라는 나의 생각은 빗나가지 않았다. 멋진 수업이었다. 수업을 위해 지도 교사의 철저한 준비와 계획의 흔적이 보였다. 아이들도 흥미 있었고 적극 참여하여 좋은 수업의 예를 보였다. 무엇보다도 45분 동안 교사보다 아이들 모습이 많이 보였다. 또 다짐하게 되었다. '내가 가르쳐야 한다는 욕심에서 벗어나야 한다고.'

오늘 토론 수업을 하였다. '비참하고 불행한 환경 속에서도 양심은 지켜질 수 있는가'라는 것이 토론의 주제였다. 토론에 앞서 근거를 마련하기 위해 자기 입장을 표현하는 글쓰기를 했다. 이미 타락해 버린 현실과 화해하지 못하는 인간의 자의식, 양심이라는 가시를 빼어

버리지 못하는 가족들의 비극적인 삶을 바라보는 철호. 그의 삶의 자세에 대한 자신의 생각과 성실하게 살아 봐야 자신만 손해라고 생각하고 한탕주의에 빠져 강도 행각을 벌이는 영호.

아이들은 그들의 삶의 자세에 대한 자신의 생각을 썼다. 가난하고 열악한 환경 속에서도 양심은 지켜야 한다는 철호의 삶의 자세에 찬성하는 측과 반대하는 측을 둘로 나누어 자리에 앉았다. 모여 앉은 아이들끼리 다시 토의 과정을 거친 후 토론을 했다. 우리가 선택한 것은 자유 토론이었다. 토론에 익숙하지 않은 아이들은 하나씩 배워 가며 자기 입장을 표명했다. 인신공격성 발언, 주제에 어긋나는 발언, 이겨야 한다며 큰소리를 치는 아이들은 제지시켰다. 열띤 토론이었으나 일부 아이들만 발언을 하여 아쉬웠다. 첫술에 배부르랴.

수업의 꽃은 토론이라며 생각만 하고 자주 실천을 못한 나에게 안천중학교 최○○ 선생님의 공개 수업은 새로운 길의 물꼬를 터 주었다.

10월 4일(목)

추석과 보름달에게 빈 나의 소원

중간고사를 끝으로 이어진 5일간의 추석 연휴. 내내 푸른 하늘이 펼쳐지고 맑은 가을볕은 온 대지를 포근히 감쌌다. 휘영청 밝은 보름달을 보았다. 변함없이 만물을 포용하는 달에게 우리 식구들은 소원을 빌었다. 여유 있는 시간을 보내고 아이들과 다시 만났다. 그들의 볼은 송편만큼 통통했다.

이 기운을 몰아 추석 연휴 기간에 있었던 특별한 일, 보름달에게 빈 소원을 담은 글쓰기를 했다.

"특별히 한 일이 없어요. 보름달에게 소원 안 빌었어요."

역시 투덜이와 짜증쟁이의 음성이 들렸다. 못 들은 척하고 가슴에 보름달을 품으라고 했다. 연필 굴러가는 소리만 들렸다.

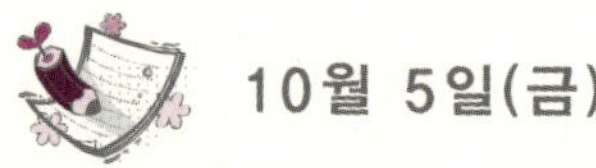 **10월 5일(금)**

특징 살려 이름 지어 주기

인디언들은 그 사람에게 바라는 모습이나 그 사람의 특징을 살려 이름을 지어 준다고 한다. 나도 인디언처럼 그 사람의 특징이 들어가는 이름을 짓는 활동을 해 보았다.

아이들의 상상력을 높이기 위한 활동이었다. 내가 아는 주변 사람들의 특징을 관찰하고 그 특징에 맞는 이름을 지어 주었다. 아이들은 사물의 특징적이면서 핵심적인 부분만을 집어냈다.

이 훈련을 통해 통찰력과 분석력을 함께 키울 수 있었다. 그리고 추상적인 개념을 구체적인 새로운 단어로 만드는 과정에서 상상력을 발휘할 수 있었다. 새롭게 만든 구체적인 단어를 들었을 때 추상적인 개념이 연상되도록 지도하는 것이 핵심이었다.

내가 아는 사람	내가 지어 준 이름	이유
할머니	보듬이	항상 보듬어 주므로
친구 민지	아름이	착한 마음이 너무 아름다워서
우지원	하늘 위로 머리	키가 커서
경찰관	지팡이	민중의 지팡이기 때문이다.

 **10월 24일(수)**

품사 놀이

며칠 동안 1학년 아이들과 품사를 배웠다. 역시 아이들은 문법을 지겨워하고 재미없어 했다. 품사송 노래를 부르기도 하고 낱말 카드를 이용하여 익히기도 했다. 문법 마지막 시간을 뜻깊게 보냈다.

나는 아홉 개 품사 중에서 부사가 좋다. 문장 성분 중에서 부사어가 좋다. 문장에 부사나 부사어를 넣으면 구체적인 느낌이 들고 분위기를 조성해 준다. 또한 의미를 자세히 설명해 준다. 풍성한 문장을 만들어 주는 그런 부사가 나는 좋았다.

오늘은 아이들이랑 부사놀이를 했다. 부사를 복습하고 아는 부사가 있으면 말하라고 했다. 아이들이 말하고 내가 아는 것을 칠판 가득 적었다.

쑥쑥, 훨씬, 솔솔, 술술, 퍽, 자주, 매우, 무척, 알콩달콩, 아옹다옹, 소곤소곤, 속닥속닥, 갈팡질팡, 꿈틀꿈틀, 들락날락, 퐁퐁, 새록새록, 파릇파릇, 알록달록, 푸릇푸릇, 살짝, 살포시, 여간, 절대, 그만, 더욱, 결코, 대략, 마치, 마냥, 실컷, 훨훨, 언제나, 늘.

아이들에게 이 단어 중 한 개를 선택해 짧은 문장을 지어 보라고 했다. 우연히 발견한 서울시교육청에서 나온 책자 안의 문장을 아이들에게 예시문으로 읽어 주었다. "초롱초롱 수업이 바뀌니까 아이들 눈이 반짝여요.", "새록새록 꿈이 자라는 교실, 문·예·체 교육으로 만든다.", "두근두근 청진기로 들어 본 나의 꿈, 나의 미래.", "가만가만 친구의 고통에 귀 기울이면 학교 폭력 해법이 보여요.", "싱글벙글 웃음꽃이 피는 학교, 학생 자치가 꽃피는 학교.", "뚜벅뚜벅 혁신학교, 공교육의 미래를 향해 힘차게 나아가다.", "파릇파릇 수업 말고는 신경 쓸 게 없으니 교단에 생기가 넘쳐요.", "으쓱으쓱 우리 학교에도 드디어 체육관이 생겼어요.", "무럭무럭 친환경 급식으로 몸도 튼튼 마음도 튼튼!", "토닥토닥 돌봄의 손길이 필요한 곳에 더 많은 지원을.", "오순도순 내 아이 네 아이 구분 없이 함께 키우는 보람." 등이었다. 우리 아이들도 멋지고, 창의적인 문장을 많이 만들어 냈다.

자신에게 쓰는 **편지**

어느새 가을의 정취를 자랑하는 단풍들도 하나둘 사라져 가는 늦가을이 되었다. 오늘은 자신을 살짝 들여다보는 활동을 해 보았다. 먼저 아이들에게 흰 종이 한 장씩 나누어 주며 단풍색처럼 예쁜 편지지를 만들게 하였다. 그리고 거기에다 자기에게 편지를 써 보라고 했다.

"객관적인 입장에서 일 년 동안의 나를 되돌아보며 나무라기도 하고, 칭찬하기도 하고, 격려해 주세요. 조금 어색하지만 다정하게 자신의 이름을 불러 보고 인사를 하며 낙엽 부서지듯이 속삭여 보세요."라고 하자 아이들은 오글거린다며 온몸을 비틀었다.

아이들은 저마다 자신을 들여다보고 몰입했다. 새 학년을 맞이하며 설레던 마음, 친구와의 갈등, 진로를 정하려고 나눈 부모님과의 대화, 시험을 앞두고 노력했던 시간, 성적표를 바라보며 앞서지 못한 좌절 등 빠르게 흐른 세월들을 붙잡았다. 과정 하나하나가 소중했다.

"나를 잠시 벗어 두고 밖으로 나와 나를 바라보세요. 자신에게 충고도 해 보세요. 자신이 믿는 것을 따라서, 하고 싶은 일을 향해서 끝까지 해 보라고. 자신만의 고민을 가지고 치열하게 열심히 살라고 용기를 주세요."

아이들은 저마다 자신에게 말을 걸고 대화를 나누느라 분주했다. 어느덧 자신과 친해졌다. 그동안 불러 보지 못했던 자신의 이름을 마음껏 불러 보고 자신과 만나는 새로운 기쁨을 누렸다.

"편지 마지막에 '사랑해'라고 쓰세요."라고 하자 오글거린다며 한 번 더 몸을 비틀더니 자신 있게 썼다. 스스로 사랑할 줄 아는 사람만이 남을 사랑하지 않을까? 자신을 아낄 줄 아는 사람만이 타인과 사랑을 나누지 않을까? 이런 아이들이 다른 무엇과 관계 맺기를 잘할 것이다. 오랜만에 자신의 껍질을 벗고 내면을 들여다보는 시간을 가져 보았다.

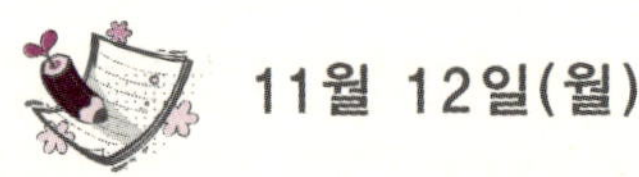

11월 12일(월)

수업의 꽃-토론하다
학원에 다니는 것은 학교 공부에 도움이 되는가

정리: 1-1 김창선

사회자: 지금부터 '학원에 다니는 것이 학교 공부에 도움이 되는가'에 대하여 토론을 시작하겠습니다. 어떻습니까? 중학생의 학원 수강이 학교 공부에 도움이 된다고 생각하십니까?

김은경: 저는 학원에 다니는 것이 학교 공부에 도움이 된다고 생각합니다. 그 이유는 첫 번째로 학원에서는 학교에서 공부할 것을 미리

예습하도록 해 줍니다. 그래서 학교에 가면 발표할 수 있는 자신감이 생깁니다. 또 성적이 향상될 수 있어 좋습니다. 저는 1학년 아이들을 상대로 설문 조사를 하였습니다. 학원을 다녀서 성적이 유지되거나 향상된 학생은 85%이고, 학원에서 하는 예습·복습이 만족스럽다는 학생은 90%이며, 학원에서 주로 공부하는 학생은 53%였습니다. 여기에서 볼 수 있듯이 학원은 학교에서 부족한 공부를 할 수 있는 공간입니다. 따라서 저는 학원에 다니는 것이 학교 공부에 도움이 된다고 확신합니다.

사회자: 지금 말씀은 학원 수강이 퍽 긍정적이라는 의견이었습니다. 토론을 위해 설문 조사까지 해 주신 은경 양에게 감사의 말씀을 드리겠습니다. 이 의견에 다른 입장이 있는 것 같은데 발표해 주십시오.

진달래: 요즈음 학원에서 발길을 돌린 학생들이 많이 있습니다. 자기 성적에 만족하지 못하는 아이, 부모님의 강요에 억지로 다니는 아이, 이해를 잘 하지 못하는 아이 등이 학원에 다니는 주요 원인입니다. 그러나 꼭 그렇게 해야만 성적이 향상되겠습니까? 저는 학원에 다니는 것을 반대합니다. 아니 학원비 낭비라고 생각합니다. 무작정 학원에 다닌다고 해서 공부를 잘하는 것은 아닙니다. 열심히 하는 자세를 가지고 공부한다면 학원 못지않게 성과가 오를 것입니다. 지금 학원 문제로 고민하고 있는 아이들이 있다면 자신을 한 번 시험해 보는 것이 어떻겠습니까? 이상으로 반대 의견을 말씀드렸습니다.

사회자: 진달래 양의 의견을 잘 들어 보았습니다. 진달래 양은 학원에 다니는 것을 학원비의 낭비이기도 하며, 성적 향상에 도움이 되지

않는다는 의견을 내놓았습니다. 이에 또 다른 의견 없습니까?

이대균: 저는 학원 다니는 것에 찬성합니다. 학원을 다니게 되면 친구들을 많이 사귈 수 있습니다. 또 선생님과의 친밀감이 생기게 됩니다. 그리고 학원에서는 모르는 것을 알 때까지 가르쳐 줍니다.

사회자: 이대균 군의 의견에 반대하시는 분의 의견을 들어 보겠습니다.

박지혜: 저는 방금 이대균 군의 의견에 동의하지 못하겠습니다. 학교에서도 학원과 마찬가지로 모르는 것을 알 때까지 자세히 가르쳐 줍니다. 학교에서 모르는 것을 알지 못하는 것은 우리들의 잘못이 크지 않습니까? 학원에서는 1학년 과정의 공부보다는 더 어려운 2, 3학년 것을 공부합니다. 1학년 것도 확실히 하지 못하였는데 다른 학년 것을 배운다면 저도 물론이고, 친구들 모두 스트레스를 받을 것입니다. 그렇다면 학원을 다니는 것이 무슨 의미가 있겠습니까?

이강민: 저는 지혜 양과 마찬가지로 학원을 다니는 것에 반대합니다. 학원에서 공부하는 것만 믿고 학교에서 공부를 하지 않는 경향이 있습니다. 그래서 학교 수업 시간에 선생님들의 설명을 무시하는 것이 사실입니다. 그렇기 때문에 수업 시간의 태도마저 흐트러지게 합니다. 저는 저희 반을 대상으로 설문 조사를 해 보았습니다. 학원에 다녀서는 안 된다가 23명이었고 다녀도 된다는 아이들이 15명이었습니다. 이 설문 조사에서만 보아도 학원에 다니는 것이 옳지 못하다고 생각됩니다.

사회자: 지혜 양과 강민 군은 학원에 다니게 되면 학교 공부에 도움보다는 너무 자신만만하여 수업 태도가 나빠진다는 의견을 냈습니다. 또 학교에서도 모르는 것이 있으면 자세히 가르쳐 주니까 우리

들 스스로가 학교 선생님께 여쭈어 보아야 한다고 했습니다. 나리 양은 이에 다른 의견이 있는 것 같은데요?

백나리: 네. 저는 지금부터 과학적으로 증명된 한 가지를 말씀드리겠습니다. 몇 년 전 미국에서 있었던 한 실험에서 우리의 뇌는 배우거나 암기한 지 9시간이 지나면 그것을 모두 잊지만 다시 복습이나 예습을 해 놓으면 기억이 장기화된다는 결과가 발표된 적이 있었습니다. 하지만 우리들 스스로는 예습, 복습을 확실히 하지 못하고 그것들을 도와주는 곳이 바로 학원입니다. 학원에서는 여러 종류의 교과서를 배울 수 있어 교육의 폭이 넓어집니다. 또 난이도 높은 문제를 대할 수 있어서 학교에서 배우는 문제를 손쉽게 풀 수 있습니다. 그러므로 학원에 다녀야 한다고 생각합니다.

사회자: 학원 수강으로 많은 것을 배울 수 있다는 의견이 나왔습니다. 그리고 예습 복습을 하여 기억이 장기화된다고도 하였습니다.

송미희: 이번에는 제가 학원을 다니는 것이 옳지 못하다에 대하여 자세히 설명을 드리겠습니다. 솔직히 우리들은 하루 일과 중 대부분을 학교라는 곳에서 공부도 하고 운동도 하면서 보내게 됩니다. 학교에서의 생활도 힘들고 벅찬데 학교가 끝나자마자 곧바로 학원에 가서 공부를 한다는 것은 너무 힘이 듭니다. 선생님들께서도 문제집을 풀라고 그러시고 모르는 문제들만 풀어 주십니다. 차라리 그럴 거라면 집에서 푸는 것이 더 효과적이 아닐까요? 그리고 저는 어른들의 생각도 잘못되었다고 생각합니다. 무조건 남들이 다닌다고 해서 학원에 다닌다는 것은 옳지 못하다고 생각합니다. 어른들의 욕심 때문에 우리 같은 아이들은 스트레스를 받게 됩니다. 그래

서 이런 문제들을 해결하기 위해 몇 가지 방법을 생각해 보았습니다. 수업 시간에 열심히 한다면 성적은 향상될 것입니다. 가장 중요한 것은 스스로의 노력이라 생각합니다.

사회자: 미희 양은 학원을 다니는 것보다는 학생 스스로의 노력을 강조하였습니다. 미희 양의 의견에 동의하십니까? 그렇지 않다면 이유를 설명해 주십시오.

조원재: 제가 말씀드리겠습니다. 우리 반에서 학원을 다니는 아이들 대부분이 공부를 잘합니다. 예를 들어 김은경을 보면 알 수 있습니다. 학원에서는 많은 것을 배울 수 있습니다. 저도 학원에 가기 전에는 알파벳도 잘 몰랐었는데 막상 학원에 들어오니까 알게 되었습니다. 학교에서 학원 공부가 많은 도움을 줍니다. 그러므로 저는 학원에 다니는 것이 성적 향상에 많은 발전을 줄 수 있을 것이라고 생각합니다.

이준혁: 저도 원재 군과 마찬가지로 학원을 다녀야 한다고 생각합니다. 학원에서는 시험 기간에 요점 정리를 해 주니까 시험 볼 때 많은 도움이 되었습니다. 그 밖에 다른 학교의 정보를 얻을 수 있어서 좋기도 합니다.

사회자: 네. 학원을 다니게 되면 앞에서와 마찬가지로 공부에 도움이 된다고 하였습니다. 그러면 지금부터 토론자들의 의견에 대하여 배심원들의 질문을 받겠습니다. 질문해 주실 분과 대답해 주실 분들은 모두 신중히 생각해서 해 주십시오.

권임당: 저는 준혁 군에게 질문을 하겠습니다. 아까 말씀하신 것 중에 학원을 다니므로 다른 학교의 정보를 얻을 수 있다고 하였는데 꼭

학원에 다녀야만 다른 학교의 정보를 얻을 수 있습니까? 그런 이유로 학원에 다닌다면 그런 것이 돈 낭비가 아닐까요?

이준혁: 꼭 그런 이유 때문에 학원에 다닌다는 것은 아닙니다. 학원에서는 시험을 볼 때 다른 학교의 문제들을 많이 주는데, 학교 선생님들이 문제 내시는 것이 대부분 비슷하니까 많은 도움이 되기 때문입니다.

사회자: 지금까지 여러 의견을 들어 보았습니다. 학원을 다니고 안 다니는 것은 여러분의 선택이 아닐까요? 스스로 공부가 잘되는 사람도 있는가 하면 학원에서 배워야만 잘되는 사람이 있으니까요. 제가 생각하기에는 가장 중요한 것은 여러분이 하려고 하는 마음과 자신의 노력이라고 생각합니다.

이상으로 토론을 마치겠습니다. 지금까지 참여해 주신 모든 분들께 감사의 말씀을 드리겠습니다. 감사합니다.

우리 반 친구들의
비속어 사용 실태 조사 발표회

학생의 입장에서 청소년들의 비속어 사용의 심각성을 밝히고, 문제 해결을 촉구하고자 하는 연설문 한 편을 배웠다.

10대들은 비속어를 일상의 언어처럼 쓰고 있으며 더 놀라운 사실은 청소년들이 무심코 쓰는 비속어를 나쁘게 생각하고 있지 않다는 것이다. 그리고 청소년들에게 더 이상 비속어가 아닌 일상의 언어로 자리 잡아 가고 10대들은 마치 일상에서 쓰는 부사나 감탄사처럼 쉽고 자연스럽게 비속어를 사용하고 있다는 교과서 내용이다.

정말 그럴까? 우리 학교 아이들이나 우리 반의 아이들은 평소 얼마나 많은 비속어나 욕설을 쓰고 있을까? 아이들의 평소 언어 습관을 알아보기 위해 가까운 학급의 친구를 대상으로 비속어 사용 실태를 조사해 보기로 했다.

방법은 한 사람이 한 친구의 언어 사용을 비밀리에 눈여겨보고 비속어를 얼마큼 쓰고 있는지 파악하는 것이다. 나는 작은 메모지에 한 명 한 명 반 아이들의 이름을 적었다. 그 메모지를 작은 상자에 담고 나서 아이들이 한 명씩 뽑았다. 뽑힌 아이가 대상 학생이 되는 것이다. 기간은 3일이고 이 기간에 친구들이 비속어를 언제 어디에서 어떻게 쓰고 있는지 알아본다. 서로 아무도 모르게 철저히 비밀로 진행하는 것이 원칙이다.

두근두근 발표회가 시작되었다. 한 명씩 교단에 올라서 대상 학생의 비속어 실태를 발표하였다. 솔직하게 발표하는 학생도 있었지만 상대방의 체면 때문에 욕설 사용량을 줄여 주는 학생도 있었다. 발표하는 시간 내내 웃음바다가 되었지만 심각한 표정을 짓는 아이들도 많았다.

많은 아이들이 쉬는 시간과 점심시간 쉴 새 없이 욕설을 섞어서 일상 대화를 했다. 'Ⅹ나', 'Ⅹ됐다', 'Ⅹ발' 등을 가장 많이 사용했고 '병신', '새끼', '미친년', '닥쳐', '뒤져', '쩐다' 등의 비속어를 입에 달고 있는 아이들도 많았다. 80%가 매일 욕을 하고 있었으며, 30%는 하루 동안 자주 또는 습관적으로 욕을 하고 있었다. 학생 중 반 정도가 비속어 문화에 젖어 있었고 본인이 의식하지 않고 쓰고 있어서 더욱 심각함을 느꼈다.

성적인 요소를 포함하고 있는 욕, 상대방을 비하하고 위협하는 욕, 신체 일부를 비하하는 욕, 저속한 신조어 등 실제로 우리 학교 아이들은 뜻도 모르고 비속어를 쓰는 경우가 대부분이었다. 친하면 친할수록 서로 심한 욕설을 사용하며 대화하는 경우도 있었다. 본래 비속어는 상대방을 기분 나쁘게 하기 위해 의도적으로 쓰는 말인데도 말이다.

발표회를 마쳤다. 교과서 내용보다 우리 아이들이 훨씬 많은 비속어를 사용하고 있었다. 걱정스러운 마음으로 나는 목소리를 높였다. 일상생활에서 비속어를 무분별하게 쓰면 쓸수록 몸과 마음이 파괴될 수 있다. 잦은 비속어 사용은 자신의 심리 상태를 과도하게 드러내어 부정적인 성격으로 바뀌게 하고 두뇌 발달에도 영향을 미친다. 그리고 스트레스로 인해 면역력이 감소하는 등 우리 몸에 미치는 영향이 크단다. 연진이처럼 이 시간을 모두 자신을 되돌아보는 계기로 삼았으면 한다.

연진이의 소감문

친구들이 이렇게 많은 욕을 하고 산다는 것에 놀랐다. 나도 모르게 욕을 하고 있었다. 특히 얌전했던 00도 쉴 새 없이 욕을 했다. 우리들은 뜻도 모르면서 입에 담기 민망할 정도의 비속어를 사용하고 있었다. 무심코 쓰는 것이 더 문제였다. 평소 자신의 언어 사용 습관을 반성하는 시간이었다. 중요한 말. 다른 사람에게 깊은 상처를 남기고 비수가 되는 말을 골라서 잘 사용하여 친구와의 관계를 잘 이어 갔으면 좋겠다. 재미있는 시간이었지만 부끄러운 시간이기도 했다.

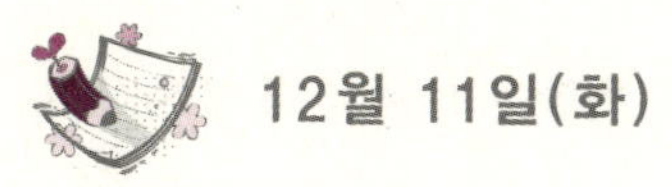

사물과 대화하기

햇빛을 보라
불어오는 바람을 보라
우리는 같이 살고 있고 하나 된 존재들이다.

신문에서 좋은 글 한 편을 발견하였다. 사물이 내가 될 수 있을까? 곰곰이 생각해 보다가 사물과 대화하는 시간을 갖기로 했다. 사물과 대화해 봄으로써 사물에 대한 관찰력을 기르고 그것들을 아끼며 감사하는 마음을 갖게 될 것이다.

먼저 지금 앉아 있는 장소에서 보이는 사물 중 한 가지를 택한다. 그리고 내가 사물이 된다. 그것을 바탕으로 한 편의 글을 작성하는 것이다. 나는 아이들이 사물에 동화될 수 있도록 분위기를 조성해 주었다.

연필이 나에게

3-3 허금숙

네게 나를 줄수록 나는 작아진다. 살다가 지칠 때 나를 만나렴. 너의 고민, 갈등을 아무도 수놓지 않은 흰 종이 위에 가득 풀어놓으려무

나. 너의 마음도 한결 가벼워지고 세상도 희망차 보인다. 내 몸은 비록 까맣지만 하얀 도화지 위에 그려 놓은 활자는 너의 숨결을 느낄 수 있단다. 내가 있으므로 삶이 화해와 용서로 아름다워진다면 그것으로 나는 나의 존재 가치를 찾는단다. 물질문명의 발달로 컴퓨터가 나의 존재를 위협하지만 나는 나대로 긍지를 느낀다. 나는 때론 시의 가슴이 되고, 노래하는 날개가 되기도 한단다.

한 가지 부탁이 있다면 내 분신과 가루는 반드시 쓰레기통에 넣어 주었으면 한다. 세상 사람들의 발에 짓밟히고 싶지 않단다.

금숙아, 삶이 지치고 힘겨울 때 나를 찾아오렴. 기꺼이 맞이하는 사월의 베르테르가 될게. 안녕!

03

모둠 토의 수업

소설 「동백꽃」을 감상한 후 사건을
뉴스 형식으로 나타내기 위해 '동백꽃 뉴스'
원고를 모둠별로 만들고 있다.

오늘 주시경 선생이 누구인지 알게 되었다. 늘 해 오던 대로

친구들과 책을 뒤적이며 본문 내용을 파악했다. 엎드려 있던 ㅇㅇ이를

일어나게 해서 같이했다. 어려운 것이 있어서 선생님께 물어보던 참이었다.

그런데 친구들이 돌아다니며 모르는 것을 가르쳐 주고 있었다. 선생님께서

일찍 끝낸 조원 모두에게 돌아다니며 가르쳐 주라고 한 것이다. 선생님은

그 아이들을 학습 도우미라고 불렀다. 모르는 것은 학습 도우미들이 돌아다니며

가르쳐 주었다. 우리도 학습 도우미의 덕을 보았다. 이렇게 모둠 활동을 하니

모두 참여하게 되어 즐겁다. 다른 조보다 빨리하려고 적극적으로 참여했다

선생님 설명보다 친구들이 가르쳐 주는 것이 더 귀에 쏙쏙 들어왔다.

내일은 어떤 수업이 또 우리를 기다릴까?

(준희의 국어 수업 일기 중에서)

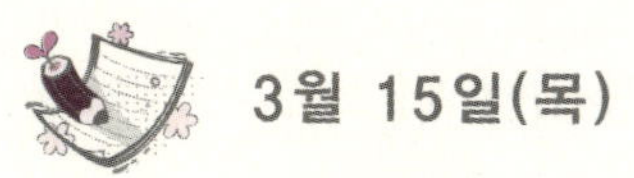

별과 함께하는 모둠 토의 수업

아이들이 앉은 대로 네 명이 한 모둠으로 구성되는 모둠 방식을 깬 것은 작년 가을 교사 학습 동아리 '수달스(수업의 달인이 되고 싶은 교사 학습 동아리)'에서였다.

그날 주제는 모둠 토의 수업 방식에 대한 것이었다. 수년 동안 진행해 온 내가 주제 발표를 했다. '모둠 토의 수업 방법의 의의', '모둠 별로 해 볼 수 있는 수업의 실제', '모둠 구성', '모둠 토의 수업할 때 교사가 유의할 점' 등 그동안 수업해 온 경험을 바탕으로 발표했다. 그중에서 교사가 유의할 점을 강조했다. 이 수업 방식은 타인에 대한 배려가 없는 아이들에게 나보다는 남을 먼저 생각하고 더불어 사는 삶을 위한 교육 목표로 가치가 있는 방식이라고 덧붙였다.

발표를 마치고 토의 시간을 가졌다. 모둠 구성 방식에 대한 질문이 있었다. 모둠원의 인원은 네 명으로, 그 네 명이 한 모둠이 된다. 책상과 몸을 돌리면 바로 모둠이 구성되며 모둠장은 그 모둠에서 뽑는다. 모둠의 단합을 위해 모둠 이름을 정하고 모둠 구호도 만들면 좋다.

그런데 모둠 구성원에 대한 것이 문제가 되었다. 잘하는 아이들만 모이거나 부족한 아이들만 모였을 경우 어떻게 해결할까? 논의를 하던 중 시간이 많이 지나 토의를 마쳤다. 다음 만날 때까지의 과제였다. 고민을 안고 차에 몸을 실었다. 밤 11시 집에 오는 길. 자동차 불빛이 빛났다. 불현듯 스치는 것이 있었다. 까만 밤하늘을 밝혀 주는 별이 생각난 것이다.

모둠 안에 별을 미리 정해 놓고 그 아이를 중심으로 모둠을 구성하면 어떨까? 바로 '별과 함께하는 모둠 토의 방식'이었다.

새 판을 짰다. 국어를 잘하고 국어 공부에 관심이 있는 학생 8명을 선정하고 그들에게 별이라는 이름을 붙여 주었다. 별 따라 아이들이 모여 한 모둠을 구성하는 것이다. 남녀 비율을 같게 했다.

그것이 수업을 성공적으로 이끌었다. 한 아이가 "그럼 우리는 달이라고 할래요." 했다. "그래, 그러면 좋겠구나. 별이나 달이나 어둠을 밝혀 주는 것은 모두 같지. 모둠원들이 즐겁고 신나는 국어 시간을 만들면 된단다."

너와 내가 경쟁하지 않고 가진 것을 서로 나누고 배우는 것, 서로 신뢰하고 감사하며 살아가는 것, 더불어 같이! 이것이 모둠 수업의 가치이며 민주주의의 싹이다. 작은 교실이 실천의 출발점이다.

새 학년 새 출발. 그렇게 새 모둠이 구성되었다.

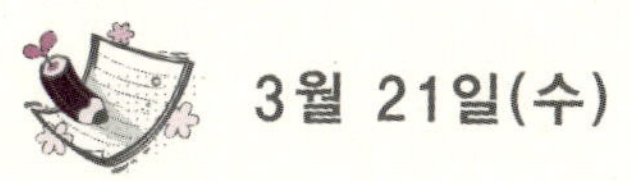

느긋하게 그리고 기다려

아이들이 모둠 학습을 하는 사이 나는 돌아다니며 아이들의 이야기에 귀를 기울였다. 그 모둠에 몸을 낮추고 가만히 들여다보았다. 학습에 관련이 없는 이야기를 하는 아이가 있으면 지적해 주었다.

오늘도 나의 행동이 빨라지는 것을 느꼈다. 진도에 급급하여 모둠에 가서 활동을 채근했다. 또 느긋하지 못한 나의 성격이 드러났다. 그래서 교탁 안에 표어 하나를 써서 붙였다. '느긋하게 그리고 기다려.' 이 글귀가 눈에 뜨일 때마다 나의 행동에 스스로 주의를 줄 것이다.

아이들은 토의한 내용이 틀릴까 봐 나의 눈치를 살폈다. 그리고 정답을 가르쳐 달라고 졸라 댔다. 토의한 내용이 '틀렸다'라기보다 '다르게 생각하라'고 말하고 다소 다르더라도 그냥 내버려 두었다. 아이들의 생각을 접게 하고 싶지 않았다. 듣고 기다리며 믿어 주는 교사의 역할을 다시 생각한 시간이었다.

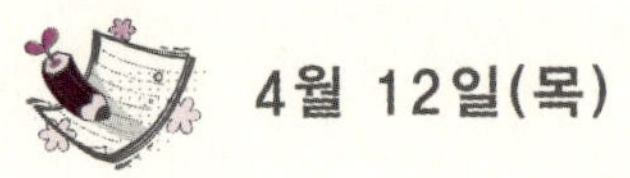

1학년 시 수업

1학년 수업은 언제나 와글와글하다. 활기차서 좋지만 가끔씩 지나치기도 하여 소란스러울 때가 있다. 진정시키고 수업을 진행할 때면 순수하여 곧잘 내 말에 잘 따르고 우렁찬 목소리로 대답을 한다. 그 맛에 1학년 수업을 한다.

시 단원이 나올 때마다 2011년 전국국어교사모임에서 발행한 『국어과 자료집』 안의 '시, 내게로 오다'를 참고했다. 공책의 틀에 제시한 항목을 아이들이 협력하며 답을 찾아가는 수업 방법이다.

오늘은 기형도의 시 「엄마 걱정」 첫 시간이다. 예전처럼 공책의 틀에 시를 읽으면서 꼭 알아야 할 몇 가지 항목을 제시했다. 앞서 엄마와 관련된 동영상을 보여 주고 엄마의 삶과 자신의 어린 시절을 떠올려 보도록 하였다.

이어 모둠별로 돌아가면서 시를 낭독했다. 그 목소리가 교실 창을 넘었다.

기형도의 「엄마 걱정」 시, 내게로 오다

1. 시와의 만남

가. 제목에는 어떤 의미가
   담겨 있을까?
나. 화자의 상황에 대해 생각해
   보자.
다. 이 시의 분위기

2. 시 깊이 알기

가. 1연의 내용은?
   2연의 내용은?
나. 시간적 배경은?
다. 시의 표현상의 특징은?
라. 시인은 무엇을 말하고자
   하는가?

3. 이 시와 관련하여 나의 경험 쓰기

한글 이름과 별칭 짓기

평생 한글 운동을 위해 애쓴 주시경 선생을 알고 우리들은 예쁘고 순수한 한글 이름과 별칭 짓기를 했다.

먼저 내가 지은 한글 이름을 소개했다. 김햇살. 몇 년 전 내가 스스로 짓고 부른 이름이다. 별칭도 지었다. '겨울 햇살'이다. 세상에 밝게 내리쬐는 햇살, 시린 언 땅을 포근하게 감싸 주는 햇살, 교실 구석구석 어두운 곳, 소외된 아이들의 가슴에 따뜻하게 내려앉는 햇살이 되고 싶어서 지었다. 나름대로 의미를 부여하고 산다.

겨울 햇살 (김미경)

우리 모두에게 부모가 없는 세상은 있을 수 없다. 동식물에게 해가 없는 세상은 생각할 수 없듯이 부모 중에서 누가 더 세상에 많은 이익을 주고 자식에게 누가 더 많은 영향을 주는가라는 논란은 의미가 없을 것이다. 다만 방법의 차이는 있을 것이다.

해와 햇빛과 햇살과 햇볕. 어느 하나 소중하지 않은 것이 없는 해의 모둠. 이 모든 것이 다 있어야 비로소 해가 됨은 시골에 하루만 살아도 알 것이다. 그중에서 있는 듯 없는 듯 잘 보이지 않지만 소중하게 뻗어 오는 그 빛줄기가 햇살이다. 한 가정의 웃음 줄기라고나 할까? 태양의 존재 확인이라고나 할까? 아무리 두껍게 드리운 구름이라 할지라도 땅 위의 동식물을 위해서 순간순간 구름 사이를 꿰뚫으며 지상에 도달하려는 햇살의 모습에서 어머니의 힘을 느낀다.

5월 7일(월)

학생 선언문 작성하고 발표하기

중간고사 끝나고 맞이한 첫 시간. 아이들이 놀자고 했다. 그래, 놀아 보자꾸나 한바탕.

전지 반절과 사인펜을 모둠별로 나누어 주었다. 그리고 학생 선언문을 작성해 보라고 했다. 어떻게 쓸지 막막한 얼굴이었다. "선생님, 스트레스가 더 쌓여요." 한 아이가 말했으나 미소를 살짝 지으며 못 들은 척했다. 3분짜리 '세계 인권 선언문 영상'을 보여 주며 힌트를 얻어 보되 창의성을 발휘하라고 했다. 네 명의 아이들이 머리를 맞대고 만들었다. 45분이 후딱 지나갔다.

여덟 개의 모둠에서 작성한 선언문을 칠판에 붙였다. 각 모둠의 별들이 나와서 낭독했다. 평소보다 목소리에 힘이 있었고 우렁찼다. 아이들은 학교의 주인으로 자유와 권리, 책임을 다하는 삶을 꿈꾸었다. 나는 이 아이들이 즐거운 학교, 행복한 교실에서 능동적이며 주체적인 삶을 영위하고 건강한 민주 시민으로 성장하기를 바랐다.

개봉중 학생 선언문
3-1 영은별 모둠

　　개봉중학교의 학생, 개봉인은 우리 개봉중학교에 없어서는 안 될 존재인 동시에 개인의 꿈을 키워 나가는 커다란 꿈나무이다. 또한 우리는 나아가 이 나라의 미래이자 근본이 됨에 따라 우리 개봉인의 권리와 의무를 확실히 하는 것에 의미를 두고 다음과 같이 선언한다.

하나, 우리 개봉인은 모든 친구를 차별하지 않고 똑같이 사랑하고 이해, 배려하는 자세와 도덕성을 갖춘다.

하나, 우리 개봉인은 학생이라는 신분에 알맞은 복장과 행동을 준수한다.

하나, 우리 개봉인은 교내 시설을 자유로이 이용하며 여자아이들도 축구 골대를 사용한다.

하나, 우리 개봉인은 교내 행사나 축제에 관심을 가지고 즐거운 마음으로 참여한다.

하나, 우리 개봉인은 자신의 진로에 대해 진지하게 고민하고 생애를 설계한다.

하나, 우리 개봉인은 외부의 위협으로부터 학교의 보호를 받을 수 있으며 성적이나 외모 등의 이유로 다른 누구와도 차별을 받아서는 안 된다.

하나, 우리 개봉인은 어떤 경우에서도 학교 폭력을 행사할 수 없다.

하나, 우리 개봉인은 학교의 불편한 점들을 이야기할 수 있고, 학교는
　　　이를 수용하여 아이들이 스트레스를 받지 않도록 한다.

하나, 우리 개봉인은 교사에게 예의를 갖추고 행동하는 마음을 가진다.

하나, 우리 개봉인은 늘 환한 웃음을 잃지 않는 이 세상의 빛이 될 것
　　　이다.

모둠별로 작성한 학생 선언문을
모둠의 별이 나와 우렁차게 낭독하고 있다.

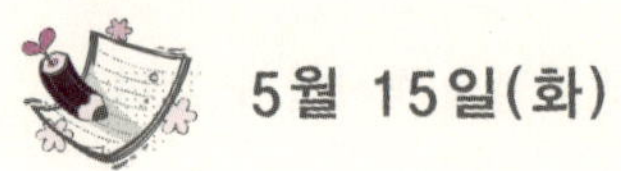

동백꽃 뉴스와 원미동 뉴스

김유정의 소설 「동백꽃」과 양귀자의 소설 「원미동 사람들-일용할 양식」을 감상하고 확장적 사고를 키울 수 있는 방법을 고민했다. 전에 모둠별로 '소설 신문 만들기'를 한 적이 있었다. 그것은 많은 시간을 필요로 했다.

시간을 덜 들여 할 수 있는 것을 생각해 보다 떠오른 것이 바로 '뉴스 형식'으로 진행하는 것이었다. 소설 내용을 뉴스로 부각시키는 방법이다. 도입 부분을 일부분 제시하고 그 뒤부터 모둠별로 작성하도록 했다. 아이들은 낑낑대고 끙끙거리더니 멋진 뉴스거리를 만들어 냈다.

동백꽃 뉴스
1-1 하영별 모둠

앵커: 1930년 진달래꽃, 개나리꽃이 아름답게 피는 봄입니다. 강원도 춘천 실레 마을에 한 소녀와 소년의 사랑 이야기를 취재하였습니다. 현장에 나가 있는 박채환 기자 자세한 사건을 알려 주시죠.

기자: 네. 여기는 강원도 춘천 실레 마을입니다. 이곳 강원도 산골 마을에서 한 소녀와 소년이 사랑을 나누었다고 합니다. 그 특별한 사랑

이야기를 자세히 들어 보겠습니다.

점순: 저는 '나'가 좋아서 애정 표현 좀 하려고 제가 몰래 갖고 온 감자를 줬는데 '나'가 감자를 안 먹겠다고 하여서 제가 심술이 났어요. 그래서 제가 '나'의 닭을 때리고 괴롭혔죠.

나: 점순이가 처음엔 저를 좋아하는지 꿈에도 몰랐어요. 그리고 감자를 줄 때도 꼭 저를 무시하는 기분이 들어서 그때부터 점순이에게 쌀쌀맞게 대했죠. 그런데 며칠 뒤 점순이가 우리 집 닭들을 때리고 괴롭히고 있더라고요.

점순: (발끈하면서) '나'도 우리 집 닭을 죽였어요. 그래서 정말 속상했죠. 가뜩이나 '나'가 저의 마음도 몰라주고 그러니깐요.

기자: 네. 두 분의 말씀을 들어 보았는데요. 시청자들을 위해서 좀 더 자세히 말씀해 주실 수 있나요?

나: 네, 말씀드리죠. 점순이가 계속 우리 닭들과 자기네 닭들을 서로 싸움을 붙이고 계속 괴롭히고 그랬죠. 그것도 제가 없는 사이에 말이죠! 그래서 저는 더 화가 났었죠.

점순: 제 마음을 몰라주는 '나'가 너무 밉고 답답하여서 그랬던 거예요! 제 닭을 죽이고 그래서 저도 솔직히 심술이 났던 거죠. 지금 생각해 보니 '나'한테 미안하네요. 제가 많이 어리석었던 것 같아요.

나: 저도 점순이의 맘을 몰라주었던 게 마음에 걸리네요. 우리는 이러한 위기의 상황들 그리고 서로의 다툼을 통해 그리고 문제의 원인인 감자와 닭들 때문에 친하게 되었어요. 그 덕분에 저~기 (산 쪽을 가리키며) 산속의 바위틈에서 점순이와 저의 사랑을 확인하게 되었죠.

점순: 맞아요. 아름답게 핀 노오란 동백꽃 아래에서 수줍고 힘들었던 서로의 마음을 확인하게 되었죠.

기자: 네. 정말 힘들고도 로맨틱한 사랑 이야기군요. 동백꽃 사이에서 핀 한 소녀와 소년의 아름다운 사랑 이야기. 정말 아름답군요. 그럼 혹시 지금은 서로에게 어떤 감정과 마음의 변화가 일어났나요?

나: 네. 처음엔 서로가 싫어하고 미워하고 하였지만 지금은 그 어느 누구보다 점순이를 사랑해 줄 수 있는 마음이 생기고 점순이에 대한 모든 안 좋았던 일이 좋은 일로 바뀌게 되었어요. 그리고 그 어느 누구보다 점순이를 사랑해 줄 수 있는 자신이 있어요!

점순: 네, 맞아요. 저도 처음엔 저의 마음을 몰라주는 '나'가 정말 밉고 답답하였지만 지금은 세상에서 제일 좋은 사람이에요. '나'에게 세상에서 제일 잘해 줄 수 있고 아껴 줄 수 있어요!

기자: 네, 정말 아름다운 엔딩이군요. 두 분 모두 아름다운 사랑 영원히 쭉 오래가길 바라고 인터뷰에 응해 주셔서 감사합니다.

점순, 나: 네, 감사합니다.

기자: 그럼 지금까지 강원도 춘천 실레 마을에서 동백꽃 뉴스 박채환 기자였습니다.

앵커: 네, 정말 두 분의 아름다운 사랑 영원히 오래가길 바랍니다. 지금까지 동백꽃 뉴스를 시청해 주신 많은 시청자 여러분, 감사합니다.

3-2 소희별 모둠

앵커: 1980년 12월 30일. 겨울이 깊어 가는 연말입니다. 부천시 원미동에서 아주 난처한 일이 생겼다죠? 무슨 일입니까? 현장에 나가 있는 이소희 기자 자세한 사건을 알려 주시죠?

기자: 새로 개업한 싱싱 청과물이 또 과일 이외의 부식 일체를 팔면서 김포 슈퍼, 형제 슈퍼와 경쟁을 하게 되었다죠? 무슨 일이 일어났는지 자세한 이야기를 들어 보겠습니다.

싱싱 청과물: 기자 양반, 내 얘기 좀 들어 보시오. 나도 먹고살려고 가게 하나 좀 냈더니만 지금 나보고 죽어라 죽어라 하잖소!

김 반장: 여기 상황을 보고 가게를 열어야지!

기자: 아 진정하시구요, 천천히 얘기를 좀 해 주시길 바랍니다.

경호 아버지: 제가 정리해 드리겠습니다. 우리 가게는 원래 쌀과 연탄만 취급했었습니다. 그런데 이번 기회에 가게를 확장했죠. 그러면서 슈퍼로 바뀌게 되었는데 이렇게 되다 보니 형제 슈퍼와 겹치게 되더군요.

김 반장: 그래서 우리도 쌀과 연탄을 들여놓았습니다. 부양할 가족도 많았고 사고까지 내서 집이 어려워졌거든요. 그런데 저 김포 슈퍼가 가격을 내리기 시작하더라니깐요?

경호 아버지: 우리도 형제 슈퍼가 쌀과 연탄까지 취급하니 조금 걱정이 되더라구요. 그래서 가격을 조금 내렸습니다. 그런데 김 반장이 더 가격을 내리더군요.

김 반장: 가격을 저쪽에서 내리면 우리 가게는 안 올 것이니까요. 그래서 가격 경쟁이 시작됐는데 여간 힘든 일이 아니었습니다.

경호 아버지: 그런데 이때 하필 싱싱 청과물이 가게를 연 것입니다!

싱싱 청과물: 이때 하필이라니! 나도 상황이 이런 줄은 몰랐다고!

기자: 그럼 싱싱 청과물에서 무엇을 팔았습니까?

싱싱 청과물: 원래는 과일만 팔 생각이었지만 조금 더 잘 팔고 싶어서 부식 일체도 팔았습니다.

기자: 기존에 있던 슈퍼들은 가만히 있었나요?

김 반장: 아니죠! 지금 김포 슈퍼만으로도 힘든데 슈퍼가 더 생기는 꼴은 못 보겠더라구요. 제가 그래서 김포 슈퍼에게 동맹을 제안했습니다.

싱싱 청과물: 아니! 둘이 짜고 쳤구만!

김 반장: 주변 상황을 잘 보고 가게를 들였어야지!

기자: 흥분하지 마시고 이야기를 해 주시기 바랍니다. 그럼 둘이서 동맹을 맺고 어떻게 하셨나요?

싱싱 청과물: 완전 저를 죽이려고 작정이나 한 듯이 제가 가격을 내놓으면 그것보다 더 줄여서 파는 겁니다! 그래서 저는 제가 부식 일체를 팔아 그러는 줄 알았습니다. 그래서 과일만 팔았죠.

기자: 그러면 이제 문제는 해결된 것 아닙니까?

김 반장: 아니죠! 저희도 과일을 파는데 그냥 놔둘 수는 없죠! 사람들을 싱싱 청과물 쪽으로 가지 못하게 저쪽 과일보다 더 싸게 팔았습니다.

싱싱 청과물: 당신네들이 평상시에도 가격을 내려서 잘 팔리지도 않는데 그래서 내가 거의 못 팔았잖아! 우리 가게 지금 거의 다 망해

가고 있다고!

김 반장: 잘됐네! 우리가 원하는 게 당신 가게가 망하는 것이라고!

기자: 세 가게 간의 갈등이 심하지만 다 같이 살기 위해 그러는 것이니 입장을 잘 고려하여 사건이 잘 끝났으면 좋겠습니다. 이상 원미동에서 일어난 일이었습니다.

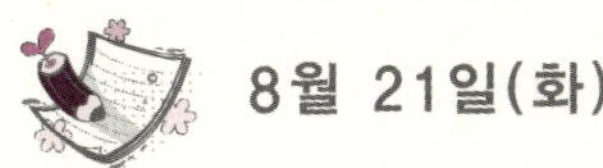 **8월 21일(화)**

노랫말 바꾸기

1학년 '마음을 나누는 노래' 단원을 배웠다. 그 단원의 성취 기준 중 하나는 시어와 일상어의 관계에 대한 이해를 바탕으로 노랫말을 쓰는 것이다. 우리들도 노랫말을 바꾸는 활동을 하였다.

'자신이 좋아하는 노래에 맞는 노랫말로 바꾸는 활동', '나의 일상생활을 시적 표현과 가락을 살려 노랫말로 표현해 보는 활동', '문학 작품의 줄거리를 노랫말로 바꾸는 활동' 등 세 가지를 제시한 후 모둠별로 선택하도록 하였다. 돗자리를 펼쳐 놓으니 아이들은 잘 뛰어놀았고 훌륭한 작품을 내놓았다.

처음 너와 내가 만난 그곳은 한 개울가였지

처음에는 너무나 쑥스러웠지만 점점 마음이 끌렸어

산에서는 무척이나 즐거웠지 소나기가 와서 젖어도

원두막 수숫단 속에서도 나는 춥지 않았어

아, 영원히 변치 않을 우리들의 우정이여

비록 너의 모습 볼 수 없어도 난 영원히 널 기억할 거야

너를 알게 된 것은 하늘의 크나큰 축복이었어

영롱한 너의 눈빛은 나를 사랑으로 감싸 주었지

비 오는 날 온몸은 젖었어도 나는 따스함을 느꼈지

하지만 너의 죽음을 안 순간 나는 너무나 괴로웠어

아- 영원히 잊지 못할 우리들의 우정이여 비록

너의 모습은 볼 수 없어도 난 널 잊지 않겠어.

어젯밤엔 우리 아빠가 궁금하신 모습으로

성적표가 왜 안 나오냐고 웃음 띠고 물었어요. 음음.

앞선 친구 너무 많은데 뒤선 친구 너무 없어서

아빠 주름 생각하다가 잠이 들고 말았어요. 음음.

밤새 꿈나라엔 책상에 엎드려 침을 흘렸고

책상 위의 교과서는 내 머리를 빙빙 돌았죠. 음음.

어젯밤엔 하얀 달빛도 아빠 얼굴 의심처럼

나의 얼굴 바라보면서 살며시 날 깨워 줬어요. 음음.

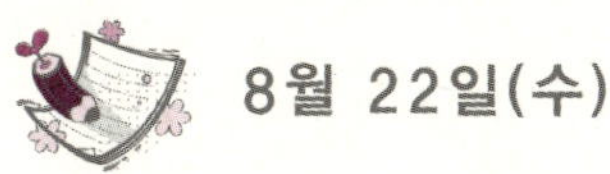 8월 22일(수)

내 인생의 좌우명으로 삼을 고사성어 놀이

십여 년 전, 개웅중학교에서 근무하던 시절. 동료 교사인 김미령 선생님께 "선생님이 가장 좋아하는 고사성어가 뭐예요?"라는 질문을 받은 적이 있었다. 그러면서 좋아하는 고사성어를 알면 그 사람의 성격을 알 수 있다고 덧붙였다. 글쎄 뭘까? 곰곰이 생각해 보았다.

젊었을 때는 '타산지석(他山之石)'이라는 말을 좋아했다. 점점 나이가 들면서 내 삶의 좌우명으로 삼고 싶은 말 한 가지를 내 가슴에 심었다. '전화위복(轉禍爲福)'이었다.

우리 아이들에게도 가슴에 한두 가지 심을 고사성어를 알려 주고 싶었다. 다음과 같이 진행하였다. 먼저 이 활동의 취지를 알리고 동기를 유발한다. 둘째, 오늘 알게 될 고사성어를 설명하고 익히는 사전 활동을 한다. 셋째, 고사성어 하나를 각 모둠에게 몰래 주고 그것을 몸짓으로 표현하도록 한다(모둠별 몸짓 연습). 넷째, 모둠원들이 나와 고사성어를 몸짓으로 표현하면 나머지 모둠이 알아맞힌다. 다섯째, 제일 많이 맞히는 모둠에게 적절한 대가를 준다.

타산지석(他山之石), 이심전심(以心傳心), 전화위복(轉禍爲福), 작심삼일(作心三日), 청출어람(靑出於藍), 환골탈태(換骨奪胎), 금상첨화(錦上添花), 고진감래(苦盡甘來), 과유불급(過猶不及)

몸짓으로 표현하는데 웃겨서 아이들은 하하, 호호거리며 웃음바다를 만들었다. 고사성어를 열심히 갈고닦아서 유용하게 쓰기를 바라는 뜻에서 글쓰기 시간도 가졌다. 앞으로 내 삶의 지표가 될 고사성어 한 가지를 선택하고 그것과 관련하여 2학기 국어 수업 계획도 아울러 세워 볼 것을 당부했다.

우리 반 친구 이름 노래

천지를 뜨겁게 달구었던 무더위도 자연 앞에서는 어쩔 수 없는 것 같았다. 백기를 들고 종적을 감추었다. 처서이다. 교실에도 선선한 바람이 불었다.

오늘은 「나무 노래」를 배웠다. 이 노래는 여러 가지 나무 이름을 비슷한 소리가 나는 사물이나 표현, 행동 등과 연관 지어 재미있게 소개하는 전래 민요이다. 4음보의 가락을 살려 낭송하기에 충분했다. 시가 지닌 음악성을 이해하며 한 걸음 나아가 반 아이의 특성과 이름을 살려 이름 노래 짓기를 했다. 모둠별로 머리를 맞대고 하는 모습이 진지하였다. 아이들은 연신 웃음을 폭발하기도 했다. 재미있는 이름 노래 한 편이 완성되었다.

1-1 동원별 모둠

머리대왕 김○○	야구하는 염○○	책애벌레 박○○
허수아비 허○○	완벽미남 임○○	팔힘대박 박○○
엄청먹어 김○○	수면부족 신○○	이마까인 현○○
향기나는 손○○	깜둥깜둥 홍○○	눈이작은 유○○
가게주인 송○○	교회믿는 전○○	사과살렘 배○○
그리워진 김○○	조용조용 김○○	카스작작 박○○
교실남아 남○○	안보인다 박○○	드림그만 김○○

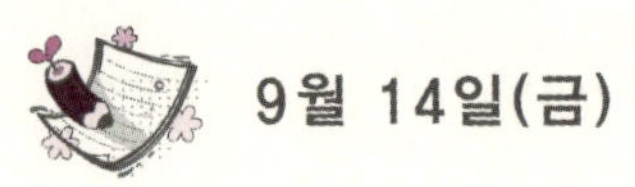

일석이조

1학년 아이들과 잔잔하고 서정적인 소설 한 편을 감상했다. 「외갓집은 언제나 부잣집」이라는 소설이었다. 이 소설은 1960~1970년대를 배경으로 어린 형제가 여름 방학을 맞아 바닷가에 있는 외갓집에 놀러 가서 겪은 이야기이다.

우리들은 외갓집 식구들의 따뜻한 사랑에 잔잔한 감동을 받았다. 아이들의 생각과 행동이 천진난만해 소설 속으로 쏘옥 빠져들었다. 특히 고무신과 관련된 사건이 흥미로웠다.

이 글을 읽고 자기 생각이나 느낌을 정리할 수 있었다. 그리고 다른 사람과 비교하는 과정에서 읽는 이에 따라 글에 대한 이해가 다양할 수 있음을 알았다.

감상을 마친 후 빌딩 숲의 삭막한 도시 생활 속에서 자란 아이들에게 시골의 풋풋한 정경과 풍요로움을 느끼게 해 주고 싶었다. 그래서 한 걸음 나아가는 수업을 계획했다. 등장인물 간에 오가는 따뜻한 정을 대사와 행동으로 직접 표현하는 수업, 연극이었다. 한 모둠이 등장인물의 역할을 하나씩 맡고 자기 대사를 만드는 것이다.

4명의 아이들이 머리를 맞대고 열심히 책을 뒤적이며 대사를 만들어 갔다. 그 모습이 대견해 보였다. 힘들어하는 모둠도 있는 가운데 수업 마치는 종이 울렸다.

오늘 그 두 번째 시간을 맞이했다. 아이들이 힘들고 어려워하면 포기하려고 했다. 그러나 아이들이 먼저 모둠별로 앉고 전날 못한 대사를 끌어가고 있었다. 노력 끝에 한 편의 멋진 희곡이 완성되었다. 나는 또 욕심을 냈다. 등장인물의 성격과 특징이 드러나는 가면을 만들게 했다. 그리고 그것을 쓰고 각 인물들의 처지와 마음이 드러나도록 행동과 대사를 구연해 보게 했다.

특히 할머니 역을 맡은 아이에게 할머니처럼 실감 나는 전라도 사투리를 써 보라고 당부했다. 사투리를 사용함으로써 향토적이고 토속적인 분위기를 형성하고 이야기에 현장감과 생동감을 부여하기 위해서였다.

시간이 허락된다면 남도 바닷가 풍경, 황톳길과 초가지붕들이 조개껍데기처럼 옹기종기 기대고 앉은 마을 풍경, 흙마당의 초가집, 그 쪽마루 등 배경 그림을 전지에 그리고 대사도 외우며 소박하나마 제법 근사한 연극을 올리고 싶었다. 그러나 중간고사를 앞두고 바쁜 진도 때문에 입체낭독으로 그쳤다. 아쉬움이 있었으나 소설의 특성과 희곡의 특성 차이를 알게 된 큰 이점을 얻었다.

1-1 경택별 모둠

외할머니: 우리 새끼들 왔나? 에미야! 언능 밥 몬자 채래랭.

(**해설:** 음식들이 나오고 기철이와 기영이는 정신없이 먹었다.)

기철: 할머니 이제 배불러요.

외할머니: 그거 쪼가 묵고 배가 불러야. 더 묵으라. 전복죽이 겁나게 몸

에 좋다고 안허냐?

(**해설**: 그래서 기영이와 기철이는 더 먹는다.)

외할머니: 춘식아! 기영이랑 기철이 심심하겄다. 바닷가 가서 좀 마실 댕겨와라.

춘식이: 네. 기영아! 기철 성! 언능 가자.

(**해설**: 그리하여 춘식이와 아이들과 기영이 기철이는 바닷가로 간다.)

춘식이: 아 뭐하노? 빨랑 안 들어오고 빨리 들어와, 빨리!

기철이: 내 수영 실력을 보여 줘야겠어. 기영아 얼른 들어와.

(**해설**: 그때 아이들이 기철이와 기영이를 물속으로 집어넣는다.)

춘식이: 너네들 뭐하는 거야? 죽으면 니네가 책임질래? 쾌안나.

기영이: 어! 형 나 고무신 한 짝이 사라졌어. 어떻게??

춘식이: 내가 찾아 줄게, 미안허다.

기영이: 엄마가 조심하라고 했는데.

춘식이: 안 보이네. 이제 어케 하노? 물이 다 빠졌는디 안 보인다. 먼저 성은 기영이 데리고 집에 먼저 가 있어라. 나는 더 찾다가 갈게.

(**해설**: 땅거미가 먹물처럼 담 안으로 스며들고 있었다.)

외할머니: 아 왜 춘식이 안 오노? 기영아 울지 말어. 할미가 체곗돈으로 사 줄 끼니 울지 말어.

(**해설**: 이때 춘식이가 집으로 들어온다.)

외할머니: 이놈아! 어딜 쏘댕기다 들어오노?

춘식이: 낙지 잡았구먼요. 요놈을 팔아 가꼬 기영이 고무신 사 줄라고 늦어 부렀네.

(**해설**: 그렇게 서울에 없는 것이 많기도 한 외갓집은 언제나 부잣집이었다.)

04

국어 교과실에서 띄우는 편지

국어 교과실의 화분

눈과 비를 건너서 교정 가득 봄이 왔구나.

진달래는 볼이 통통하여 금방 꽃망울을 틔울 것 같고,

백목련은 하얀 순수로 점점이 피어올라 하늘하늘 춤추고 있다.

언 땅을 뚫고 비바람을 이기며 핀 생명이라 더욱 귀하고 아름답구나.

너희들처럼.

특별한 도술

아이들아, 설렘과 기대 속에 맞이한 국어 시간. 세 시간의 국어 오리엔테이션을 마쳤다. 알차고 긴 국어 여행을 위한 준비 단계라고 생각해 두렴.

국어 공책을 미처 만들지 못한 친구들은 다음 주까지 정성껏 만들어 와라. 여기는 너희들이 모두 가 버린 텅 빈 국어 교과실이다. 너희들의 재잘대는 음성이 들리는 것 같다. 더 나은 국어 수업을 위하여 첫 번째 편지를 띄운다.

『어린 왕자』에 나오는 '길들인다'라는 말을 떠올려 본다. 왕자는 장미를 길들여 특별한 관계를 만들었고, 왕자의 친구가 된 여우도 왕자에게 특별한 의미가 된다. 애정을 쏟으면 모든 것이 새로운 의미로 다가오고, 특별한 존재 가치를 갖게 된다는 것이다. 장미가 되고 여우가 될 너희들을 위해 왕자가 된 내가 준비한 특별한 도술을 말하려 한다.

너희들에게 제시하는 첫 번째 도술은 너희들이 수업의 주체가 되고 주인공이 되는 '활동 참여식 수업 방법'이고, 두 번째는 '공책을 활용한 자기 주도적 수업 방법'이다. 세 번째는 더불어 나누는 삶의 '모둠 토의 수업 방법'이다.

'활동 참여식 수업과 모둠 토의 수업 방법'은 많은 아이들이 수업에 자발적으로 참여하도록 하는 데 힘을 모으고, 모둠 활동과 역할 나누기를 통하여 집단 사고의 필요성과 협동의 중요성을 알게 하려는 것이다. 또한 '공책을 활용한 자기 주도적 수업'은 아이들이 창조적으로 생각하고, 그 생각을 독창적으로 표현하는 데 중점을 둔다.

나는 공책에 정리할 내용을 준비해서 구체적으로 제시하고, 단원에 대한 폭넓은 이해를 돕기 위해서 그 단원과 관련된 '학습 자료'를 인쇄하여 주는 것을 게을리하지 않을 것이다. 그리고 단원과 관련된 글감으로 글쓰기를 하여 공책을 개인 문집으로 삼도록 할 것이다.

애정을 쏟을수록 너희들이 낯선 수업 방식에 길들여질 것을 믿는다. 많은 지식량과 수업 시수 부족으로 힘들겠지만 최선을 다해 너희들을 기다려 줄 것이다.

책상 모서리에 쌓인, 네 권씩 묶인 너희들의 공책을 넘기며 너희들의 고민과 노력을 떠올리고 나는 장미의 싹을 또 틔울 것이다. 아직은 향기조차 흐리지만 언젠가는 짙은 향내가 날 것이라는 희망을 가져 본다. 나는 국어 공부를 함께할 너희들과 새로운 길을 열고 찾을 것이다.

환절기에 건강 조심하렴. 안녕.

2012년 3월 8일

미경 샘 씀.

자기 주도적 학습

눈과 비를 건너서 교정 가득 봄이 왔구나. 진달래는 볼이 통통하여 금방 꽃망울을 틔울 것 같고, 백목련은 하얀 순수로 점점이 피어올라 하늘하늘 춤추고 있다. 언 땅을 뚫고 비바람을 이기며 핀 생명이라 더욱 귀하고 아름답구나. 너희들처럼.

주시경에 대한 모둠 토의 수업을 하는 동안 몇몇의 아이들이 투덜대는구나. 직접 설명해 주지 않고 스스로 찾으라고 하니 힘들고 귀찮다는 것이었다. 한편에는 학습에 대한 토의를 하지 않고 떠들며 남이 해 놓은 답을 베끼는 아이들이 있었다. 속상한 마음이 들기도 하고 나의 진심을 어떻게 전달할까 하다가 펜을 들었다. 나의 수업 방법 중 자기 주도적 학습에 대해 이야기하려고 한다.

자기 주도 학습을 대표하는 학자인 노울즈는 "자기 주도 학습이란 타인의 도움 없이 자기 스스로가 주도권을 가지고 자신의 학습 욕구를 진단하고, 학습 목표를 설정하고, 효율적인 학습 전략을 사용하며, 학습 결과를 스스로 평가하는 일련의 과정"이라고 보았다. 교사가 가르치는 대로 무작정 따라가는 공부가 아니라 스스로 공부하는 방법을 알아 가면서 공부의 즐거움을 찾게 되는 것이다.

아이들아, 나는 너희들이 모두 수업에 참여하고 소외된 아이들이 없게 하기 위해 모둠 토의 수업 방식을 취하면서, 물고기를 직접 잡아 주지 않고 물고기 잡는 방법을 가르쳐 주고 싶단다. 여럿이 하다 보면 그것이 익숙해져서 혼자서 문제를 해결해 나갈 수 있는 능력이 생기고 자율적으로 학습을 하게 되겠지.

자기 주도적 학습은 자동적으로 만들어지는 것이 아니라 훈련과 연습을 통하여 만들어진단다. 결국 너희들이 진짜 공부 잘하는, 스스로 공부하는 방법과 습관을 키우도록 도와주는 것이 나의 역할이라고 생각한다.

급속히 변화하는 지식정보화 사회에서 이미 알려진 단편 지식과 내용을 전달받는 것이 아니라, 새로운 지식을 쉽게 습득할 수 있는 능력을 갖추어야 한다. 이것이 내가 하는 국어 수업의 목표란다.

나의 뜻을 알고 잘해 주었으면 한다. 다음에 또 만나자.

2012년 4월 11일
미경 샘 씀.

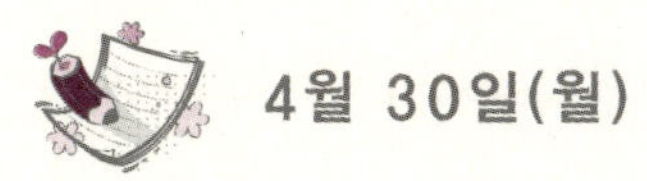

중간고사를 앞둔 아이들에게

설렘과 기대감으로 3월의 아침을 맞이한 것이 엊그제 같은데 벌써 두 달이 지나 중간고사를 보게 되었구나. 대지에는 봄기운이 퍼지고 교실에 앉은 너희들의 얼굴이 봄꽃인 양 환하다.

저마다 다르게 생긴 열매들에 등급 매기는 일 없이 모두 귀하게 여겨지는 교육이 하루빨리 이루어지면 좋겠다. 그런 바람을 가져 보며 중간고사를 앞두고 몇 자 적는다.

봄·여름·가을·겨울을 윤회하는 나무들처럼 쉼 없이 공부하는 너희들은 나중에 어떤 열매를 맺을까? 열심히 공부하는 너희들을 바라본다. 중학교 공부는 공부해야 하는 목적을 정하고, 스스로 공부하는 습관을 기르는 것이 더욱 중요하단다. 왜 공부해야 하는지 모르겠다면, 우선 자기 진로에 대해서 신중히 생각해 보기 바란다. 그리고 내가 무엇을 하며 긴 인생을 살아갈지 곰곰이 생각해 보자. 생각 없이 빈둥대다 보면 하루가 훌쩍 지나고 어느 순간엔가 열매 없는 가을을 맞이하게 될 것이다. 수업 시간에 집중하고 쉬는 시간과 자율학습 시간에 부족한 과목을 공부한다면 모두 기쁜 날이 올 것이다.

성적표는 열심히 공부한 아이들에겐 기쁨의 대가를, 노력이 부족한 아이들에겐 슬픔의 쓴웃음을 공평하게 전해 준다.

성적표에 적혀 있는 숫자의 많고 적음에 기뻐하거나 실망하지 말고 내가 어떤 마음과 자세로 공부를 했는지 돌이켜 보고 교훈을 얻었으면 좋겠구나. 최선을 다해 시험을 치르고 만나자.

2012년 4월 30일

미경 샘 씀.

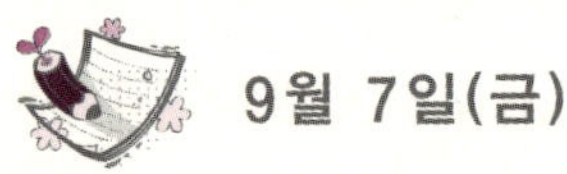

9월 7일(금)

재치가 넘치는 여유 있는 사람

비 온 뒤 가을은 그 향이 한층 짙어져 계절의 한복판으로 성큼성큼 걸어가고 있다. 이른 아침 창틈으로 새어 들어온 아침 공기가 풋풋하다. 오늘은 어떤 아이의 재치 있는 말로 아침을 싱그럽게 열었다. 평소에 그 아이는 고기만 잡는 줄 알았는데, 오늘 아침 같은 여유도 있음에 감탄했고, 그 여유로 최소한 오늘 하루는 행복할 수 있을 것 같아 고마웠다.

항상 해 오던 말이지만 너희들에겐 너희들만의 인생이 있기에 내가 뭐라 하든 말든 인생을 아끼고 사랑해야 한단다. 때때로 귀찮고, 꼭 지금처럼 생활하는 것이 최선일까 하는 의심도 들겠지만, 현실에 성실하지 못하다면 행복한 미래를 기대할 수 없다. 그래서 영국의 정치가이며 소설가였던 디즈레일리는 "지혜를 짜내려고 애쓰기 전에 먼저 성실하라. 지혜가 부족해서 일에 실패하는 경우는 드물다. 언제나 부족한 것은 성실이다. 성실하면 지혜가 생기지만 성실하지 못하면 지혜도 흐려진다."고 했다. 또 "과거는 현재의 원인이고 미래는 현재의 결과이다."라는 말도 있다.

결국 현재를 성실하게 살아가는 것이 최선의 생활 태도라는 말이다. 그렇다고 너희에게만 그런 생활 태도를 요구하는 것은 아니다. 학교 선생님들 모두 아이들이 그렇게 살기를 원하고 노력한다. 그런데도 가끔 힘들 때는 자기한테만 주어진 짐처럼 느껴서 짜증이 나기도 하는 것은 인간들이 공통적으로 지닌 이기심 때문일 것이다. 왜 다른 사람들은 다 행복한 것 같은데 나만 불행한 것일까 하는 어리석은 질문이 생기는 것도 그 때문일 것이다.

만약 이기심과 어리석음이 계속된다면 피해는 심각할 것이다. 짜증 난 네가 약한 친구를 때리고, 화가 난 약한 친구는 더 약한 친구를 괴롭히고, 그 친구는 다른 친구에게 신경질을 부리고, 그 친구는 화를 못 참아 책걸상을 걷어찰 것이다. 반대로 오늘 아침처럼 즐겁게 시작한다면 너희뿐만 아니라 우리 학교 아이들 전체가 즐겁지 않겠니?

이왕이면 즐겁게 살자. 똑같은 일을 하더라도 짜증을 내면서 하는 것과 콧노래를 부르면서 하는 것은 결과가 다를 것이다. 결과도 좋지, 마음도 즐겁지, 주위 사람들에게 좋은 인상 주지, 돈도 안 드는 방법이지, 뭐 하나 안 좋은 것이 없다. 그렇다면 우리가 즐겁게 살지 않을 이유가 없다.

때때로 짜증이 날 때도 있긴 하겠지만 너희들 스스로 마음을 잘 다스려 보고, 그래도 안 되면 화가 나는 이유를 당당하게 밝히고, 상대방이 잘못이 있다면 지적을 하고, 요구 사항이 있으면 요구를 해야 한다. 화가 나는 이유는 다른 곳에 있는데 화풀이를 여기서 하는 것도 올바른 방법이 아니라고 본다. 화를 내는 것으로 해결되지 않을 일에 대해 화를 내는 것도 짜증 나는 일일 것이다.

즐거운 국어 시간을 우리 스스로 만들자. 수업 방법이 다소 너희들을 힘들게 해도 물고기 직접 잡는 법을 익히는 과정이라고 생각하고 열심히 따라와 주면 좋겠다. 그리고 2학기를 힘차게 열자.

2012년 9월 7일
너희들을 믿는 미경 샘 씀.

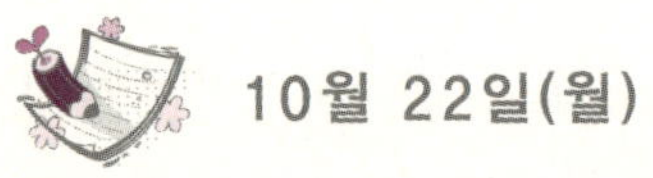

10월 22일(월)

생각이 열리는 국어 시간

학습지를 풀 때나 교과서 내용을 정리할 때 너희들은 이런 말을 자주 하곤 했지. "주제가 뭐예요? 다시 불러 주세요." 그거 아니면 틀린다고 생각하여 되묻곤 했지. 꼭 정답 하나만 찾으려고 하고, 괄호 안의 틀에 얽매여 생각을 넓히려고 하지 않았다.

지금까지 국어 시간에 많은 내용과 활동을 경험했다. 그 내용과 활동 속에서 꼭 정답을 찾아야 할 필요는 없었다. 모든 활동 속에서 너희들 나름대로의 생각을 펼치면 된다. 너희들이 생각하고 느끼는 것을 솔직하게 표현하고 친구들과 나누면 된다. 그동안 수차례 이야기했는데도 아직도 고정관념에 사로잡혀 다름을 인정하지 않고, 틀림만 받아들이는구나.

나는 너희들을 가르치는 교과서가 아니라 너희들이 생각을 펼쳐 나가는 데 도움을 주는 디딤돌이다. 깜깜한 어둠 속에서 내가 던져 준 지팡이로 더듬거리며 세상을 헤쳐 나가는 것은 너희들 몫이다.

학기 초에 수필에 대해 아는 대로 말해 보라고 했더니 한 명도 입을 여는 사람이 없어서 그때 생각했다. 스스로 생각하는 힘, 문제 해결력을 기르는 수업에 중점을 두어야겠다고.

더 이상 달달 외워서 시험 끝나면 잊어버릴 지식을 얻는 데 힘쓰지 말자. 국어 교과실을 우리들의 삶을 나누는 공간이며, 너희들의 생각을 표현하는 마당으로 만들자. 비록 사각형의 작은 공간이지만 너희들이 마음껏 꿈을 펼칠 수 있는 세상이며 우주이다. 남은 국어 시간에 맘껏 나를 꺼내어 내면과 만나고 생각의 나래를 마구 펼쳤으면 하는 바람으로 몇 자 적었다.

2012년 10월 22일

미경 샘 씀.

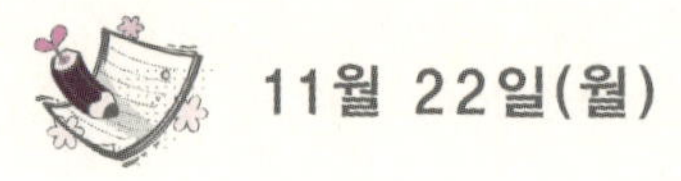

1학년 귀염둥이들에게

이 추운 날에도 교실 안은 훈훈하다. 모두 책을 읽는 너희들의 열기로 가득 차고 그 모습이 예쁘다.

책을 가까이하는 지금 모습을 그대로 간직했으면 좋겠다. 그래야 모자란 부분을 스스로 채워 갈 수 있고, 겉모습보다는 가슴속의 따뜻한 감정과 옳고 그름을 정확하게 판단할 수 있는 정신이 중요함을 알 수 있기 때문이다.

오늘은 너희들에게 상을 주는 의미에서 혼자 알고 있기 아까운 지식을 나누어 주려 한다. 여름 방학에 읽었던 책이 모두 나를 위해서 읽었던 것이라 너희들에게는 어려운 것들이었다. 그러나 그중에서 한 권은 어려우면서도 알고 있으면 누구에게나 좋은 내용이 들어 있었다.

오주석이라는 분이 우리 그림의 아름다움을 알리려고 전국을 돌며 강연했던 내용을 그대로 옮긴 『한국의 미 특강』이라는 책인데, 한마디로 말하면 우리의 그림을 감상하는 방법과 우리 그림의 우수성에 대해 쓴 책이다. 내가 너희들에게 말해 주고 싶은 것은 우리 조상들의 그림을 감상하는 방법이다. 너무 긴장하지 마라.

첫째, 그림을 보는 거리는, 그림의 대각선 길이의 1-1.5배 앞에서 보아야 한단다. 아마도 그림의 크기가 다르니까 그림의 크기에 맞는 거리에서 보아야 그 그림을 제대로 볼 수 있다는 뜻인 듯하다.

둘째, 그림을 보는 시선은, 오른쪽 위에서 왼쪽 아래로 쓰다듬듯이 흐르면서 보아야 한단다. 그 이유는 오른쪽부터 세로글씨를 썼던 우리 조상들의 습관 때문일 것이다. 우리는 지금 왼쪽부터 가로글씨를 쓰고 있는데, 이렇게 그림을 보면, 옛 그림의 구성과 X꼴로 부딪혀 그림의 구도나 의미는 물론 자칫 순서까지도 헷갈리는 잘못을 범하게 되는 것이다.

셋째, 그림을 감상할 때는, 옛사람의 눈으로 보고, 옛사람의 마음으로 느껴야 한단다. 옛 그림을 보면 어딘가 모자란 듯하고 촌스러운 느낌이 드는 것은 서양화에 익숙한 우리의 눈 때문일 것이다. 그 그림이 그려질 당시의 생활을 알고 그런 그림을 그린 사람들의 마음을 알려고 노력하면 세계적으로도 뒤지지 않는 작품이 많은 것을 느낄 수 있단다. 더 나아가 그림이나 예술품에는 조상들의 우주관과 인생관이 담겨 있다는 것까지 설명이 되어 있으나 너희들에게는 아무래도 어렵다고 판단된다.

어렵지만 얘기하는 것은 너희들이 좀 더 컸을 때라도 이해하길 바라는 마음 때문이다. 어찌 보면 모든 것의 판단 기준은 내가 아는 지금이 아니라 그것이 태어나거나 그가 살았던 그때라는 생각도 든다. 그런 의미에서 너희에게 숙제를 준다면 자신도 생각해 봐야겠지만 남도 깊게 생각해 보아야 한다는 사실이다. 한 가지를 덧붙이자면 역사에 대한 독서도 많이 해야 한다는 뜻일 것이다.

순간순간 열심히 살아서 후회를 덜 하는 너희들만의 삶을 일구기 바란다.

2012년 11월 22일

국어 샘 씀.

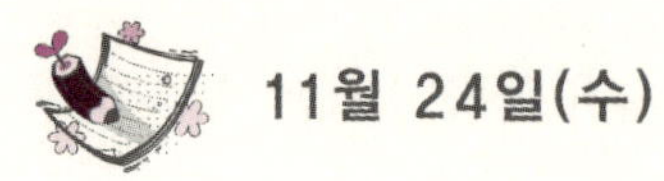

우리가 공부하는 까닭은

아이들에게 왜 공부를 하는지 그 이유를 물어보면 여러 가지로 대답을 한다. 자신들이 원하는 직업이나 자격을 얻기 위해서라는 답도 있고, 돈을 많이 벌어 잘 먹고 잘 살기 위해서다, 왜 하는지는 잘 모르지만 부모님과 선배들의 충고를 듣고 하고 있다는 대답 등으로 나뉜다.

이런 이유들을 가만히 생각해 보면 대체로 아이들 자신을 위한 것들이다. 만약 공부를 하는 이유가 스스로를 위한 것이라면 굳이 하기 싫은 공부를 억지로 필요가 있을까? 사람이 편하게 살 수 있는 방법은 공부밖에 없는 것일까?

이렇게 보면 우리가 공부를 하는 이유는 다른 데도 있을 것이다. 그렇다면 우리가 공부를 하는 진정한 이유는 무엇인가? 지금부터 들려줄 '이솝 이야기'는 우리가 잘 알고 있는 것이지만 새로운 마음가짐으로 들어 보면, 왜 공부를 하는가에 대한 답을 얻을 수 있다.

이솝이 어렸을 때의 이야기다. 이솝의 주인은 훌륭한 학자였다. 어느 날 주인이 말했다.

"애, 이솝아. 목욕탕에 가서 사람이 많은지 보고 오너라."

이솝은 목욕탕으로 갔다. 그런데 목욕탕 문 앞에 끝이 뾰족한 큰

돌이 땅바닥에 박혀 있는 것이었다. 그래서 목욕탕으로 들어가는 사람이나 목욕하고 나오는 사람 모두가 그 돌에 걸려 넘어질 뻔했다. 어떤 사람은 발을 다치기도 하고 어떤 사람은 코가 깨질 뻔했다.

"에잇! 빌어먹을!"

사람들은 돌에 대고 욕을 퍼부었다. 그러면서도 누구 하나 그 돌을 치우는 사람이 없었다.

'사람들도 한심하지. 어디, 누가 저 돌을 치우는지 지켜봐야지.'

이솝은 목욕탕에서 그것만 지켜보고 있었다.

"에잇! 빌어먹을 놈의 돌멩이!"

여전히 사람들은 돌에 걸려 넘어질 뻔하고는 욕설을 퍼부으며 지나갔다.

얼마 후에 한 사나이가 목욕을 하러 왔다. 그 사나이도 돌에 걸려 넘어질 뻔했다. 이솝은 여전히 그 사나이를 지켜보고 있었다.

"웬 돌이 여기 박혀 있담!"

그 사나이는 단숨에 돌을 뽑아냈다. 그리고 손은 툭툭 털더니 목욕탕 안으로 들어가는 것이었다.

이솝은 그제야 일어서더니 목욕탕 안의 사람 수를 헤아려 보지도 않고 그냥 집으로 달려갔다.

"선생님, 목욕탕 안에 사람이라곤 한 명밖에 없습니다."

"그것 참 잘됐구나. 우리도 목욕이나 하러 가자."

목욕탕에 도착해 보니 공동탕 안에는 발 디딜 틈조차 없었다.

"이 녀석 왜 거짓말을 했느냐?"

주인이 화를 내며 말했다.

"선생님, 제 말씀을 잘 들어 보십시오."

이솝이 말했다.

"또 무슨 거짓말을 하려느냐?"

"아닙니다, 선생님. 목욕탕 문 앞에 뾰족한 돌부리가 튀어나와, 사람들이 걸려 넘어지고 다치기도 했는데, 누구 하나 그 돌멩이를 치우는 사람이 없었습니다. 그런데 단 한 사람, 그 돌멩이를 뽑아 치우고 들어가는 사람이 있었습니다. 제 눈에는 사람다운 사람으로 오직 그 사람 하나가 보였을 뿐입니다."

"어허, 그래서 그랬구나!"

주인은 훌륭한 학자답게 껄껄 웃었다.

만일 여러분이 목욕탕에 가는 사람이라면 많은 사람을 다치게 하는 그 돌을 어떻게 했을까. 자신의 몸만 깨끗이 하려고 탕 안을 향하는 사람들을 이솝은 사람이 아니라고 했다. 이 말을 뒤집어 생각해 보면, 사람이라면 잘못된 것을 바르게 고치며 나보다는 남을 생각할 줄 아는 마음을 가져야 한다는 것이다. 혹시 이것이 공부를 하는 이유는 아닐까? 자기만 생각하고 편한 것만 추구하는 자세에서 벗어나, 나보다는 우리를 생각하며 편하기보다는 올바르게 살아가려는 자세, 바로 이것이 공부를 하는 까닭이 아닐까? 이것이 동물과 다른 사람다운 사람의 모습이 아닐까?

요사이 많은 문제를 일으키고 있는 학교 폭력 문제, 소위 말하는 '왕따' 문제도 자신만을 위해서 탕 안으로 향한 많은 아이들로 인해 나타나는 현상으로 보인다. 가을 하늘을 줄지어 날아가며 우리의 감탄을 자아내는 기러기들도, 한 마리가 다치면 함께 날아가던 앞뒤의 기러기가 같이 멈춰서 간호를 하고, 다른 기러기들은 그들의 소리까지 내기 위해 더 큰 소리로 울면서 날아간다고 한다. 날아가는 기러기가 아름다운 것은 단지 겉모습에 있는 것이 아니라, 그들이 살아가는 자세에 있음을 알 수 있다.

우리는 만물의 영장이라고 하는 인간이다. 어떻게 살아야 참다운 사람인가를, 우리는 왜 힘들게 내키지 않는 공부를 하고 있는지를 다시 한 번 진지하게 생각해 볼 때이다.

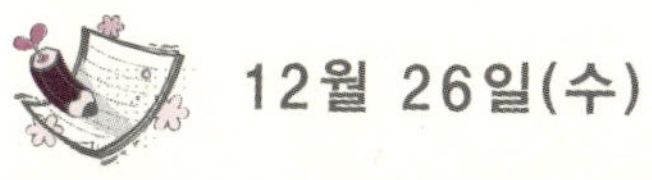 **12월 26일(수)**

책나라 여행을 떠날 아이들에게

쨍하리만큼 차가운 기운이 훅 밀려 들어왔다. 겨울 냄새가 짙은 12월의 끝자락에 있다. 너희들에게 보내는 마지막 편지다. 너희들이 돌아간 빈 교실의 창문 사이로 운동장을 본다. 그곳에서 해를 몰며 희망을 안고 뛰어놀았지. 아련하고 뜨거운 함성이 귓가에 쟁쟁하다.

어느새 겨울 방학이 되었다. 일찍 찾아온 추위에 학교생활이 힘들지? 때때로 힘들다고 투덜거리는 너희들을 보며 잘 극복해 내리라 믿는다. 그리고 그 믿음을 이루어 준 너희들이 자랑스럽기만 하다. 만약 그 당시를 열심히 살지 않았다면 지금 이런 자리는 없었을 것이다. 순간의 게으름을 이겨 내는 사람들만이 큰 꿈을 꿀 수 있다.

곧 방학인데 어떤 계획을 세우고 있는지. 어떤 계획이더라도 나는 너희들을 믿지만 이번 겨울 방학에도 책읽기를 게을리하지 않았으면 한다. 그동안 국어 공부하느라 도서관도 자주 못 갔고 독서 활동이 조금 부진했으며 축제 준비로 학년 말 학급 문고를 통한 책읽기가 다소 소홀했다고 생각한다.

오늘은 '왜 독서를 해야 하는가?' 차근차근 생각해 보고 '어떻게 하면 독서를 잘하는가?'에 대해서 이야기해 볼까 한다.

언제 책을 읽는다고 생각하니? 숙제를 해야 할 때, 심심할 때, 다른 사람들이 좋은 책이라고 권하면서 꼭 읽어 보라고 할 때 아닌가? 다시 말하면, 어떤 정보를 얻기 위해서 읽고, 여가를 즐기기 위해서 읽고, 삶의 지혜를 얻기 위하여 읽는 것이다. 왜 사람들은 정보를 알아야 하고 즐겨야 하며 삶의 지혜를 얻어야 할까? 조금만 생각해 보면 금방 알겠지만, 아마도 그것은 좀 더 사람답게 살기 위해서겠지. 그러면 왜 독서를 해야 하는가라는 질문에 답은 되었나?

그러면 책을 어떻게 읽어야 잘 읽는 것일까? 책의 종류도 많고 책을 읽을 독자의 지적 수준도 천차만별이라 꼭 집어서 이런 방법이 최고라고 말할 수는 없다. 그러나 책을 읽는 과정을 중시하여 읽기 전 활동, 읽는 중의 활동, 읽은 후의 활동으로 나누어 생각해 볼 수 있다. 물론 이것은 독서가 지은이의 생각만을 잘 파악하면 된다는 소극적인 생각에서 벗어나, 독자는 자기가 알고 있는 배경지식과 경험을 바탕으로 글의 의미를 새롭게 만들어 가는 적극적인 활동이라는 생각을 바탕으로 한다.

책을 읽기 전에는 어떤 활동을 해야 할까? 이 단계에서는 책을 읽으려는 목적과 예측이 중요하단다. 책의 저자가 그 책을 쓴 목적이 무엇인가를 생각해 보고 너희들이 그 책을 읽으려는 목적도 분명히 해야 한다. 또 제목·형식적인 체제·그림이나 그래프·머리말 등을 보거나 내용을 대강 훑어보고 이 책의 내용이 대체로 어떤 것일지, 나에게는 어떤 도움을 줄 것인지, 저자의 의도와 관점은 무엇일지를 예측하는 것이다. 예측할 때 필요한 것은 자신의 경험과 지식이다. 경험과 지식이 많으면 많을수록 예측은 정확히 맞을 것이며, 책도 그만큼 이해가 잘될 것이기 때문이다.

다음 단계는 책을 읽는 중에 할 수 있는 활동이라고 했지? 책을 읽으려는 목적에 따라 읽는 속도를 조절해 가며, 처음에 예측한 내용이 맞는지 확인해야 한다. 예측이 맞으면 계속해서 다음에 어떤 내용이 나올까를 예측하며 읽고, 만약 예측이 잘못되었으면 수정하면서 또 다른 예측을 계속한다. 이때 주의할 것은 책의 내용과 너희들이 가진 지식과 경험을 견주어 너희들이 잘못된 지식을 가지고 있었다고 판단되면 당연히 옳게 바꿔야 하고, 그 지식이 옳았다면 더욱 튼튼히 하면 된다. 또 책을 읽고 난 후의 활동을 위해서 중요 내용에 줄을 친다든지 느낌을 간단히 메모를 한다든지, 관련된 다른 책을 더 찾아본다든지 하는 것도 이 단계에서 할 수 있는 활동이다.

어느새 마지막 단계인 읽은 후의 활동까지 왔구나. 이 단계에서 중요한 것은 정리를 하며 나를 키우는 활동이다. 이 책을 읽고 내가 얻은 것은 무엇인지, 이 책의 내용 중에서 받아들일 수 있는 부분과 없는 부분들은 무엇인지를 정리하여 너희들에게 중요한 가치를 만들어 가는 것이다. 또 책에 나와 있는 내용을 정확하게 이해하기 위해 줄거리를 요약하여, 그 내용을 자신의 방식과 자신의 말로 새롭게 표현해 보아야 한다. 그래야 그 책의 의미를 너희들이 만들어 가면서 읽었다고 할 수 있다.

이때 독서 감상문을 쓰는 것이 좋은데, 만약 감상문 쓰기가 책을 읽고 싶어 하는 의지를 꺾어 버린다면 안 써도 좋다. 왜냐하면 밥을 먹고 굳이 느낌을 쓰지 않아도 잘 소화되어 우리 몸에 살과 피를 만들어 주는 것처럼, 책만 잘 읽어도 우리의 정신과 마음은 건강하게 성숙될 수 있기 때문이다. 그러나 정리를 하기 위해서는 논리성이 있어야 하고, 논리적으로 글을 써 체계를 갖추는 것은 과학성의 시작이기에 정리하는 습관은 꼭 필요하다고 본다.

그렇다면 독서 감상문에 버금가는 읽은 후의 활동에는 어떤 것들이 있을까? 책을 읽은 후의 정리 활동은 책을 읽은 사람 수만큼이나 많을 것이다. 그중에서 너희들에게 도움이 되는 방법을 보면, 감동적인 구절이나 인상 깊은 부분을 골라서 정리하는 방법, 마인드맵을 해 보는 방법, 책 속의 주인공에게 편지를 쓰거나 일기를 쓰는 방법, 만화로 줄거리나 느낌을 나타내는 방법, 읽은 책을 다른 사람들에게나 소개하거나 그 책의 광고문 만들어 보는 방법, 주인공과 나의 닮은 점과 다른 점 찾아보거나 등장인물들과 가상 인터뷰를 하는 방법, 등장인물의 이름으로 삼행시를 짓는 방법, 소설의 뒷부분 이어 써 보는 방법, 책과 관련된 음악 듣거나 영화를 보는 방법 등 많고도 많다.

오늘 너희들에게 말하고 싶은 것을 다 했다. 몇 가지 주의할 게 있는데, 우선 내가 제시한 방법은 절대적인 것이 아니니까 그 말을 바탕으로 자기만의 방법을 개발해야 한다. 또한 아무리 방법이 좋아도 책을 읽고자 하는 의지가 없으면 글 한 줄도 자기 것이 될 수 없음을 알아야 한다. 그리고 세상을 바르게 살기 위해서는 올바른 지식과 경험이 중요한데, 이것은 책을 통해서 넓힐 수 있으며, 그것을 바탕으로 책을 더 잘 읽을 수 있다는 것도 명심해 두길 바란다.

모쪼록 너희들의 인생에 보탬이 되는 겨울 방학이 되길 바란다.

2012년 12월 26일

미경 샘 씀.

05

아이들이 쓰는 국어 수업 일기

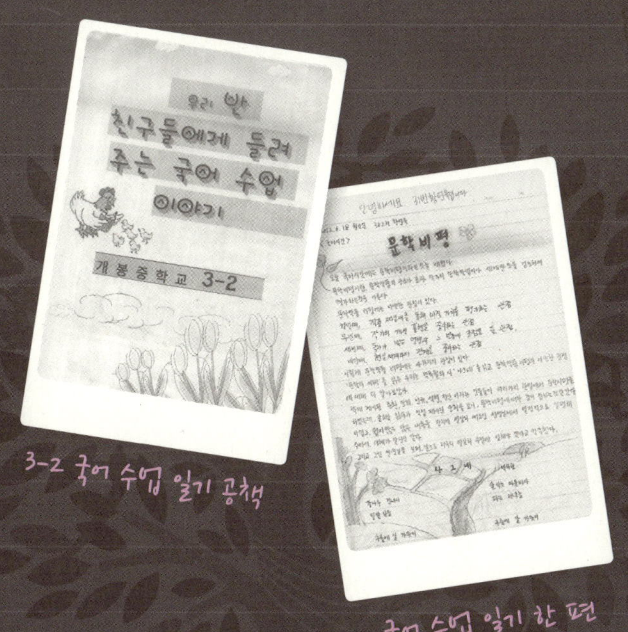

3-2 국어 수업 일기 공책

국어 수업 일기 한 편

수업 일기를 쓰면 그날 배운 국어 수업 내용을 확인할 수 있으며

다음 날 발표를 함으로써 학생들의 주의를 환기시킬 수 있다. 듣는 학생들은

전 시간에 무엇을 배웠는지 다시 알게 된다. 그리고 발표자의 표현력과

다른 학생들의 듣기 능력을 기를 수 있다.

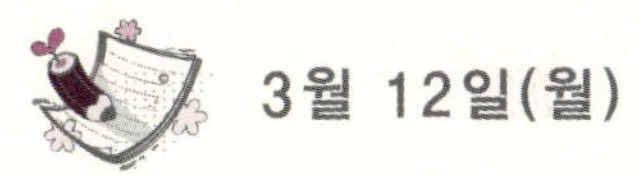

아이들이 쓰는 국어 수업 일기

아이들이 쓰는 국어 수업 일기는 장점이 많다. 수업 일기를 쓰면 그날 배운 국어 수업 내용을 확인할 수 있으며 다음 날 발표를 함으로써 학생들의 주의를 환기시킬 수 있다. 듣는 학생들은 전 시간에 무엇을 배웠는지 다시 알게 된다. 그리고 발표자의 표현력과 다른 학생들의 듣기 능력을 기를 수 있다. 한 명씩 돌아가면서 쓰기 때문에 큰 부담은 없다.

올해도 아이들에게 국어 수업 일기를 쓰게 하려고 반별로 나눠 줄 공책을 샀다. 아이들 손에서 손으로 옮겨 가기 때문에 튼튼한 공책으로 구입했다.

'친구들에게 들려주는 국어 수업 이야기'라고 공책 이름을 정하고, 이 세상에서 하나밖에 없는 국어 공책을 만든 것처럼 일기도 그렇게 예쁘게 꾸몄다. 교사가 정성을 보이면 아이들은 잘 따라온다는 평범한 진리를 여기에도 적용했다.

수업 일기에 들어갈 내용은 날씨 상황, 그날 배운 수업 내용, 수업 시간에 벌어진 일, 수업에 대한 느낌, 국어 선생님께 바라는 것 등이었다. 이것을 인쇄하여 일기 공책 첫 쪽에 붙여 주었다. 일기 작성 순서는 번호대로 정했다.

수업 일기 공책을 만들며 아이들이 이 공책을 소중하게 간직하고 잘 쓰기를 바라는 마음이 간절했다.

2012년 3월 12일 월요일

표준어와 지역 방언

3-3 김○○

저번에는 한글의 과학성과 우수성에 중점을 두고 수업했던 반면 오늘은 표준어와 지역 방언에 대해 배웠다. 여느 때와 마찬가지로 선생님이 내주신 과제를 모둠이 토의해서 풀었다.

오늘 문제 중에서 가장 기억에 남는 건 표준어의 정의였다. 교양 있는 사람들이 두루 쓰는 현대 서울말이 표준어인데, 기준이 좀 애매한 것 같았다. 학식이 높은 사람들이 쓰는 말인지 잘사는 사람들이 쓰는 말인지가 궁금했다. 그리고 반대로 생각해 보면 표준어가 아닌 서울말을 쓰는 사람은 교양이 떨어지는 것이라고 할 수도 있다는 것에서 그다지 기분이 좋지만은 않았다. 전국적으로 원활한 의사소통을 위해 만들어진 표준어가 소수의 사람들에게 맞춰져 있다고 느껴져서 의아하기도 했다.

어쨌든 첫 번째 것이 끝나고 '부추'의 다양한 지역 방언에 대하여 알아볼 차례가 왔다. 처음에 다양한 지역으로 나뉜 것을 보고 이렇게 많은 표현이 있는지에 대해 궁금해졌다. 책을 살펴보니 진짜 다양한 표현들이 있었다. 부추, 분추, 소풀, 쉐우리, 정구지, 섯쿠레 등 아예 다른 언어처럼 보이는 표현을 보니 신기하기도 하였지만 걱정되기도 했다.

다양한 지역에서 모인 사람들로 인해 만주에는 8가지가 넘는 표현이 있었다. 그래서 이 지역 사람들이 부추에 대해 서로 이야기할 때의 모습이 생각나면서 웃음이 나기도 했다.

오늘 수업을 하면서 영어나 일본어 같은 외국어보다 우리나라 말부터 먼저 공부해야 되는 게 아닌가라는 생각이 들었다.

2012년 3월 23일 금요일

우포늪 홍보지 만들기

3-2 김○○

오늘 국어 시간, 우포늪에 관해 공부하였다. 책으로 접하기 전에 내용의 이해를 돕기 위해서 우포늪 관련 영상을 보았다.

물 위에서 노를 젓고 있는 사람이 나왔길래 봤더니 그분이 바로 주영학 씨였다. 과연 어떤 일을 하는가에 대해 궁금하여 책을 읽어 봤더니 꽁장히 존경스러운 분인 것 같았다. 왜냐하면 자연을 진심으로 아끼고 사랑하는 마음을 가졌기 때문이다. 요즘 일에 치여 살다 보니 여유를 갖고 하늘 한번 쳐다보는 시간조차도 뺏긴 현대인들, 자연을 신경 쓰지도 않는 사람들과 많이 대조되었다. 나도 자연에 대해 등한시하지 않았나 반성하기도 했다.

우포늪이란 곳에 한 번도 직접 가보지는 못했지만 책에서의 실감 나는 묘사 덕분에 조금이나마 그 아름다움을 짐작할 수 있었다. 모습도 모습이지만 이로운 역할도 한다. 정말 멋진 것 같다.

선생님께서 읽고 줄 치면서 스스로 공부하라고 하셔서 처음엔 막막했는데 계속 읽으니까 어떤 내용이 중요한 부분인지 감이 왔었다. 그 후 또 하나의 숙제를 내주셨다. 우포늪 홍보, 광고지를 만들기 위한 준비물을 챙겨 오고 사진을 컴퓨터에서 뽑아 오는 것이다. 손재주가 없어서 예쁘게 잘 만들 수 있을지가 벌써부터 걱정이 되었다.

김미경 선생님께서 영상도 준비해 오시고 우포늪 관련 홍보물도 직접 전화해서 얻어 왔다는 말에 진짜 훌륭한 선생님이라고 생각했다. 정말 우리를 생각해 주시는 것 같았다. 오늘 국어 시간은 진짜 재미있었다. 일 년 내내 이런 분위기 그대로 갔으면 좋겠다. 우리 반 친구들도 선생님도 너무 좋다.

2012년 4월 13일 금요일

공부하는 방법

3-2 김○○

오늘 국어 시간에는 주시경 선생에 대해 알게 되었다. 그리고 선생님께서 공부하는 방법을 가르쳐 주셨다. 선생님께서는 먼저 공부하는 방법으론 선생님이 알려 주시는 것은 줄 쳐서 답을 얻는 것보단 자기가 직접 찾아서 답을 얻거나 만약 찾기 힘들면 모둠끼리 토의를 해서 답을 얻으라 하셨다. 선생님의 말이 처음에는 '왜 이런 식으로 하지?' 하면서 의문을 가졌지만 막상 친구들과 함께 답을 얻어 보니 선생님이 알려 주시는 것보다 더 머릿속에 잘 들어왔다.

처음에 선생님의 공부 방법을 왜 싫어했는지 후회가 됐다. 그리고 그 다음은 주시경 선생에 대해 선생님께서 정리를 해 주셨다. 저번 시간에 모둠 토의로 정리했던 주시경 선생에 관련된 활동 등이 생각났다.

　　선생님께서 열정적이고 우리를 위해 많이 생각하시고 많이 준비하는 모습을 보니 나도 선생님의 공부 방법을 따르고 열심히 공부해야겠다고 생각했다.

2012년 4월 19일 목요일

원미동 골든벨

3-1 박○○

　　오늘 국어 수업 내용은 『원미동 사람들』이고, 모둠 활동을 하였다. 원래 전에 같이하던 모둠원들과 안 하고 모둠을 바꿨다. 바꾼 모둠원들이랑 하니 재밌었고 덩달아 국어 수업도 재밌어졌다. 공책에 필기를 하면서 처음엔 내용도 어렵고 복잡했었는데, 국어책을 보면서 푸니 이해도 빨리 됐고 쉬웠던 것 같았다.

　　하지만 고작 소설 속에서 '소재'밖에 못 찾고 떠들었다. 다시 하려다 또 떠들었다. 지은, 경은이는 떠드느라 못했다. 착한 유정이의 도움을 받았다. 미안한 마음이 들었다. 그래도 유정이 덕에 무사히 다 할 수 있어서 기분은 좋았다. 모둠 활동이 거의 끝나 갈 무렵 선생님께서는 『원미동 사람들』을 주제로 골든벨을 하셨다. 손을 들고 정답을 말하는 것인데 진짜 재미있었고, 나도 한 문제를 맞혀서 사탕도 받았다. 오늘 모둠 활동을 통해 『원미동 사람들』의 내용을 자세히 알 수 있었고, 국어 골든벨이라는 새로운 게임도 하다 보니 오늘 수업은 재미있고, 뿌듯했다. 다음 국어 시간 때도 국어 골든벨을 또 했으면 좋겠다.

봄 소풍 같은 수업

3-1 김○○

오늘 국어 시간은 색달랐다. 여태껏 겪어 보지 못했던 수업이었다. 밖으로 나가서 하는 첫 야외 수업이어서 애들 모두 많이 들떠 있던 것 같았다. 그 전날 선생님이 돗자리와 간식을 챙겨 오라고 하신 덕분에 우리는 준비물을 모두 챙겨 왔다. 조끼리 돗자리에 앉았다. 벌렁 눕는 친구도 있었다. 간식을 챙겨 오는 데 단합이 잘되는 것 같아 기분이 좋았다. 우리 반은 노는 거엔 역시 최고이다.

선생님은 4월의 시 글감을 주셨다. 꽃나무 그늘 아래, 용돈, 벚꽃 등. 의인법, 직유법, 은유법 같은 표현법을 이용해서 시를 짓는 것이 오늘 수업이었다. 처음에는 웃고 떠들기만 하다 수행평가라는 말씀을 하시자마자 애들이 조용히 시를 쓰기 시작했다. 역시 수행평가는 무섭다.

다양한 주제를 주셨지만 시가 나오지 않아서 힘들었다. 애들이 하나둘 다 할 때마다 초조해졌다. 처음이 어려웠지 한 번 쓰니까 술술 풀렸다. 아이들도 재미있게 시를 썼다. 나는 흩날리는 벚꽃을 생각하며 시를 지었다. 다 쓴 시를 선생님 옆에서 읊었다. 오글거려 죽을 뻔했다. 애들의 창작 능력이 훌륭한 것 같았다. 야외에서 시를 써서 그런가 보다. 다음에도 이런 색다른 봄 소풍 같은 수업을 했으면 좋겠다.

소설 「오발탄」 토론 수업

3-1 현○○

　오늘은 「오발탄」을 읽고 불행 속에서도 양심을 지킬 수 있는가에 대해 토론하였다. 나는 양심을 지킬 수 없다는 영호의 입장에 의견을 가지고 있었다. 사람의 욕심은 끝이 없다고 한다. 가지고 있으면서도 더 많이, 더 좋은 것을 갖고 싶어 하는 것이 사람의 본능이다. 있음에도 불구하고 더 많은 것을 가지려고 하는 사람이 양심을 지켜 가면서 갖고 싶은 것을 포기할 수 있을까? 나 역시도 정말 힘든 상황이라면 양심을 지키지 못할 것이다. 하지만 토론을 하면서 철호의 입장에서도 많이 생각하게 되었다.

　토론을 하면서 나는 돈만 있으면 엄마를 살릴 수 있는데 양심을 지키면서 엄마를 포기할 수 있겠냐고 말했다. 그리고 반박으로 양심을 어겨서 엄마를 살리면 엄마는 행복해하시겠냐고 하였다. 사실 이때 이 말에 공감했다. 내가 범죄를 저지르는 것도 불효이기 때문이다. 아무래도 범죄를 저지르는 것은 부모님 얼굴에 먹칠을 하는 행동이기도 하다. 그래서 생각이 조금 바뀌었다. 사람이 살다 보면 불행이 생기고 양심을 지키기는 어렵지만 다른 사람에게 큰 피해가 되는 행동은 하지 말아야 한다고 생각한다.

　오늘 토론 수업으로 많은 생각을 하게 되었다. 종종 이런 토론 수업을 하는 것도 좋을 것 같았다. 개인적으로 재미도 있었고 친구들이 내가 토론을 잘한다고 해 줘서 기분이 좋았다.

2012년 10월 17일 월요일

「박씨전」 가면 만들기

3-3 이○○

오늘은 「박씨전」 가면을 만드는 수업을 하였다. 내가 맡은 역할은 청나라 황후이다. 그래서 화려하고 아름답게 만드는 게 콘셉트였다. 처음에는 「박씨전」 가면을 만든다고 해서 곧 시험인데 이런 활동 해도 되나 생각했었다. 그래서 걱정도 되었는데 「박씨전」 대본도 만들고 연극도 하니 「박씨전」을 마스터하게 될 것 같았다. 그리고 가면을 만드는 것은 원래 처음에는 대충 하려고 하다 보니 빠져들어서 좀 더 예쁘고 더 화려하게 만들게 되었다. 가면에 구멍을 뚫었다. 완성된 가면을 써 보니깐 진짜 눈과 입이 딱 맞아서 신기하고 웃겼다. 그리고 가면까지 만들고 나니깐 더욱더 잘해야겠다는 생각도 들고 부담감도 의무감도 생겼다. 더군다나 우리 모둠이 내 덕분에 가위바위보에 이겨서 공개 수업을 하기로 하였는데 정말 잘해야 할 것 같다. 그리고 항상 이렇게 국어 시간을 알차게 보내서 너무 기분이 좋다.

06

독서 시간에
우리는

국어 수업 시간 중 한 시간을 이용한
독서 시간, 아이들은 이 시간만 되면
독서 삼매경에 빠진다.

달콤한 독서 시간이 끝나 책장을 덮었다.

그리고 아이들에게 당부했다. 책을 읽는 것은 밥을 먹는 것과 같다.

매일 먹는 밥이 육체를 키우듯 매일 읽는 책은 정신적인 성장에

중요한 요소가 될 것이다. 매일 먹는 밥과 반찬이 무엇인가를

하나하나 기억하지 않아도 우리 몸에 영양분을 주는 것처럼

책의 줄거리를 외우지 않아도, 기억하지 않아도 책은

건전한 성숙에 도움을 줄 것이다.

도서관 수업 첫날

3교시 마치는 수업 종이 울렸다. 1학년 두 아이가 도서실에 와서 위인전 책을 찾아 달라고 한다. "지금 바쁘니까 너희들이 찾아보렴." 하며 나는 4교시 수업 자료를 챙겼다. 아이들은 눈을 동그랗게 뜨고 의아한 표정을 지었다. "다시 900번대로 가서 찾아보세요." 하자 아이들은 또 머뭇거렸다. 할 수 없이 직접 가서 책 한 권을 찾아 주고 나머지 한 권은 찾아 주지 못했다. 수업 시작종이 울렸기 때문이다.

사서 교사가 내 대신 도서관 이용 안내 수업을 하는 사이, 지난날의 힘겨웠던 도서관 일이 추억처럼 떠올랐다.

우리 학교 도서관이 리모델링되고 도서관이 단순히 책을 대출하거나 반납하는 곳이 아닌 학습 공간, 휴식 공간 등 다양한 문화 공간으로 자리 잡은 지 몇 년 만에 사서 교사가 왔다. 사서 교사는 책을 대출하고 반납하는 수동적인 교육자가 아니다. 도서관은 교육의 심장이고 학교의 핵심 교육의 장이다. 아이들이 요구하는 지식이 무엇이고, 교사들이 하고자 하는 교육의 내용이 무엇인가를 알아차리며, 그 교육에 맞는 자료 준비 및 교육 방법에 대해 조언을 구할 수 있는 교육자가 사서 교사이다. 뿐만 아니라 아이들의 부족한 부분을 진단하여 어떠한 책을 읽으면 좋겠다는 충고를 해 줄 수 있으며, 어떻게 하면 책과 친해질 수 있는지를 지도할 수 있는 사람도 사서 교사이다.

국어 시간에 원고지 한 권을 교육 자료로 사는 것도 중요하지만 그 원고지를 채울 수 있는 지혜를 준비하는 것이 더 중요하다고 생각한다. 국어 교사가 도서관을 맡아서 운영할 수 있지만 한계가 있다. 더 많은 아이디어와 더 좋은 질로 도서관을 운영하여 우리 아이들에게 더 큰 가슴과 희망을 준다면, 사서 교사는 아이들에게는 큰 축복이고 학부모님에게는 큰 선물일 것이다.

아이들을 대상으로 도서관 이용 안내 수업을 하고 있는 사서 교사의 목소리가 서가 사이로 흐른다. 아이들에게 그들의 손이 직접 되어 주는 사서 교사가 계속 있었으면 좋겠다. 사서 교사의 지위가 보장되고 보수 또한 넉넉하여 걱정 없이 도서관 일을 볼 수 있고, 도서관이 활성화도록 지원금을 넉넉하게 주었으면 하는 바람을 가져 본다. 더 이상 국어 교사가 사서 교사 노릇하는 일이 없기를 바라며 도서관에서의 첫 독서 시간을 마쳤다.

아침 독서 10분이 기적을 만든다

따사로운 햇살이 대지를 포근히 감싸 생명의 싹을 틔우는 봄이다. 이 세상에 넘쳐나는 생명처럼 아이들의 마음에도 행복이 가득하길 바랐다.

본 수업 시작 전에 요즘 반에서 실시하고 있는 '학급 문고를 통한 아침 독서 생활화'에 관한 이야기를 했다. 이는 우리 학교의 특색 사업이고 내가 주관하는 일이라 특별히 애정이 가는 사업이다. 그래서 아이들에게 당부하려고 짬을 냈다.

성장기에 내면을 살찌우는 방법은 무엇보다도 책읽기이다. 이는 생각하는 힘을 길러 주고 다른 사람의 인생관과 접하게 되어 세계와 인간을 바라보는 눈을 맑게 틔워 준다. '학급 문고를 통한 아침 독서' 가 생활화한다면 자연스럽게 자기 주도 학습 분위기가 만들어진다. 그뿐만 아니라 좋은 점이 무척 많다.

첫째, 교실에 책이 있어 손만 뻗으면 책을 접할 수 있다. 독서량이 부족한 아이들에게 책을 가까이하는 기회를 제공하여 독서하는 습관을 기를 수 있다. 둘째, 아침 시간을 이용한 독서로 차분하게 하루를 시작하여 정서적으로 안정되고 학습에 집중할 수 있다. 셋째, 날마다 꾸준히 책을 읽게 되어 기본적인 이해 능력 향상과 학습 능력이 길러진다. 넷째, 독서를 통해 간접 경험의 폭을 넓히고 풍부한 배경지식을 습득하여 창의적으로 사고하고 표현하는 능력을 기를 수 있다. 다섯째, 담임 선생님과 아이들이 함께 참여하여 서로 이해하고 신뢰하는 관계가 형성된다. 그래서 책 읽는 학급 문화가 만들어진다. 마지막으로 좋은 점은 신선한 공기를 마시며 책을 읽어 건강하고 주체적인 삶을 살게 될 것이다.

성적은 단기간에 올리기 어렵다. 폭넓은 사고력과 다양한 경험이 밑바탕이 되어야 성적도 향상된다. 체계적이고 꾸준한 독서보다 더 좋은 공부는 없다고 생각한다.

세상의 유명한 사람들 중에는 책으로 성공한 사람들이 많다. "책이 내 인생을 바꿨습니다."라고 말하는 오프라 윈프리, 빌 게이츠, 안철수, 세종대왕 등 성공한 삶 속에서 책을 놓지 않았던 훌륭한 사람들……

아이들이 아침 시간을 소중히 여기기를 간절히 바라는 마음에서 길게 이야기를 했다. 아침 독서 10분. 분명 기적을 만들 것이다. 독서로 멋진 인생을 기대해 본다.

삶은 책이 되고 책은 삶이 되기를

어느덧 바람이 머물다 간 자리에 연보라 라일락 꽃이 피는 계절이 되었다. 봄바람 따라 수업 종소리 따라 흐르는 시간 속에서 얼마큼 삶의 의미를 찾았을까?

한 계단씩 올라 교과실 문을 열고 들어갔다. 아무 말도 하지 않았다. 시끌벅적 떠드는 아이들을 침묵으로 제압했다. 그리고 분필을 잡고 칠판 앞에 섰다.

"독서 시간에는 절대로 친구와 말하지 않는다. 다만 작가, 등장인물, 주인공과 대화를 나눌 뿐이다."

"독서는 마르지 않는 지혜의 샘이다."

"우리는 지금 책 마을로 가는 징검다리를 건너고 있다."

"우리들의 독서 시간, 책 읽는 아름다운 풍경만 있다."

가슴에 새길 글귀들을 한 자 한 자 또박또박 적었다.

그리고 나도 책을 펼쳤다. 김려령의 장편 소설 『가시고백』이다. 『완득이』로 많은 이들의 가슴을 따뜻하게 어루만져 준 작가의 책이다. 『가시고백』은 봄날의 희망, 청춘을 이야기한 소설이다. 읽으면서 '청춘'이라는 단어를 생각했다.

청춘. 짙은 아픔을 겪기도 하지만 그 단어에는 희망이 더 있다. 청춘은 나이에 한정되지 않는다. 쉰 살. 나도 청춘? 청춘을 소재로 한 소설에 독자의 범위는 따로 없겠지. 그녀는 아픔과 희망을 이야기했다. 고등학생 주인공을 통해 상대방에게 상처 주지 말고 혼자 아파하지도 말며 손을 잡아 주고 손을 내밀라고 했다. 책을 읽다 보니 가시 같은 아픔을 나 스스로에게도 고백하게 되었다.

달콤한 독서 시간이 끝나 책장을 덮었다. 그리고 아이들에게 당부했다. 책을 읽는 것은 밥을 먹는 것과 같다. 매일 먹는 밥이 육체를 키우듯 매일 읽는 책은 정신적인 성장에 중요한 요소가 될 것이다. 매일 먹는 밥과 반찬이 무엇인가를 하나하나 기억하지 않아도 우리 몸에 영양분을 주는 것처럼 책의 줄거리를 외우지 않아도, 기억하지 않아도 책은 건전한 성숙에 도움을 줄 것이다. 책을 많이 읽자.

 **6월 8일(금)**

경쟁과 강아지똥

아이들이 책을 읽고 있다. 각자 한 권씩 손에 들고 책장을 넘긴다. 이 조용하고 평화로운 교실 세상과는 달리 밖은 전쟁 중이다. 여전히 시장 경제 논리가 판을 치는 신자유주의 경제 체제에 있다. 한마디로 경쟁에서 지면 가치가 없는 삶이 되는 것이다.

정말로 경쟁에서 지는 사람들의 삶은 의미가 없는 것일까? 그들도 나름대로 생각이 있고 행복이 무엇인지도 알고 있지 않을까? 한쪽이 이기면 반드시 다른 한쪽은 져야만 하는 삶의 방식이 싫다. 둘이 모두 이길 수는 없다 하더라도 함께 행복할 수 있는 방법은 없는 것일까?

아이들의 얼굴을 물끄러미 바라보았다. 지금은 고등학교에 가는 것을 지상 과제처럼 느끼지만 머지않아 사회생활을 하게 되면 자기와 생각이 다른 사회 구조 속에서 허덕일 수도 있다는 생각이 들었다. 그때 그들에게 힘이 되는 것은 무엇일까?

남이 하는 위로는 한계가 있겠지? 그렇다면 스스로의 위로만 남는데, 그 위로를 기를 수 있는 방법은 무엇일까? 자기를 정직하게 알고 어느 것이 옳고 바른 길인지 아는 것이 아닐까? 그렇다면 내가 우리 아이들에게 가르쳐 줘야 할 것도 바로 그것 아닐까?

순간적으로 권정생의 『강아지똥』이 생각났다. 아무도 거들떠보지 않는 세상에서 가장 버림받는 존재인 강아지똥. 그도 알고 보면 정말 소중한 존재라는 사실을 일러 주는 그림책. 강아지똥이든, 민들레든, 고추나무든, 엄마 닭이든 모두가 행복한 날을 꿈꾸어 보았다.

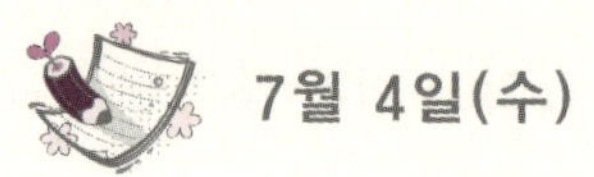

「별별 이야기」를 보고

기말고사를 끝내고 잠시 한숨을 돌렸다. 이 작은 평화 시간에 아이들과 함께 「별별 이야기」 영화를 감상했다.

'온갖, 가지가지'라는 사전적인 의미를 지닌 '별별' 이야기, 영화를 보고 이 세상을 살아가면서 절대 다쳐서는 안 되는 것은 '마음'임을 알게 되었다.

이 영화는 6편의 애니메이션을 옴니버스 형식으로 엮은 작품이다. 우리 주변에서 인권이 무시되고 유린되는 병적인 상황이 애니메이션이라는 동화적인 기법으로 가볍게 다가와 여섯 이야기로 마음을 두드렸다.

'장애우들에 대한 편견과 무관심, 왕따, 입시, 불법 체류 노동자, 외모지상주의, 남존여비 사상.'

이 모두가 보통 사람들이 '난 아니야, 그렇지 않아!' 하고 인정하고 싶진 않지만, 모두에게 해당될 수 있는 모순 덩어리인 셈이다.

그 첫째 이야기는 유진희 감독의 「낮잠」이다. 장애우들이 겪는 고통은 사람들의 여러 가지 편견과 사회와 국가의 세심한 배려의 부재이다. 빨리 걷는 사람이 있으면 늦게 걷는 사람도 있듯이, 삶의 방식이 다소 다름을 인정하도록 의식이 바뀌어야 한다. 그리고 장애우들이 집 밖을 나섰을 때 혼자서도 불편함을 느끼지 않도록 모든 것이

이들에게 벽이 되지 않도록 하는 세심한 마음이 묻어 있는 시설 확충이 필요하다.

둘째 이야기는 권오성 감독의 「동물농장」이다. 이 이야기의 주인공은 한 마리 염소이다. 자신들과 다르게 생겼다는 이유로 거들떠보지도 않는 양들에게 친구로 다가가기 위해 애쓰는 한 마리 염소의 슬픈 이야기다. 이 사회가 가지고 있는 '왕따' 문제를 염소로 우화시켜 우리의 정곡을 찌른 작품이다.

셋째 이야기는 김준, 박윤경, 이진석, 장형윤, 정연주 감독의 「그 여자네 집」이다. 맞벌이 부부의 바쁜 일상을 그리며, 가정생활과 함께 극복해야 할 육아문제 등을 부부가 어떻게 함께 풀어 나가는가를 솔직하게 표현한 작품이다. 문제 해결 과정에서 정답은 당연히 부부가 함께 가정 일을 합리적으로 분담하고, 육아 또한 현명하게 함께 풀어 나가야 한다는 것이다.

넷째 이야기는 이애림 감독의 「육다골대녀(肉多骨大女)」이다. 육다골대녀의 뜻 자체는 이야기의 주인공인 막내의 외모를 그대로 표현한 것이다. '큰 머리, 큰 뼈, 많은 살.' 거기다가 막내에겐 남들이 가지지 못한 결정적인 보너스! '울화통!'이 있다. 사회가 원하는 건 큰 머리가 아닌 작은 얼굴, 큰 뼈가 아닌 가는 뼈, 많은 살이 아닌 날씬한 몸이다.

24시간 인형 같은 미소. 막내의 외모가 세상 사람들 대부분, 곧 우리의 모습이요 삶의 진실이다. 사회의 바람에 사람들은 몸을 맞추고 그게 마치 정답인 양 점점 길들여지고, 결국 부모로부터 물려받은 자신의 몸을 부정한다. 그리고 자신의 감정을 부정하는, 생명체를 기계로 둔갑시키는 무서운 범죄를 범하고 마는 것이다. 이 범죄 행위를 막기 위한 처방은 개개인의 '향기'를 만드는 것이다. 저마다의 능력을 발휘하며 서로를 이해하고 배려하는 은은한 자기만의 향기로 이 범죄 행위를 서서히 종식시켜야 한다. '틀'이 중요한 것이 아니라 '사람 냄새'가 더 중요하다!

다섯째 이야기는 이성강 감독의 「자전거 여행」이다. 생명이 살아 숨 쉼에도 존재감이 인정되지 않는 삶! 땀 흘려 일한 이들의 땀방울조차도 가치 없이 증발해 버리는 허무함! 분명 자전거는 우리와 함께 달려온 게 확실하다. 비어 있는 자전거의 움직임이 말해 주듯이, "보지 않을 뿐이지 마음의 눈을 뜨면 이들은 우리의 삶에서 우리와 똑같이 숨 쉬고 땀 흘려 일하고 우리와 함께 웃고 말하고 싶어 한다."

여섯째 이야기는 박재동 감독의 「사람이 되어라」이다. 공부만을 강요하고 오직 대학을 가야지만 사람으로 인정하는 사회에서 주인공인 원철이는 고릴라의 모습이다. 또 원철이가 다니는 학교의 모든 학생들은 저마다 양의 모습, 소, 돼지, 말 등 각양각색 동물들의 모습을 하고 있다. 왜냐하면 대학을 가지 못한 상태이기 때문이다. 하지만 이 학교의 선생님들은 사람의 모습을 하고 있었다. 존경을 받아서가 아니라 이야기에서 말하는 인생 마지막 공통 목표! 바로 대학을 갔기 때문에 교사들은 자동으로 사람의 모습인 것이다.

어느 날 원철이는 숲에서 하늘소, 사슴벌레 등을 만나고 곤충 연구자가 되기로 결심한다. 원철이는 이후 많은 시간을 자신의 미래에 대해 생각하고 정리하며 참다운 사람으로서 모습을 얻게 되어 기쁨에 젖는다. 그렇게도 원하던 사람의 모습이다. 대학이 인생에서 꼭 걸어가야 하는 길이 아니란 걸 깨닫게 해 주는 결정적인 순간이었다.

기쁨도 잠시, 사람의 모습으로 돌아온 원철이의 주변 반응! 깜짝 놀란 학교 선생님과 부모님은 아직 대학을 가지 않았으니, 원철이에게 고릴라로 돌아가라는 요구를 한다. 이 장면에서 우린 이 사회가 얼마나 많은 학생들에게 똑같은 옷을 입히고 똑같은 생각만을 강요하고 있는지를 새삼 깨닫는다. 이 영화의 끝에는 또다시 고릴라의 모습으로 돌아온 원철이와 그 학교 많은 동물의 탈을 쓴 아이들이 어깨를 쭉 늘어뜨린 채 교문 안으로 들어가는 장면이 나온다. 그 교문 위 현수막의 교훈을 나타내는 글귀!

'사람이 되어라!'

이 여섯 이야기의 공통적인 메시지는 '개개인의 진정한 자유, 존중받는 삶, 나와 다른 이를 인정할 줄 아는 자세, 사람의 마음을 들여다볼 줄 아는 따뜻함'인 듯하다. 아마도 '사람을 사람답게!'일지도 모르겠다.

이러한 개개인의 자세 위에 더 나아가 사회, 국가에서의 이 모두를 반영하는 멋진 틀! 세상을 살아가는 모든 이들의 진정한 바람이 아닐까? 이 영화를 보고 난 후 다시 한 번 마음속 작은 불씨를 심으며 생각해 본다.

'인권(人權), 사람이 사람답게 살기 위하여 당연히 가지는 권리!'

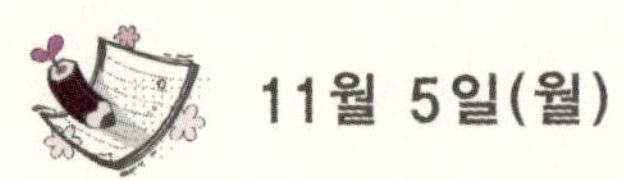

다시 시작하는 학급 문고 책읽기

3학년 기말고사를 끝으로 수행평가도 종료되었다. 아, 하는 함성과 함께 세상 끝난 것으로 여기며 거리를 헤매는 아이들에게 무엇으로 유혹을 할까?

독서. 학급 문고 책읽기였다. 책을 읽으려면 오락실보다 가까운 곳에 책이 있어야 했고 손만 뻗으면 책 한 권을 집을 수 있어야 했으며 책을 편하게 생각할 수 있어야 했다. 그래서 내가 찾은 방법 가운데 하나가 바로 학급 문고를 이용한 독서였다.

학교 기사의 손을 빌려 창고에 있던 '학급 문고함'을 들여다 놓았다. 먼지 묻은 문고함을 걸레로 깨끗이 닦았다. 교실 안에 작은 도서실을 만든 셈이다. 그리고 아이들이 읽을 만한 책을 가득 채웠다. 책을 하나 꺼내 보니 그동안 흐른 시간이 행 사이로 희미하게 보였다. 어느새 '책 읽는 교실'로 가꾸어 온 지 20년이 훌쩍 넘었다. 세월의 무게만큼 알콩달콩한 이야기도 많았고, 무엇보다도 성장기 아이들의 내면이 살찌고 세상과 인간을 바라보는 맑은 눈이 트이는 모습을 보았다. 또한 풍요로운 삶을 가꾸는 데 조금이나마 힘을 더해 주었다는 보람도 느낄 수 있었다.

이제 다시 계절의 한복판에서 작고 알찬 학급 문고 책읽기를 시작했다. 이를 통해서 외국의 저질 만화, 잡지 그리고 해로운 대중매체에 파묻힌 아이들에게 진솔한 삶의 모습과 다양성을 이해시킬 것이다. 그리고 모두가 더불어 사는 즐거움을 알게 하고, 아이들의 많은 문제의식과 고민들이 책을 통해 해결되며, 다가오는 21세기를 대비하기 위한 정보와 지식도 책 속에 있음을 확인해서 건강한 민주 시민으로 살아갈 수 있도록 도움을 줄 것이다.

 **11월 6일(화)**

영화 「올리버 트위스트」를 보다

눈 깜짝할 사이에 늦가을이 가고 초겨울 추위가 차갑다. 비는 계속 겨울을 재촉했다. 밖은 어둑어둑하고 교실에는 일찍 온풍기가 돌았다. 오늘 독서 시간에 영화 한 편을 감상한다고 하니 아이들이 환호성을 질렀다. 한편에서는 수업, 독서만 줄기차게 해 온 선생님이 웬일이냐며 의아한 표정이었다. 올해 교과서가 바뀌면서 없어진 소설, 그것을 영화화한 찰스 디킨스의 「올리버 트위스트」를 보여 주었다.

　이 작품은 영국의 산업혁명이 배경이다. 영국은 산업혁명 후 대량 생산과 소비로 물질적 풍요를 가져왔지만 동시에 민중들의 착취와 빈곤을 낳았다. 이런 모순에 찬 현실을 작가는 직접 체험하며 알게 된 사회 밑바닥의 생활상과 그들의 애환을 생생하게 묘사하는 동시에 사회 모순을 날카롭게 비판했다. 이런 비판 의식 속에 나온 책이 『올리버 트위스트』였다. 태어나자마자 고아가 된 올리버는 비참하고 고된 생활을 하며 삶과 죽음의 경계에 있었다. 그 가운데 용기를 잃지 않고 착한 은인을 만나 따뜻한 가정을 일구었다.

행복한 결말이었지만 어린아이까지 혹사당했던 당시 상황이 떠올라 내내 마음이 무겁고 어두웠다. 찰리 채플린의 「모던 타임즈」를 보았을 때도 미국의 산업혁명 시절 자본가들이 저임금으로 노동자들을 착취했고, 우리나라 1970, 80년대에도 화려한 도시 개발 뒤에 수많은 사람들의 노동력 착취와 인권 유린이 숨어 있었다.

올리버의 역경을 흥미 위주로 보는 아이들 앞에서 잠시 화면을 멈추어 놓고 시대 배경을 설명했다. 찰스 디킨스는 이러한 사회적 문제를 고발하기 위해 올리버 트위스트라는 고아 소년의 비참한 생활을 소설로 썼고 그것을 영화로 만들었다.

『꽃들에게 희망을』을 읽고

사람들은 대체로 산다는 것이 무엇이고, 무엇 때문에 사는가에 대해 묻거나 대답도 하지 못한 채 그저 앞만 보고 달려간다. 보통 사람들의 눈에는 '나비가 보이지 않아서 최선을 다해 애벌레의 생활을 즐기는 것'이리라. 그러나 나비는 존재한다.

이 책은 보통 사람들이 못미더워하는 나비에 대한 확신을 보여준다. 그래서 작가는 '보다 충만한 삶'을 향한 '진정한 혁명'을 위하여 이 글을 쓴 것이다. 나비로의 탈바꿈, 그것은 생명의 포기가 아니라 새로운 생명(삶)의 성숙이며 탄생이다. 그런 삶이라야 자신만을 위한 이기주의에서 벗어나 '꽃들에게 희망을' 주고, 다른 사람에게도 희망을 줄 수 있다.

이 책을 읽는 아이들은 마치 알을 깨고 나오는 새처럼 세상을 향해 성큼 큰 발을 뗄 것이다. 참다운 삶의 가치를 생각해 볼 것이고, 어떻게 살 것인가를 결정할 수 있을 것이다.

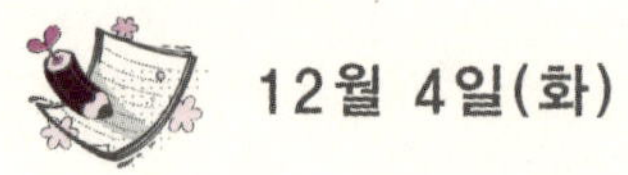

『내 영혼이 따뜻했던 날들』을 읽고

포리스트 카터가 쓴 『내 영혼이 따뜻했던 날들』이라는 책은 언제 보아도 많은 생각을 준다. 다른 출판사에서는 『작은 나무야 작은 나무야』라고 번역되어 나온 적도 있었다. 이 책은 전 미국 서점상 연합회가 설정한 제1회 에비 상을 받은 작품으로 인디언 세계를 작은 나무라는 이름의 어린 소년의 순수한 시선으로 묘사하였다.

고아가 된 다섯 살짜리 '작은 나무'는 인디언 할머니, 할아버지와 함께 산속에서 살아간다. 혈통의 반이 체로키 인디언인 할아버지와 순수 체로키족인 할머니는 '작은 나무'에게 세상을 보고 판단하는 지혜를 가르치고자 한다. 필요한 것 외에는 자연에서 절대로 더 빼앗지 않고, 다른 사람을 이해하지 않고서는 사랑할 수 없으며, 사람에게는 육신을 꾸려 가는 몸보다 더 중요한 영혼이 있다, 등과 같은 체로키 인디언들의 생활철학을 몸으로 느낄 수 있게 해 주는 것이다. 그러나 '작은 나무'는 미국 사회의 백인 문명이 빚어내는 위선과 잔혹성을 견디지 못하고, 끝내는 어디에도 존재하지 않는 인디언 연방을 찾아 헤매는 어린 방랑자가 된다.

따뜻한 할아버지의 손으로 표현되는 소박하고 진실한 인디언의 삶과, 위선과 탐욕으로 점철된 백인 사회의 모습이 좋은 대비를 이루는 내용들이다.

우리가 다시 생각해 봐야 할 인디언의 삶에 관한 이야기는 많다. 땅을 사려는 미 정부에 대항하여 자연은 형제자매와 같은 것이기에 팔 수 없다는 시애틀 추장의 이야기. 인디언 공동구역에서 처음으로 백인 식으로 교육을 받은 인디언 아이들이 시험을 칠 때 각자 자기 시험지를 풀어 가는 것이 아니라 모든 인디언 학생이 모여서 하나의 시험지를 풀기에, 화가 난 백인 교사가 혼을 내자 우리는 어려움이 있을 때 모두 함께 협동해서 해결하라고 배웠다고 말하는 인디언의 이야기도 있다.

백인 문화에 익숙한 우리들이 보기에는 바보스러울 만큼 어리석은 이야기일 수도 있지만, 다시 생각해 보면 우리가 어떻게 사는 것이 올바른 삶인가를 느끼게 하는 소중한 삶의 방법이다.

 **12월 7일(금)**

요즘 무슨 책을 읽고 있니?

온 천지에 눈이 내리고 눈송이 사이의 바람들은 빈 나무를 목숨처럼 감싸 안았다. 매서운 추위가 계속되었다. 아이들은 축제 준비로 바쁜 가운데 틈틈이 손에서 책을 놓지 않았다.

내가 책읽기에 관심을 갖게 된 것은 구로중학교에서 근무하기 시작한 때부터이다. 1989년 9월 사회 변혁기에 나는 전교조에 가입했다는 이유로 오남중학교에서 구로중학교로 부당 전출을 당하였다. 그곳에서 전교조 선생님들을 만났고 그들과 책읽기 모임을 가졌다. 읽고 토론하며 책의 맛을 느꼈다. 내가 제일 먼저 읽기 시작한 책은『바로 보는 우리 역사 1·2』,『다시 쓰는 한국 현대사』,『거꾸로 읽는 세계사』,『못다 가르친 역사』였다. 비로소 역사에 눈이 뜨였다. 한국사, 세계사와 관련된 책을 보며 세상을 알게 되었고 역사 앞에서 나의 작은 존재를 확인했다.

이어 대하소설을 읽기 시작했다.『백정』,『태백산맥』,『민적』,『빙벽』,『토지』,『단야』,『타오르는 영산강』,『장길산』,『객주』 등이었다. 구로 선생님들 손에서 손으로 이어지는 한 권의 책. 그 속에 그들의 숨결이 묻어 있어 따뜻한 정도 함께 느꼈다.

책이 손에 잡히면 삼사 일을 넘기지 않았다. 읽고 난 느낌을 일기 형식으로 메모를 해 두곤 하였다. 내가 간직한 것 중 소중한 것을 뽑으라면 서슴지 않고 독서록이라고 말했다.

격동의 시대, 상실의 시대에 나는 참교육을 향한 깃발 대열에 있었다. 당시 교사들과 반목과 갈등 속에 있을 때 책은 상심을 달래 주었으며 외로울 때 유일한 벗이 되었다. 책 속 주인공과 만나기 위해 나의 외출은 잦아졌고, 마음은 풍성해졌다.

다음은 아이들의 책읽기 운동을 이끌어 가기 위해 중고생들이 읽어야 할 책을 읽기 시작했다. 내가 먼저 읽어야 아이들에게 소개할 수 있고 책의 내용을 알아야 아이들과 소통하며 그들의 마음을 움직일 수 있다고 생각했다. 아침 자율학습 시간마다 책 한 권씩 소개했다. 『나는 선생님이 좋아요』, 『초승달과 밤배』, 『숨 쉬는 돌』, 『꼭 같은 것보다 다 다른 것이 좋아』, 『논리 시리즈』, 『동물농장』, 『꼬마 철학자 니꼴라스』, 『연어』, 『돼지가 한 마리도 죽지 않던 날』, 『등대 아래서 휘파람』, 『목마들의 언덕』, 『수레바퀴 아래서』, 『바람 찬 날에 꽃이여 꽃이여』 등. 이 책은 나와 아이들 모두에게 깊은 감동을 주었고 학급 문고함에 차곡차곡 채워졌다. 우리 아이들의 책상 모서리에 책이 자주 놓이게 되었다. 특히 『나는 선생님이 좋아요』 책 속의 고다니 선생님은 내 교직생활의 귀감이 되었다. 고다니 선생님의 교육에 대한 헌신적 사랑과 노력은 27년 교사로 사는 동안 게으를 때마다 회초리가 되었다.

구로중학교에서 4년 임기를 마치고 1994년 개봉중학교로 발령을 받았다. 상담실로 부서를 배치받은 나는 책읽기의 고삐를 늦추지 않았다. 교사 3층에 자리 잡고 있는 상담실은 조용하고 아늑한 곳으로 책읽기에 더없이 좋은 공간이었다. 그곳에서 첫해는 거의 구로중학교 선생님들 생각으로 보냈다. 좋은 책을 읽고 나면 전화 또는 편지로 책을 소개하곤 하였다.

다음 해부터 개봉 사람이 되어 갔다. 전교조 분회의 대표가 되어 분회원들과 함께 살기 시작했다. 남부지회 집행부원이 되어 지회 일을 보느라 다소 책읽기에 소홀했다.

2년 지회 일을 마친 나는 국어 교과 연구에 몰두하고 연구 활동을 시작하였다. 이때부터 주로 국어 교과와 독서 교육에 관계된 책을 보았다. 특히 도움을 받은 책은 교육 잡지인 월간 『우리 교육』과 전국국어교사모임에서 펴낸 계간 『함께 여는 국어 교육』 책자였다. 고

척중학교에서 근무하는 내내 계속 국어 교과와 독서 교육에 관심을
두었다. 틈틈이 작성한 학습지도안을 책(『우리들의 국어 시간』)으로 발
간하여 수업의 지침서로 삼았다. 남편이 대학원 독서 교육과에 진학
하여 공부하고 읽은 독서 관련 서적을 나도 곁눈질해 읽었다. 아이들
과 다양하게 독서 활동을 전개하여 독서 교육 실천 사례 발표 대회
때 좋은 결과를 얻었다.

5년 임기를 마치고 개웅중학교로 발령을 받았다. 도서관에서 사
서 교사 역할을 대신하며 책 속에 묻혀 살았다. 2005년 동료 교사와
함께한 서울역사문화여행은 내 삶의 방향을 바꾸어 놓았고 훨씬 좋
은 국어 교사로 설 수 있는 계기를 마련해 주었다. 서울에서 선생 노
릇을 한 지 20년이 넘도록 서울에 대해 잘 알지 못했다. 서울이 어떤
곳인지 알고 싶어 시작한 서울역사문화여행. 발걸음을 옮길 때마다
여행 가방 안에는 역사책이 있었다. 서울을 걸으며 조선을 알게 되었
고 국립중앙박물관에서 본 문화재는 나의 눈을 틔우고 가슴을 뜨겁
게 해 주었다. 전국을 누비며 역사 답사를 시작했다. 내 손에 들려 있
는 책은 유홍준 교수의 『나의 문화유산 답사기』와 『역사여행의 길잡
이』 15권이었다. 여행에서 문학을 만났다. 작가의 고향과 문학관 그리
고 작품의 배경 무대를 찾아다녔다. 직접 발로 걷고 눈으로 보면서
체험한 문학 답사. 생생한 교과서를 길에서 만들었다.

책장에서 서슴지 않고 꺼내어 보던 책은 『무량수전 배흘림기둥에
기대서서』, 『주강현의 우리 문화 기행』, 『국토기행 문화유산을 찾아
서』, 『역사와 만나는 문학 기행』, 『문학의 아름다움과 뿌리 찾기』 등
이었다.

2008년 다시 이곳 개봉중학교로 발령을 받았다. 매봉산 맑은 공기를 마시며 독서 교육에 매진하였다. 책을 읽고 나면 아이들 손잡고 교문 밖을 나섰다. 문학 기행, 작가와의 만남 등 다양한 독서문화 체험활동으로 내면의 키를 한 뼘 키웠다. 그중 우리 학교 독서 꿈나무 30명과 도서관에서 밤새워 한 책읽기 활동은 잊을 수가 없다.

올해는 혁신학교에 관심을 갖고 본 책『꿈의 학교, 헬레네 랑에』, 『배움과 돌봄의 공동체 학교』, 『행복한 혁신학교 만들기』, 『수업이 바뀌면 학교가 바뀐다』, 『자유와 교육이 만났다, 배움이 커졌다』, 『대한민국 교사, 어떻게 가르칠 것인가?』 등을 읽는 동안 교사로서 자가 진단의 시간이었다. 우리가 언제 진정한 교육을 한 적이 있었던가? 현재의 모습을 살피고 미래를 바라볼 수 있는 귀중한 순간이었다. 아이들의 발달을 위해서 교사는 조력자로 존재해야 하는 당위성을 희미하게나마 붙잡을 수 있는 아주 밝은 스승들이었다.

25년 전 고등학교 은사님 댁을 방문했을 때 은사님께서 하신 말씀이 있었다.

"요즈음 무슨 책을 읽고 있니?"

07

살며
보듬으며

국어 교과실에 작은 공간을 마련하며
수업 시간에 만든 작품을 전시해 놓는다.
친구들이 쓴 글과 작품을 언제든지
감상할 수 있다.

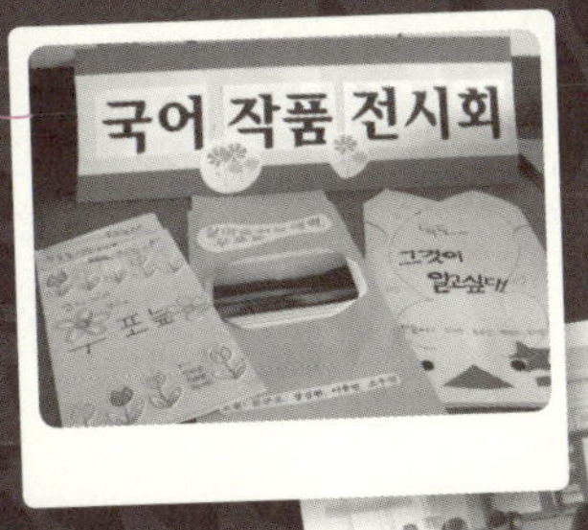

친구들이 쓴 소설을 읽고 있다.
상상력과 창의력이 발휘된
작품을 보며 문학을 깊이 이해하고
창작의 즐거움을 느낀다.

ㄷ 자형 자리 배치.
교사와 학생이 가깝게 마주 보며
수업을 할 수 있으며 교사가 아이들을
더 가깝게 대하고 아이들의 관찰이 쉽다.

아이와 충돌하고 있는 내가 부끄러웠다.

아이를 잘못 가르쳤다는 생각이 들었다. '미안하다. 너를 잘못 가르친

내 잘못이 크구나.'라고 아이에게 말을 던지고 자리를 떴다.

곰곰이 생각해 보았다.

나는 이 힘든 상황을 모면하고 싶어서 건성으로 한 말은 아니었을까?

미안하다고 말한 내 마음은 진심이었을까?

친절하게 돕는 교사가 돼라

교사 10계명 중 어느 것 하나 소홀히 할 수 없지만 유독 가슴에 와 닿는 구절이 있다. 바로 "친절하게 돕는 교사가 돼라."라는 것이다.

아이들에게 친절하게 대하리라고 마음먹은 것은 우연한 기회였다. 여느 때처럼 산부인과에 가는 것을 꺼렸다. 부인병 검진 날이 되어 무거운 발걸음을 병원으로 옮겼다. 차례가 되어 검사를 받는 중 의사 선생님께서 배 아래를 찬찬히 살펴 주며 무척 자상한 목소리로 불편한 점이 없냐는 것이었다. 불안한 마음이 없어짐과 동시에 누워서 작은 다짐 하나 했다. 나도 이 의사처럼 아이들에게 친절하게 대하리라.

가끔 속 썩을 일이 한두 번이 아니다. 활동 참여 수업 중 두세 번 이야기해도 제가 필요로 하지 않으면 듣지 않는 아이들이 있다. 그러다가 제 할 일을 하던 중 내 말이 필요하면 다시 말해 달란다. 그런 아이들이 많은 반일수록 다섯 번도 좋고 여섯 번도 좋다. 특히 "교과서 몇 쪽에 있나요?"라는 말을 제일 많이 한다. 가끔 언성을 높이면 "선생님, 왜 화를 내고 그래요? 말해 주시면 되지." 오히려 저들이 화를 낸다. 나는 혀를 끌끌 차고 만다.

이런 일이 있을 때마다 그 의사 선생님의 행동과 말이 생각나 마음을 달래곤 했다. 그리고 교무실 책상 앞에 놓인 교사 10계명을 다시 한 번 되뇌어 본다.

"친절하게 돕는 교사가 돼라."

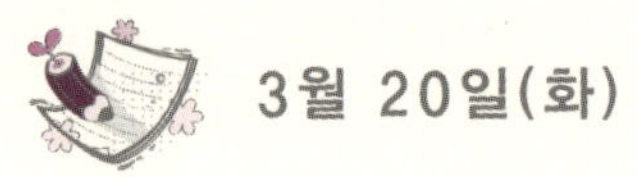

배려와 웃음꽃 한 송이

6년 전, 목 디스크 수술을 받고 장애 5등급 판정을 받았다. 목 디스크의 원인은 오랜 시간 컴퓨터 워드 작업 때문인지, 자세의 불균형 때문인지, 턱관절 영향인지 알 수가 없었다. 너무 무리하게 교직생활을 하지 말라는 의사 선생님의 말이 귓가에 맴돌아도 눈코 뜰 새 없이 바쁜 업무를 손에서 놓을 수가 없었다.

아이들에게 장애 판정 받은 이야기를 하고 배려해 달라며 불쌍한 척했다. 아이들 동정심을 유발하여 수업을 잘해 보려는 속셈을 감추고 한 이야기였다. 수업 끝날 때쯤 한 아이가 왔다. "저는 청각 장애인이에요."라며 내 귀에 속삭였다. 나는 아이의 두 손을 꼭 잡고 아픈 마음을 서로 보듬었다.

며칠 전 수업을 진행하는데 미처 그 아이에게 손길이 못 미친 경우가 있었다. 아이의 옆 친구에게 잘 보살피며 챙겨 달라고 부탁했더니 흔쾌히 대답을 했다. 오늘 두 아이의 수업 활동을 찬찬히 살펴보았다. 모르는 것을 친절하게 가르쳐 주며 서로 돕고 있었다. 나의 입가에 저절로 피어나는 웃음꽃 한 송이를 발견했다.

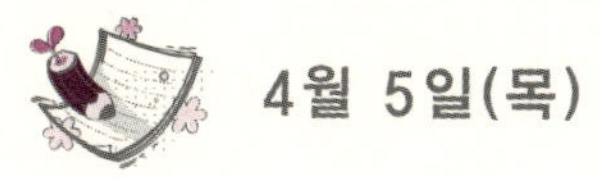

식목일에 화분 하나

오늘은 부지깽이를 심어도 싹이 난다는 청명인데 꽃샘추위가 매섭다. 겨울 가는 것이 쉽지 않고 봄이 오는 것이 녹록지 않다. 특히 학교의 봄은 더디 온다. 교실 문턱까지 넘으려면 시간이 더 걸린다. 예년에 비해 올해는 유난히 춥다.

식목일을 맞이한 오늘. 화분 하나를 사서 국어 교과실에 들여놓았다. 개학식 날 서경숙 선생님이 새로 마련된 국어 교과실에 놓으라고 준 화분과 새로 오신 교장 선생님께서 주신 제법 큰 화분까지 모두 세 개이다. 교실 안의 화분만이 일찌감치 봄소식을 안겨 주었다.

아이들에게 '아낌없이 주는 나무' 동화를 들려주었다.

"『아낌없이 주는 나무』라는 책에는 소년과 나무가 나와요. 어린 시절 소년은 나무와 숨바꼭질을 하고 나뭇가지에서 그네도 타고 어느 날은 사과도 먹었지요. 나무는 행복하다고 했어요.

그런데 소년이 어른이 되어서 더는 나무에 올라가 그네를 탈 만큼 한가롭지 않게 되었습니다. 소년은 돈과 집이 필요하다고 했고 결국엔 먼 곳으로 여행을 하고 싶어 배가 필요하다고 했답니다. 마침내 나무는 몸통까지 내주고 늙은 밑동만 남았지 뭐예요.

소년이 꼬부랑 할아버지가 되어 왔을 때 나무는 아무것도 줄 것이 없어서 미안했습니다. 할아버지가 된 소년은 피곤하고 지친 모습으로 늙은 나무의 밑동에 앉았어요. 나무가 뭐라고 말했는지 아세요?

　주고 또다시 주면서도 더 줄 것이 없어 미안해하는 나무. 우리 주변에 나무 같은 사람은 누구일까요?"

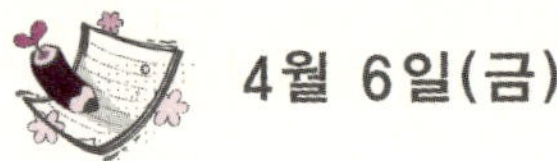 **4월 6일(금)**

동료 교사와 수업 방법 및 자료 공유하기

표준어와 방언을 어떻게 가르치면 재미있고 유익할까? 며칠 동안 고민하다가 등굣길에 좋은 생각이 떠올랐다. 그것은 '각 지역 방언으로 우리 학교를 소개하는 말하기'였다. 방언을 이용하여 우리 학교를 소개하는 것이다.

　이 수업 방법을 동료 교사에게 이야기하니 좋은 방법이라며 흔쾌히 격려해 주었다. 1교시를 마치고 김정심 선생님은 내게 찾아와 "선생님, 8모둠이 학교 소개만 하면 지루하지 않을까요? 저는 좀 더 보완해서 해 보려고 해요." 한다. 그의 수업을 살짝 들여다보았다.

　4명으로 구성원 8개의 모둠이 제비뽑기를 한다. 각 지역의 사투리로 그 지역의 특색을 살려 즐겁게 발표를 하는 것이다. 충청도는 충청도 사투리로 사랑하는 영자 씨에게 연애편지를 써서 읽는다. 강

원도는 강원도 사투리로 영화 「웰컴 투 동막골」을 소개한다. 전라도
는 전라도 사투리로 전주비빔밥 만드는 법을 안내하고 전주비빔밥을
자랑한다. 제주도는 서울에서 신혼여행을 온 부부에게 제주도 사투
리로 관광 안내를 한다. 웃음을 주기 위해 알아듣지 못하는 상황을
연출한다. 함경도는 친구와 다투고 화해하는 장면을 함경도 사투리
로 나타낸다. 경상도는 얼마 전 배운 우포늪을 주영학 씨가 사투리로
소개하는 설정을 해 눈길을 끌도록 한다. 평안도는 그 지역 출신 시
인인 백석과 김소월을 사투리로 소개한다.

교과서에서 배운 사투리의 가치를 몸으로 직접 체험하는 좋은 기
회가 되고 아이들의 참신함이 교사의 수업을 뛰어넘을 것을 기대했
다. 좋은 수업 방법과 자료를 동료 교사와 아낌없이 나누면 100배 즐
거운 수업이 될 것이다.

 **4월 9일(월)**

봄 공부

남쪽의 꽃소식을 들으며 이라크만큼이나 멀리 있는 줄 알았다. 그러
나 아파트 화단에 피어 있는 진달래나 산책길에 만난 꽃과 아이들을
보면서 봄이 벌써 다 와 있음을 알았다.

어린아이의 머리털처럼, 아직은 엉성하지만, 듬성듬성 틀을 잡아가는 잡풀들의 땅뺏기가 시작됐고, 잎사귀도 없는 산수유나무엔 잔치국수의 지단처럼 노란 꽃이 소복했다. 잠시 후면 팝콘처럼 터질 벚나무의 꽃망울이 듬직하고, 진달래는 겨울바람을 베어 물며 볼이 통통했다. 그뿐인가? 밭들엔 불을 피우며 봄을 당기려는 농부들의 일손이 바쁘고, 논둑엔 올챙이만 한 봄을 찾는 아이들.

등교를 하면서 어느 집회에서 들은 것이 생각났다.

"왜 꼭 교실만이 학습장이어야 하는가? 우리가 싸우는 이곳도 교실이어야 한다."

순간적인 전율이 채 가시기도 전에 고개를 끄덕여야만 했던 깨달음이 지금도 유효할 것 같다.

봄은 설명으로 오는 것이 아니다. 느끼는 것이다. 온갖 규칙과 당위성으로 아이들을 얽매는 교실보다 이런 곳이 교실이고 교무실이었으면 좋겠다는 생각이다. 제각기 제 빛깔로 바쁜 봄이 교사들의 입에서 전달되는 어떤 말보다 교육적이지 않을까?

아이들에게 봄을 느끼라고 해야겠다.

봄은 왜 오는 걸까?

봄에 피는 꽃은 왜 색깔과 모양, 또 피는 시기가 다르지?

봄은 도대체 어디에 있는 거지?

충북 연풍 초등학교

한 주가 시작되는 월요일. 맑은 아침을 열었다. 공책 4를 펴서 '내 마음밭을 가꾸는 3분 글쓰기'를 했다. 오늘 글쓰기 주제는 '지난 휴일에 있었던 일'이다. 아이들이 쓰는 동안 나도 어제 있었던 일을 떠올리며 펜을 잡았다.

4월 15일 일요일. 연풍에서 만난 초등학교 벗들과 아침을 먹고 연풍초등학교에 갔다. 그곳에는 조선시대 화가 김홍도의 숨결이 흐르고 있었다. 몇 년 전부터 가보고 싶었던 곳인데 마침 이 근처에서 모임이 있어 기회를 행운으로 만들고 싶었다. 어릴 적 동무 창선이, 태상이, 경용이와 함께 길을 나섰다.

산하는 연초록 잎이 돋아나 싱그럽고 봄꽃은 수채화 풀감을 풀어 놓은 듯 아름다웠다. 늦은 2시 교문을 들어섰다. 일요일 오후 학교는 조용했다. 봄볕이 내리쬐고 만개한 벚꽃은 헤헤거리며 웃고 있었다. 학교를 둘러보았다. 머얼리 눈에 띄는 조선시대 건물이 보였다. 반가워 걸음을 재촉했다. 김홍도의 유적지 동헌인 '풍락헌'이 교정 한쪽에 홀로 남아 있었다. 김홍도는 1791년부터 1795년까지 약 3년간 이곳에서 연풍현감을 지냈다. 화원 출신으로 현감에 제수된 예가 흔치 않은 그 당시 김홍도의 연풍현감 재직은 이 지역에 각별한 의미를 남겼다.

　김홍도가 3년 동안 재임하였지만 연풍현을 소재로 한 작품은 아직 발견되지 않았다고 한다. 정조가 첩첩산중의 작고 아늑한 고을인 연풍현감에 김홍도를 임명한 것은 단양, 청풍, 제천의 절경을 화폭에 담아 오라는 뜻이 담겨 있지 않을까? 안타까운 마음이 들었다. 300년 된 아름드리 느티나무만이 김홍도를 기억하리라.

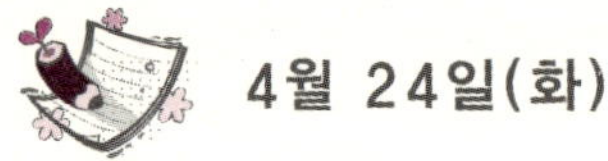

4월 24일(화)

다양한 수업 활동과
수행평가의 의미

　수행평가는 획일적인 수업 방식과 평가 방법에 많은 자율권이 확보되는 긍정적인 측면이 있으나 교사들의 업무가 늘어나는 부정적인 측면도 있다. 다양한 수업 활동으로 수행평가의 긍정적인 면을 살리고 부정적인 면을 줄여 나가면서 수행평가가 지닌 본래의 장점을 교실 수업에 적용하였다.

　국어과의 중요 행동 영역인 말하기, 쓰기, 읽기, 듣기를 학생들 중심으로 진행하고, 그것으로 수업의 질을 확보할 수 있었으면 좋겠다는 바람을 가졌고, 그 결과가 수행평가로 이루어졌으면 좋겠다는 생각을 했다.

그래서 학생들이 흥미 있게 참여할 수 있는 수업 방법과 자료를 연구했고, 그 결과에 따라 각 영역에 알맞은 수업 모형을 만들었다. 수행평가는 지필평가보다 치밀하고 철저한 수업 계획을 필요로 했다. 평가 기준도 객관적이고 구체적이며 명확하게 마련하여 학생들에게 제시하고, 평가 과정을 공개하여 객관성과 신뢰성 높은 평가가 되도록 했다. 모두가 지도 교사의 준비와 많은 시간, 그리고 노력이 필요한 부분이다.

이러한 수행평가는 학생들을 수업에 참여시켜서 수업의 질을 높이고 자기 주도적 학습 능력과 창의력을 신장시키는 데 도움이 되었다. 결과를 정확하게 살필 수는 없지만 학생들의 참여도와 국어 공책 등을 통해서 보면 분명 효과는 있었다.

수업에는 왕도는 없다. 다만 어떻게 하면 좀 더 아이들에게 다가가서 효율성을 높일 수 있을까 하는 고민만이 왕도에 접근할 뿐이다. 다양한 수업 방법도 고민의 하나일 뿐이다.

첫 시험은 쉽게 출제

세상은 초록과 연분홍으로 물들고 따스한 바람이 살랑이는데 우리 아이들은 사각 교실에 갇혀 시험공부에 열을 올리고 있다.

새 학년에 올라와서 보는 첫 시험이라 긴장한 얼굴빛이 역력했다. 아이들이 첫 시험을 망쳤을 경우 국어 공부에 자신감과 흥미를 잃게 될까 봐 되도록 쉽게 출제했다.

오늘 아이들에게 뜨거운 박수를 받았다. "시험 문제는 쉽게! 수행 평가는 후하게! 수업은 재미있게!"라고 외쳤기 때문이었다.

해마다 시험 끝나고 나에게 달려오는 아이들이 많았다. "시험 잘 봤어요. 선생님 덕분이에요." 하며 심지어 나를 껴안는 아이들도 있었다. "아냐, 너희들이 공부를 많이 해서 잘 본 거야."라고 말했지만 내심 흐뭇한 표정을 감출 수가 없었다.

앞으로 시험을 쉽게 출제할 계획이지만 그렇다고 평가에 수업 방법이나 내용을 맞추지는 않을 것이다.

수업 자료

수업을 마쳤다. 수업 자료를 주섬주섬 정리하는데 다희가 와서 도와주며 "선생님, 언제 이렇게 많은 것을 준비해요?" 작은 목소리로 말했다. 지난 겨울 방학 때 받은 '즐거운 국어 수업' 연수가 생각났다. 서태진 선생님의 강의는 나의 수업을 다시 돌아보게 했다.

좋은 수업은 첫째 미리 준비된 수업, 둘째 시스템화되어 예측이 가능한 수업, 셋째 학습 목표에 맞는 수업 방법과 자료가 준비된 수업, 넷째 학생들의 삶을 변화시키는 수업이라고 했다. 그중 첫 번째 '미리 준비된 수업'은 새내기 시절 교육 전문 잡지 『우리 교육』에서 읽은 이후 교수활동의 바탕이 되었다.

수업 준비하느라 손을 바쁘게 움직였다. 수업의 흥미를 더하는 영상을 직접 만들고, 수업 내용을 알차게 하는 학습 자료도 만들었다. 여러 사이트에서 자료 찾는 것을 게을리하지 않았다. 또 동료 교사와 자료를 공유하다 보니 점점 많아지고 모은 자료는 잘 보관했다. 많은 수업 자료는 수업 내용을 풍성하게 만들었다. 서태진 선생님은 수업 자료도 교사의 전문성이라고 했다.

수업 자료를 펼칠 때마다 아이들은 호기심을 갖고 흥미 있게 바라보았다. 아이들이 수업 시간을 지루하게 여기지 않아 다행이었다. 무엇보다도 나를 인정해 주는 것 같아 기분이 좋았다. 무엇을 가르칠 까가 아니라 무엇을 배우는가를 살피고, 아이들이 국어를 좋아하게 만들 수 있어야 좋은 수업이라고 한다. 아이들은 교사의 손끝에서 피어난다는 말이 더욱 실감 나는 오늘이었다. 연수에서 들은 어느 강사의 말씀이 귓전을 울린다. 이 두 가지만 있으면 교권은 무너지지 않는단다. 그것은 바로 '교과의 전문성'과 '교사의 리더십'이었다.

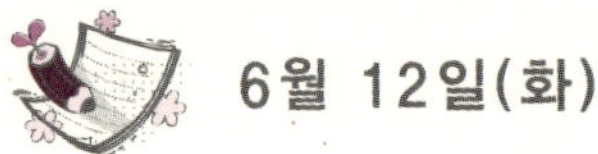 **6월 12일(화)**

홍○○과 홍명희

○○이와 세 달 반 동안 국어 시간에 만났다. 그 아이와 많은 갈등을 겪었고 상처도 받았다. 책이 없거나 공책이 없어서 떠들기 일쑤였다. 교과서를 구해서 주면 국어 공책이 없어서 떠들었고, 국어 공책을 마련하여 주면 책이 없어서 떠들었다.

너무 힘들어 학생생활지원부나 부모 상담을 요청하려고 하다가 하루만 더 참아 볼 생각으로 다시 공책을 사 주고 책도 구해 주었다.

그러던 아이가 오늘 처음으로 홍길동 비평문을 잘 읽었다. 그러더니 느닷없이 "홍길동이 죽었나요? 홍길동과 저는 같은 홍씨인가요?" 한다. "그럼, 홍길동은 조선시대 소설 속의 인물이란다. 너 혹시 풍산 홍씨니? 그러면 같을 걸?" 그 아이의 말에 응해 주었다.

지난주 토요일 충북 괴산의 벽초 홍명희 생가에서 해설사로부터 들은 이야기를 해 주었다.

"풍산 홍씨로 유명한 사람이 있단다. 바로 소설 『임꺽정』을 쓴 홍명희 선생이란 분이다. 그의 가계는 풍산 홍씨로 선조들 중에는 정조의 어머니 혜경궁 홍씨가 있다. 그의 친정 식구인 홍봉한, 홍인한 형제와 조선 정조 때의 개혁 인물 홍국영이 그의 선조란다. 또한 다산 정약용의 처가 역시 그 집안의 가까운 혈족들이다. 네가 풍산 홍씨라면 그들의 피를 물려받았겠다. 너도 왕족의 혈통이다. 이 국어 시간을 헛되이 보내서야 되겠니?"

아이는 고개를 끄덕이면서 수업에 열중했다. 오늘 처음으로 이 아이가 공부하는 모습을 보았다.

평소 작가의 고향이며 작품의 무대가 되는 곳을 찾아가 그들의 삶을 직접 체험한 문학 기행이 이 아이에게 도움이 되었다. 엊그제 해설사로부터 전해 들은 따끈따끈한 이야기였다. 문학 기행을 통해 나도 배경지식이 풍부해져서 아이들에게 좀 더 잘 설명할 수 있다. 이것이 내가 문학 기행을 하는 이유이다.

ㄷ자형 자리 배치

배움의 공동체에서 추구하고 있는 ㄷ자형 자리 배치를 하고 수업한 지 보름이 지났다. ㄷ자형 자리 배치 수업은 혁신학교 확산을 위한 교사 학습 동아리 수달스의 영향 때문이었다.

나는 수달스 팀장이 되어 한 달에 한 번 독서 토론, 수업 관련 워크숍, 역사문학 기행, 혁신학교 제안 수업 참여 등 회원들과 함께 활동했다. 그리고 이웃 학교인 오류중 혁신학교 수업 사례를 강정구 선생님께 종종 듣곤 했다.

어느 날 수달스에서 ㄷ자형 수업 배치가 화두였다. 선생님들과 나누는 대화를 통해 ㄷ자형 수업 배치의 장점을 알게 되었다. 그것은 교사와 학생이 더욱 가깝게 마주 보며 수업할 수 있으며 교사가 아이들을 더 가깝게 대하고 아이들을 관찰하기 쉽다는 것을 알았다.

나도 새로운 변화를 주기 위해 단조롭게 배치되었던 책상들을 ㄷ자형으로 배치했다. 새로운 시도는 용기와 굳은 마음이 필요했다.

일주일이 지나자 여기저기서 "불편해요, 귀찮아요. 고개가 꺾이는 듯해요. 친구 얼굴을 정면에서 보니 부담스러워요."라는 아이들의 함성이 귓가에 들렸다.

기존의 질서를 깨뜨리는 것은 쉽지 않았다. 새로운 자리 배치로 분위기는 들뜨고 산만한 듯 느껴졌다. 수업 시간마다 자리 배치 문제로 갈등이 생겼다. 학급 대표들과 간담회를 갖기도 했다. 단점을 보완하기 시작했다. 한 모둠씩 일주일마다 시계 방향처럼 옮겨 앉으며 친한 아이와 떠드는 아이는 떼어 놓기로 했다. 학급 대표들이 모여 자리 배치를 했다. 아이들 특성에 맞게 제법 잘 짜 왔다. 아이들은 학급 대표가 짜 온 자리대로 앉았다.

내 수업이 점점 아이들 중심의 수업으로 옮겨 가고 있었다. 배움의 공동체 기본 철학은 한 명의 아이도 배움으로부터 소외되지 않는 수업을 실현하는 것이라고 한다.

자리 배치를 통해 지루한 수업이 아닌 재미있게 공부하며 즐길 수 있는 수업이 되길 바랐다. 친구들의 말을 경청하는 자세를 통해 겸손을 배우고 모둠 활동을 통해 더불어 사는 삶의 자세를 익혀 갔으면 좋겠다.

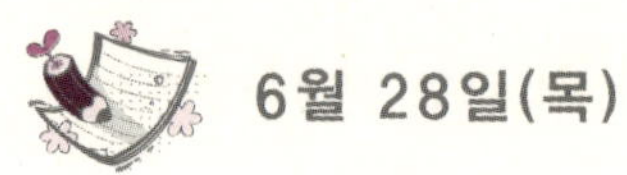

혁신학교 삼정중 국어 제안 수업 참가 소감문
수업이 바뀌면 학교가 바뀐다

아이들의 수업 활동을 관찰하고 난 후 소감을 발표하는 수업연구회 시간이었다. 그 학교의 모 선생님께서 한 아이의 수업을 관찰하고 울음 섞인 목소리로 발표를 했다.

"OO이는 작년에 친구들과 소통이 거의 없었습니다. 조용히 혼자서만 활동을 하고 모둠 친구들과 이야기를 하지 않았습니다. 그런데 오늘 OO에게 가까이 다가가서 묻는 것에 놀랐습니다." 선생님은 목이 메어 말문을 닫았다가 다시 열었다. "OO이가 마음을 열고 또래 친구들과 대화를 나누는 것을 보고 정말 놀랐고, 따뜻한 반 분위기에서 아이가 변화하고 성장하는 모습이 좋았습니다."라고 말하고 마이크를 내려놓았다.

그 아이가 반 친구들과 소통하고 관계가 형성된 것에 감동을 받아 감정이 복받친 것 같았다. 선생님께서 수업 활동을 세심히 관찰하고 아이의 성장 과정을 살피는 모습에 나도 진한 감동을 받았다.

수업 참가를 위해 우리 학교 5명의 국어 선생님들이 삼정중학교에 도착한 시각은 늦은 1시 30분이었다. 서두른 탓인지 조금 일찍 도착할 수 있었다. 공개 수업 장소로 가는 도중 교실 안을 보니 수업 중이었다. 살짝 보니 ㄷ자형의 책상 배열이었으며 인원이 적어 보였다. 공개 수업 장소에 들어가니 벌써 많은 선생님들이 와 있었다. 예비 혁신학교 영림중학교에서 온 많은 선생님들, 우리 수달스 회원, 학동천왕 회원들도 눈에 띄었다.

수업에 관심이 부쩍 늘어난 현실을 실감했다. 이런 현상이 일찍 찾아왔으면 하는 아쉬움도 있었다. '지금도 늦지 않아. 열심히 배워야지.' 나름 위안을 삼았다. 수업 컨설팅 손우정 교수의 '배움의 공동체' 이야기를 잠시 들었다. 그리고 수업을 참관할 때 교사의 수업 기술보다 아이들 수업 활동을 눈여겨보라는 주의점도 일러 주었다.

2시 20분이 되자 아이들은 하나둘 책상을 가지고 강당으로 모이기 시작했다. 아이들은 책상을 ㄷ자형으로 배치하고 조용히 앉았다. 많은 선생님 앞인데도 아이들은 당황하지 않고 차분히 앉아 수업 종이 울리기를 기다리고 있었다. 공개 수업이 익숙해 보였다. 일상 수업을 자주 열어 놓는 것이 수업의 질을 높이고 새로운 수업의 모델을 만든다고 했다. 수업 혁신을 위해 힘겨운 노력을 하는 혁신학교 선생님들이 훌륭해 보였다.

공부할 단원은 (해냄 교과서) 생활 속의 언어 (1) 매체 속의 풍자 / 「시집가는 날」이다. 전시 학습은 전체 학생이 5분 동안 교과서 바탕글을 훑어본다. 작품 내용을 떠올리게 하는 것이다. 본 수업은 모둠별로 활동지를 보며 과제를 수행하는 것이다. 모둠 과제가 끝나면 아이들이 손을 들어 자기 생각을 발표하며 선생님과 학생들이 작품 내용을 공유한다. 모둠이 모이고 흩어지는 활동이 두 차례 이어진 뒤 수업이 끝났다. 마지막 단계인 모둠 점프 과제 부분에서 시간이 부족하여 충분한 내용을 공유하진 못했지만 전체적으로 참 좋은 수업이었다. 아이들이 교과서를 열심히 뒤적이며 과제를 수행하려는 모습과 모둠 토의가 끝나면 바로 활동지에 답을 적는 것, 무엇보다도 손을 들어 자기 생각을 발표하는 것이 좋았다.

얼핏 보기에는 별것 아닌 것처럼 보일지 모르지만 내면을 들여다보면 무척 멋진 수업이었다. 이 멋진 수업이 있기까지 1년 반이 걸렸다고 했다. 오랫동안 모둠 수업을 해 온 나는 금방 알 수 있었다. 잠깐 내 수업을 들여다보았다.

아이들이 수업의 객체가 되지 않고 주체가 되어 문제를 찾음은 물론 해결할 수 있는 능력을 기르도록 했다. 타인의 의견을 경청하고 존중하면서 의사 교환을 통해 문제를 해결하도록 했다. 그렇게 시작한 모둠 토의 수업을 하며 20년의 세월이 지났다. 이런 모둠 학습은 '공동체 의식을 높이는 수업'으로 교육 및 수업 활동에 충분한 가치가 있었다.

모둠 학습의 매력은 오늘 수업에서도 확인이 되었다. 아, 배움의 공동체 수업이 이런 것이구나! 한 걸음 다가가는 계기가 되었다.

수업 참관록 작성도 예전과는 달랐다. '학습자는 어디 배우고 어디에서 주춤거리는가?', '교사의 지도에 학생들은 어떻게 배우고 있는가?', '학습과 관련된 의미 있는 모둠 활동이 이루어지고 있는가?', '교사는 한 명 한 명에게 주목하고 있는가?', '협동적인 배움이 일어나고 있는가?' 등 아이들이 무엇을, 어떻게 배우는가에 중점을 두고 기록하였다.

수업을 마치고 열린 수업연구회 시간. 풀냄새 나고 새소리 들리는 삼정중학교라는 자연환경에서, 작년에 혁신학교로 지정되어 선생님들이 배움과 돌봄 교육을 일구고 있다는 교장 선생님의 말씀을 들으면서 연구회가 시작되었다. 각 모둠의 수업 활동을 관찰한 선생님들의 발표가 있었다. 선생님들의 좋은 이야기 중에서 모 선생님의 "수업에 욕심을 내는 것을 조심해야 한다. 내용을 많이 잡으면 아이들에게 시간을 많이 주지 못한다."라는 이야기가 가슴에 남았다. 그만큼 아이들의 사고를 끌어낼 수 없기 때문일 것이다.

손우정 교수의 수업 컨설팅 내용에 공감이 갔다. 오늘 수업은 기대 이상의 멋진 수업이라며 아낌없는 칭찬을 해 주었다. 교재 읽기로 시작한 수업은 군더더기 없이 깔끔했다. 양은 많아도 수업 디자인은 매우 명료했다. 아이들이 텍스트를 읽어 내는 힘이 있었다. 아이들이 텍스트를 읽어 내지 못하면 아무것도 할 수 없다. 국어과는 텍스트와의 만남이다. 어떻게 읽어야 하는가? 내 감성을 어떻게 표현해 낼 것인가? 거기에 초점이 있다. 그런데 아이들은 생각이 다양한데도 답은 하나로 쓴다. 이것을 반대로 만들어야 한다. 정답에 갇혀 있으면 안 된다. 이 부분을 어떻게 해결할까? 우리 모두의 고민으로 남았다.

국어에서 대화와 협동이란 무엇일까? 다른 사람의 느낌을 공유할 수 있는 것, 이 과정을 통해 자신의 언어에 대한 감성을 길러 나가는 것이 중요하다. 교사연구회에서는 앞으로 관계만이 아니라 모둠 안에서 인지적 실천, '이 활동 과제를 어떻게 이해하고, 어떻게 활동하며 어떤 관계를 형성하는지, 이 아이는 왜 이 이야기를 할까, 나는 무엇을 배울까'까지 나아가면 좋겠다. 앞으로 교사들은 수업 디자인, 활동 구성과 관련하여 어떻게 할 것인지, 단순히 교과서를 가르치는 것이 아니라 교육과정에 대한 이해를 기반으로 수업 디자인을 하면 좋겠다. 손 교수의 말씀을 끝으로 일정이 끝났다.

여러 가지가 인상적이었다. 특히 45분 내내 아이들의 수업 활동을 관찰하는 동료 선생님들의 반짝이는 눈과 쫑긋 세운 두 귀, 아이들의 대화와 행동, 그 작은 소리와 몸짓에 눈길 가고 귀 기울여 주는 참관자들, 그리고 울음 섞인 목소리로 아이를 관찰하고 발표하신 선생님의 모습이 오래도록 가슴에 남았다.

이민수 선생님과 헤어지고 돌아오는 길 차 안. 사토 마나부가 지은 『수업이 바뀌면 학교가 바뀐다』라는 책을 펼쳤다. 그리고 배움이 있는 수업을 꿈꾸었다.

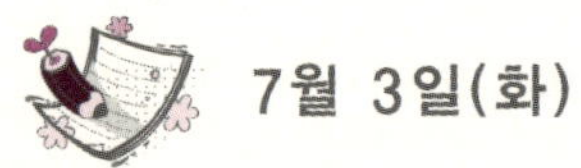 **7월 3일(화)**

종민이와 국어 시험

"김미경 선생님."

기말고사 마지막 시험 1교시를 마치고 교무실을 향해 가는데 누가 뒤에서 불렀다. 내게 국어를 배우는 종민이었다.

"선생님, 국어 시험 참 어려웠어요."

전날 본 국어 시험에 대한 이야기를 꺼내자마자 나는 "미안해."라고 말했다. 시험이 정말 어려워 1교시 시험 감독을 하는 동안 준비한 말이었다. 아이는 "아니에요, 제가 공부를 덜 했나 봐요."라며 머리를 긁적이고 교실로 돌아갔다. 교무실로 오는 발걸음마다 종민이의 순수하고 고운 얼굴이 밟혔다.

지난달에 나는 종민이 작년 담임인 손현숙 선생님과 종민이네 집에 간 적이 있었다. 2학년 때, 종민이 엄마가 담임 선생님을 초대하여 당신이 잘하는 황태구이에 밥 한 끼 대접하고 싶었으나 그 담임은 거절을 했다고 한다. 손 선생님은 올해도 초대를 받았는데 거절하기가 미안하고 올해 담임이 아니어서 초대에 응했다. 혼자 가기 뭐해 나와 동행했다. 종민이네 집은 바로 학교 앞에 있었다. 종민이 어머니가 밥을 짓는 동안 우리들은 텃밭에서 상추도 뜯고 고추도 땄다. 종민이와 손 선생님은 탁구를 쳤다. 나는 의자에 기대어 눈을 감고 어깨의 무거운 짐을 내려놓았다.

아이가 탁구를 치다 말고 다가오더니 "선생님, 좋아하는 노래가 뭐예요? 제가 컴퓨터에서 그 음악을 찾아 틀어 드릴게요."라고 한다. 학교에서 볼 수 없던 다정다감한 말투였다. 아니, 그 아이와 가까이 있을 기회가 없어서 몰랐는지도 모른다. 밥상을 차리는 동안에도 엄마 일손을 도우며 상추도 씻고 밥을 푸며 어린 시절의 이야기꽃을 피웠다. 조잘거리는 아이의 목소리가 시냇물 흐르는 물소리 같았다.

아이들을 이해하고 성장하는 모습을 제대로 볼 수 있는 방법은 가정 방문이다. 그러나 그것이 여러 부작용을 가져온다는 이유로 사라진 지 오래다. 종민이네 집을 다녀온 후로 아이와 부쩍 가까워졌다. 종민이는 3학년 또래 아이보다 성장 발육이 다소 느리고 키가 작았다. 하지만 큰 걱정을 하지 않았다. 마음은 다른 아이보다 훨씬 넓고 그 아이 아버지도 나중에 많이 자랐다고 하니까.

후텁지근하고 흐린 날씨. 운동장을 가로질러 와 자동차 문을 열었다. 성적이 낮으면 아이들이 국어에 흥미를 잃을까 봐 첫 시험을 쉽게 냈었다. 그러다 보니 변별력이 떨어진 점이 있어서 이번에는 조금 어렵게 낸다고 한 것이 너무 어려웠나 보다. 평가에 전문성이 떨어진 나 자신을 반성했다. 동료 교사와 좀 더 조율을 할 걸 후회가 되었다.

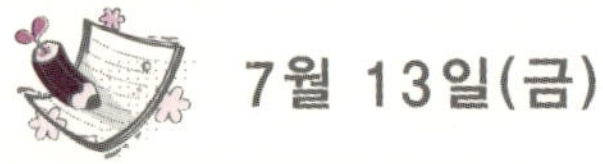 **7월 13일(금)**

타 교과와 함께

밤새 장염으로 고생했다. 학교 가는 길, 발걸음이 여느 때보다 무거웠다. 학교에 도착했을 때 7월의 뜨거운 열기를 식혀 주는 장맛비가 산을 뒤흔들고 있었다. 잠시 서서 푸른 산빛을 바라보았다. 나뭇잎들은 제 무게에 겨워 파닥이며 사방으로 튀어 올랐다. 빗줄기는 운동장의 주름이 허옇게 드러날 때까지 할퀴었다.

오늘은 타 교과와 연계하여 수업 진행할 계획을 세웠다. 개웅중학교에서 근무하던 시절 우리 반 학급 문집 제목은 '웰컴 투 개웅 3-10'이었다. 그해 상영된 영화 「웰컴 투 동막골」을 감명 깊게 본 후 아이들이 지은 것이다. 이 아름다운 영화의 원작 희곡이 이번 교과서에 실렸다. 아이들에게 영화를 보여 주고 교과서 내용을 공부하고 싶었으나 빠듯한 진도 때문에 그렇게 할 수 없었다.

마침 옆자리에 앉은 우형미 선생님께 도덕 단원 중 전쟁과 관련된 내용이 있냐고 여쭈어 보았다. 있다는 말을 듣자마자 나의 생각을 말씀드렸다. 도덕 시간에 영화를 보며 토론하고, 국어 시간에 희곡을 읽고 내용 학습을 하면 어떠냐고 했더니 흔쾌히 좋다고 하셨다. 「웰컴 투 동막골」 단원은 그렇게 진행하기로 했다.

이어 미술 선생님을 만나러 2교무실로 갔다. 교과서에 미술가 오주석의 '미술관 가다-옛 그림 감상하는 법' 단원이 있어 선생님과 의논하기 위해서였다. KBS 역사 스페셜 「조선의 그림, 시대를 말하다」(2012년 5월 3일 방영)를 미술 시간에 보여 주고 선생님께 그림에 대해 설명을 들으면 좋을 것 같다고 했다. 미술 선생님의 그림 설명을 들으면 조선시대 그림에 대한 안목이 높아질 것 같았다. 아이들이 미술 시간에 키운 가슴으로 국어 시간에 '옛 그림 보는 법' 설명문을 파악한다면 훨씬 이해가 잘될 것이다.

앞으로 종종 타 교과와 연계하는 수업 계획을 세운다면 아이들이 사물에 대해 폭넓게 이해하고 작품 감상의 폭이 한층 깊어질 것이다.

유득공의 우물

대학 국어과 동창 모임에 참석하기 위해 길을 나섰다. 장맛비가 주춤한 사이 우산을 접었다. 7월의 싱그러운 바람이 두 볼에 닿았다. 시원하고 상쾌했다. 버스에 올라 책을 꺼내 들었다. 지난달 서울 국제 도서전에서 산 『책만 보는 바보』라는 책이다. 책만 보는 바보인 이덕무와 그의 벗들의 이야기였다. 글을 읽다가 인상 깊은 구절에 눈길이 머물렀다. 그의 벗인 유득공에게 박제가가 이런 이야기를 했다.

"유득공의 마음속에는 우물 하나가 있는 것 같습니다. 어떤 근심 걱정도 한 번 담갔다 하면 사뿐하게 걸러져 밝은 웃음으로 올라오게 하는 우물 말입니다."

이 글을 읽고 그 우물에 요즘 나의 마음을 담가 보고 싶었다. 그 글귀는 한 아이에게 받은 상처로 닫힌 나의 마음을 조금 열게 해 주었다.

며칠 전 국어 시간이었다. 자리를 바꾸어 앉는 과정에서 한 아이와 좋지 않은 일이 벌어졌다. 평소 아이들이 떠들어 수업 진행이 다소 어려웠다. 자리를 남녀로 바꿔 앉게 하면 나아질까 생각했었다. 그러던 중 또 교실 안이 소란스러워 이참에 자리를 바꾸기로 마음을 먹었다. 자리를 바꾸는 데 아이들이 모두 협조해 주었으나 한 아이가 엎드려 있었다. 바꾸어 앉으라고 여러 번 말했지만 그대로 앉아 있었다. 언성을 높이고 말을 듣지 않는 과정에서 서로 상처를 주고받았다.

아이와 충돌하고 있는 내가 부끄러웠다. 내가 잘못 가르쳤다는 생각이 들었다. "미안하다. 너를 잘못 가르친 내 잘못이 크구나."라고 아이에게 말을 던지고 자리를 떴다. 곰곰이 생각해 보았다. 이 힘든 상황을 모면하고 싶어서 건성으로 한 말은 아니었을까? 미안하다고 말한 내 마음은 진심이었을까?

잠자리에 들었다. 어떻게 지도하는 것이 좋을까? 생각이 여문 16세일까? 아직 철부지인 16세일까? 아이를 불러 꾸짖는 것이 교육일까? 스스로 깨닫도록 그냥 두는 것이 좋을까? 생각은 꼬리를 물었다. 그럴수록 학교에서 상처받은 일이 떠올랐다. 자정을 넘긴 후 마음이 편해졌다. 공부, 입시, 각종 대회 참가 등 삶에 지친 아이가 과도한 스트레스로 그랬을 것이라고 이해하기로 했다. 생각이 있는 아이라 스스로 깨닫기를 믿고 눈을 감았다.

차창 가에 햇살이 퍼졌다. 유득공의 가슴에 있는 우물 속을 들여다보았다. 그 우물에 상처받은 내 가슴을 적시고 싶었다. 전처럼 밝은 마음으로 돌아와 아이들 옆에 설 수 있기를 기대하며.

한 학기 동안
국어 시간이 어땠나요?

새로운 얼굴들과의 만남에 대한 기대로 설레던 3월과 4월, 중간고사와 각종 학교 행사로 푸른 5월을 보내고, 이제 콘크리트 건물에서 쏟아지는 열기와 싸우면서 방학을 기다리고 있다. 우리들이 서로 부대끼며 살아온 지난 한 학기를 반성하고, 2학기에 보다 멋진 국어 시간을 만들기 위해 평가지를 만들어 보았다.

아이들의 창에 설문지 한 장씩 올려 주고 솔직한 답변을 기대했다. 이 중간평가가 서로에 대한 이해를 높이고 모두가 수업의 주인이 될 수 있는 좋은 기회가 되었으면 싶었다.

사람은 금방 만들어지는 것이 아니다. 타율과 강제로 자신을 길들여 가는 것은 쉬우나 그것은 진정한 교육이 아니다. 인생에서 중학교 3년은 매우 짧은 시기라 할 수 있지만 가장 중요한 시기일 수도 있다. 따라서 진정으로 값진 것을 배워야 한다. 아이들은 미숙하기는 하지만 나름대로 세상을 보는 안목과 판단력이 있고 능동적이며 주체적으로 행동한다. 스스로 행하는 사람, 바로 그것이다. 그래, 또 한 학기 시작해 보자. 1학기 때 못다 한 국어 공부, 열심히 해 보자.

우리들의 국어 시간

국어 선생님, 저는 3-1 김승현입니다. 우리 반 아이들을 대상으로 실시한 '한 학기 동안 국어 시간을 어떻게 보냈나요?'에 대한 설문지를 분석했습니다. 우선 국어 시간이 재미있었냐는 질문에는 3번의 '보통이다'가 45%로 1위를 차지했고, 그 뒤로 2번의 그렇다가 28%로 2위, 그 뒤로 4번 '그렇지 않다'가 14%로 3위, 5번의 '전혀 그렇지 않다'와 1번의 '매우 그렇다'가 각각 7%와 3%로 4위와 5위를 차지했습니다. 국어 수업 시간에 대한 흥미는 보통인 것 같습니다. 대체적으로 재미있었다고 느낀 아이들은 강의 수업과 활동 수업을 적절히 조화시키고 모든 아이들을 수업에 참여시켜 재미있었다는 것이고, 재미없었다고 택한 아이들의 대표적인 의견 중 하나는 수업 따라가기가 힘들다는 것이었습니다. 그래도 국어 수업의 좋은 점은 수준과 내용이 수업을 듣는 아이들의 눈높이에 맞춰져 있다는 것입니다.

두 번째로 국어 시간에 충실했냐는 질문에는, 3번의 '보통이다'가 52%로 1위, 2번의 '그렇다'가 24%로 2위, 1번의 '매우 그렇다'가 21%로 3위, 5번의 '전혀 그렇지 않다'가 3%로 4위를 차지했습니다. 국어 시간에 아이들의 수업 태도는 보통이었고, 국어 수업 시간에 충실했던 아이들의 이유 중 대표적인 것은 국어 수업을 할 동안 집중하였다와 열심히 했다가 있었습니다. 선생님의 수업은 색다른 점이 많았습니다. 수업 자료를 많이 가져오시고 스스로 생각하며 활동하는 시간을 많이 주셨습니다.

3번의 국어 수업 시간에 기억에 남는 것 중 가장 많은 퍼센트를 차지한 것은 야외 수업이었습니다. 자연 속에서 시 쓰고 친구들과 간식 먹는 것, 하루 여유 있게 보내는 것이 좋다는 아이들이 무척 많았습니다.

4번의 국어 수업 일기 쓰기는 어땠냐는 질문에 2번의 '좋다'와 3번의 '그저 그렇다'가 41%로 공동 1위를 차지했으며 4번의 '좋지 않다'와 1번의 '매우 좋다'가 각각 10%와 7%로 2위와 3위를 차지했습니다. 국어 수업 일기 쓰기가 좋았던 아이들은 쓰면서 자신이 배운 내용을 되돌아볼 수 있어서 좋았다는 아이들과 아이들의 일기가 재미있었다, 그리고 오랜만에 일기를 써서 참신했다는 의견이 가장 많았습니다. 일기 쓰기가 그저 그랬던 아이들은 부끄러워서 안 쓰는 아이들과, 귀찮아서 안 쓰는 아이들이 있었습니다.

5번의 모둠 수업이 공부에 도움이 되었느냐는 질문에 2번인 '그렇다'가 34%로 1위, 3번의 '보통이다'가 31%로 2위, 1번의 '매우 그렇다'가 17%로 3위, 4번의 '그렇지 않다'가 14%로 4위, 5번의 '전혀 그렇지 않다'가 3%로 5위를 차지했습니다. 모둠 수업을 진행함으로써 친구들끼리 의논하면서 수업을 하니 좋다는 아이와, 부족한 점을 채우고 남는 점을 베풀었던 게 좋다는 아이들, 공부에 도움이 된 아이들이 많았다는 것을 볼 수 있습니다. 자거나 노는 아이들을 수업에 참여시킬 수 있어서 좋다는 의견도 있었습니다.

6번의 공책 활용 수업에 대해서 어떻게 생각하느냐는 질문에는 2

번의 '좋다'와 3번의 '그저 그렇다'가 34%로 공동 1위, 1번의 '매우 좋다'가 21%로 2위, 4번의 '좋지 않다'가 10%로 3위를 차지했습니다. 좋았던 아이들은 스스로 교과서 내용을 정리할 수 있어 자기 주도적 학습이 이루어졌다는 것입니다. 또 정리한 것을 가지고 아이들과 복습하기가 좋고 내용을 잘 찾을 수 있으며 편리하고 쉽다는 아이들이 많았습니다.

7번의 자기 주도적 학습이 스스로 잘되었다고 생각하느냐는 질문에는 3번의 '보통이다'가 45%로 1위, 2번의 '그렇다'가 24%로 2위, 1번의 '매우 그렇다'가 14%로 3위, 4번의 '그렇지 않다'와 5번의 '전혀 그렇지 않다'가 10%와 3%로 4위와 5위를 차지했습니다. 자기 주도적 학습이 잘된 아이들은 스스로 하면 이해가 잘돼서라는 이유와 열심히 했기 때문이라는 이유가 대표적이었고, 보통이었던 아이들은 할 때도 있고 안 할 때도 있어서라는 이유와 잘 모르겠다는 아이들이 있었습니다. 자기 주도적 학습이 잘되지 않은 아이들은 집중을 잘 안 하고 딴것을 했기 때문에라는 의견과 공부가 싫다는 의견이 있었습니다. 대체로 자기 주도적 학습이 스스로 잘된 아이들이 많았습니다.

결과적으로 국어 수업은 선생님의 적절한 설명과 아이들 활동 중심으로 이루어졌고, 친구들과 서로 의논하며 배우는 모둠 토의 수업, 스스로 공부하는 자기 주도적 학습이 많았습니다. 선생님, 2학기 때도 좋은 수업 부탁드릴게요. 안녕히 계세요.

김승현 드림

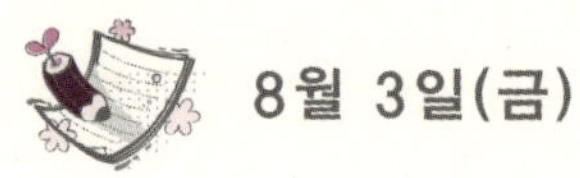

손우정 교수와 함께하는 배움의 공동체
'수업이 바뀌면 학교가 바뀐다' 연수 후기

지난달 7월 16일부터 오늘까지 3주 동안 배움의 공동체 이야기를 들으면서 공감하는 부분이 많았다. 오랫동안 모둠 토의 활동을 실시한 나에게는 이번 연수가 내 수업 방법을 확인하는 자리였고, 지금까지 해 온 것을 되돌아보는 계기가 되었으며 앞으로 더 잘해야겠다는 다짐의 기회가 되었다.

그동안 평화로운 세상을 꿈꾸며 '더불어 사는 삶'을 가치로 삼고 모둠 토의 활동을 전개해 왔다.

이 연수는 나의 어설픈 모둠 토의 활동에 그 깊이를 더해 주었다. 실질적으로 수업에서 무엇이 중요하고 어떻게 수업을 설계하며 어떻게 연결 짓고 되돌리기를 해야 할지에 대해서도 많은 것을 알려 주었다. 그리고 '어떻게 하면 좋은 수업 기술을 개발해서 아이들을 잘 가르칠 수 있을까.' 하는 고민을 떨쳐 내는 데 도움을 주었다. 수업 기술보다는 아이들에게 배움이 어떻게 이루어지고 있는지가 더 중요하다는 것을 깨달았기 때문이었다. 강의를 들으며 부족한 부분들을 많이 채웠다. 채우는 만큼 내내 행복했다. 나를 돌아보며 한 걸음 더 나아갈 수 있는 희망을 발견했다.

아이들을 중심에 두고 나의 목소리를 낮추며 그들의 말에 더 귀

기울일 것이다. 아이들의 귀에 쏟아붓는 말과 행동을 줄일 것이다. 그리고 교사의 10계명을 가슴에 담고 그중 '친절하게 돕는 교사가 돼라'는 것을 명심할 것이다. 그러면 아이들은 내 곁으로 성큼 다가와 웃고 행복하겠지.

그동안 아이들 덕분에 나는 충분히 행복했다. 나의 노력으로 그 행복을 되돌려 주어야겠다. 20년 넘은 시간들과 만나는 좋은 연수였다.

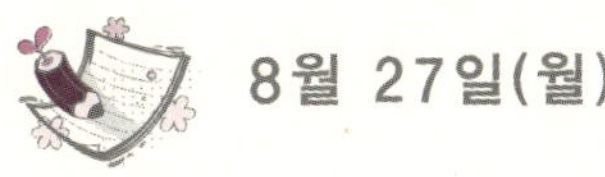 **8월 27일(월)**

별것 아닌 수업에 감동하다

태풍 전야의 하늘은 맑고 푸르렀다. 초강력 볼라벤이 온 천지를 뒤덮을 생각에 가슴이 두근거렸다. 긴 여름 폭염에 이은 장맛비, 이제 태풍이다. 농산물 걱정이 앞섰다. 큰 피해 없이 지나가기를 간절히 바랐다. 철모르는 아이들은 휴교 소식에 기뻐했다. 오늘 수업도 일찍 끝내 달라고 졸라 댔다. 입가에 웃음을 흘리고 수업을 진행했다.

오늘 수업은 「웰컴 투 동막골」 희곡을 입체 낭독하는 것이다. 작품 속의 등장인물은 총 17명이었다. 반 아이들을 두 모둠으로 나누어 앉게 하고 자기 배역을 정하라고 했다. 좀 더 적은 대사가 있는 배역을 찾느라 책장을 뒤적이는 아이도 있었다. 왁자지껄했다. 펄펄 살아 뛰는 싱싱한 물고기들 같았다.

두 모둠이 경쟁하듯 큰 소리로 대사를 실감 나게 표현했다. 강원도 사투리가 제법 살아 있었다. 민아가 머리에 꽃을 꽂고 "마이 아파." 하는 대목에서는 아이들이 한바탕 웃기도 했다.

종이 울리자 얌전하고 조용한 다희가 오더니 "선생님, 참 재미있었어요."라고 내 귓가에 속삭였다.

'아, 이것이다. 아이들을 수업 무대로 끌어내는 것이 내 일이구나. 아이들이 제 목소리를 내고 수업의 주인공이 되는 수업을 만들어 내는 것이 내가 할 일이구나.'

어느새 45분 수업이 금세 흘렀다.

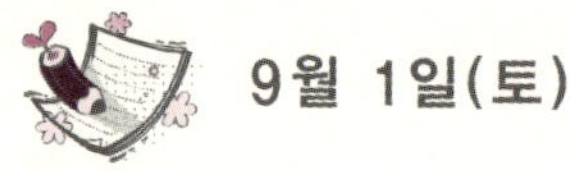 **9월 1일(토)**

비 온 뒤에 땅이 굳어지듯이

폭염과 폭우, 그리고 태풍이 지나간 자리에 흰 뭉게구름이 피어났다. 하늘이 파랗다. 방학 전에 한 아이에게 받은 상처는 금세 아물었다. 스스로 제 잘못을 깨닫기를 바라고 기다리기로 한 것이 잘했다는 생각이 들었다. 기다림은 오래가지 않았다. 아이에게 주는 관심만큼 아이도 나를 다시 따랐다. 아이는 뜨거운 여름날 도서관에서 치른 행사-작가와의 만남, 도서관 밤샘 독서 캠프-에 적극 참여하였으며 방과 후 독서 논술에도 참여해 제 마음의 키를 한 뼘 키웠다.

어느 날 도서관에서 책을 읽고 있을 때 그 아이가 슬그머니 와서 내게 건네준 초코 우유. 그 맛은 유난히 달콤했다.

오늘은 독서 동아리 '책돌이와 책순이'들과 함께 세종문화회관 대극장에서 공연하는 뮤지컬 「호기심」을 관람하고 돌아왔다. 그 아이도 책돌이로서 뮤지컬을 관람했다. 아이와 전철을 오가며 진학 이야기를 나누었다. 그리고 요즘 고민을 들었다. 삶의 무게에 겨운 어깨를 토닥거리며 보듬어 주었다. 그러는 사이 폭풍의 한 계절이 가고 가을이 저 멀리서 성큼성큼 걸어오고 있었다.

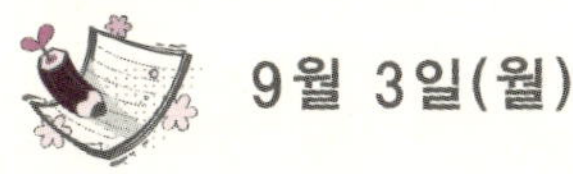 **9월 3일(월)**

국어 교과실의 꽃나무를 보며

계절 따라 피어나는 꽃나무의 추억

전에는 화분에 담아 놓은 꽃과 나무를 좋아하지 않았다. 심지어 장미 한 다발을 안겨 주는 이가 있어도 그리 달가워하지 않았다. 왠지 갇혀 있다는 생각과 생명이 잘리고 왜곡되었다는 느낌이 들어서였다.

그 대신 대지를 품고 자란 꽃나무를 보면 생명의 숨결과 자유를 느낄 수 있어서 좋았다. 사무치리만큼 좋아 시절을 따라 피고 지는 꽃나무를 보면 눈시울을 붉히기도 했다. 그리고 그 꽃나무는 나의 삶으로 파고들어 아름답게 피어나고 그리움이 되었다.

앙상한 가지마다 새 살이 돋을 무렵 누구보다 일찍 꽃망울을 터뜨리는 산수유 꽃에는 서둘러 달려와 내 곁에 서성이는 봄 손님과 인사동 찻집에서 산수유 차를 마시며 이야기를 나누었던 친구가 있다. 통통한 진달래 볼 속에는 내가 국어 선생이 되도록 꿈을 키워 준 홍연선 선생님이 계시다. 진분홍빛 해당화 속에는 중학교 사춘기 시절의 수줍던 마음이 있고, 노오란 민들레 속에는 작고 예쁜 우리 딸 솔이가 있다. 바람에 날려 멀리 흩어지는 모양을 보고 사월에 눈이 내린다고 표현한 딸의 시심이 가득하다.

연한 보랏빛으로 은은한 향기를 내는 라일락 꽃 속에는 그 꽃잎으로 책갈피를 만들어 준 죽마고우가 있으며, 유독 향내가 짙은 아카시아 꽃 속에는 그 향 따라 학교 뒷산을 돌며 순수를 따 먹었던 10여 년 전의 개봉중학교 생활이 오롯이 담겨 있다.

어느새 계절은 초여름의 길목에서 넝쿨장미가 반긴다. 넝쿨장미 속에는 구로중학교 교정이 아스라이 떠오르고 변혁의 시대에 사회와 맞서 치열하게 싸운 동지들이 있다. 그리고 붉게 타오르던 마음과 뜨거운 함성이 있다. 한여름 아파트 담벼락을 타고 올라 탐스러운 꽃들을 주렁주렁 피워 내고 너울너울 바람에 흔들리는 능소화 속에는 박경리 작가의 소설 『토지』의 최 참판댁 담장이 있고 한국민속촌으로 떠난 가족 나들이 모습이 있다.

강화도 가을 산에 핀 키 작은 쑥부쟁이에는 결코 화려하지 않은 소박한 내 삶이 있다. 회색 도시에서 만난 보랏빛 소국에는 몇 해 전 가을, 남편과 심하게 다투고 느꼈던 외로움이 있다. 엄마 영전에 바쳤던 하얀 소국은 허전한 마음을 달래 주었고, 소국 한 다발을 안고 도서실에 오신 첫가을 손님, 강숙희 선생님이 그 안에 있다.

이 모든 꽃나무에는 그리움이 있었다. 그것은 계절 따라 피어나 추억이 되어 버렸다. 주름살이 늘어 가고 어느새 화분의 꽃나무도 좋아하는 마음이 생겼다.

요즘 아침이면 국어 교과실에 올라 창가의 화분과 인사를 한다. 물을 주고 물끄러미 바라보는 나를 만난다. 가을이면 떨어지고 봄이면 피어나는 잎새를 보며 대자연의 섭리를 작은 화분 속에서 배우고 있다. 올 식목일 때 들여놓은 꽃이 졌다가 다시 피었다. 아기 입술같이 앙증맞더니 어느새 활짝 피어나 웃고 있었다. 하루에도 서너 번 눈길이 가며 맺은 관계가 이토록 아름다운 것인가. 작은 땅을 딛고 선 모든 생명들이 온몸의 핏줄처럼 다가오는 아침이다.

인간 이순신을 만나다

내가 이순신 장군에 매료된 것은 작가 김훈이 지은 『칼의 노래』를 읽고, 두 번째는 우습게도 텔레비전 드라마 사극 「불멸의 이순신」을 보고 나서였다.

소설 『칼의 노래』는 그동안 영웅의 모습으로 각인된 내 가슴을 바꾸어 놓았다. 그곳에는 어지러운 세상과 전쟁, 그리고 죽음 사이에서 고뇌하고 갈등하는 한 인간의 모습이 있었다. 그동안 이순신 장군의 영웅적인 면모의 업적만을 언급해 왔던 책과는 달리 역사 속의 한 개인으로서 장군의 내면적 모습과 고뇌를 표현하여 책을 읽는 내 내 눈을 뗄 수 없었고 색다른 느낌을 받았다.

절망적이고 힘든 현실에서 빠져나오려고 장군은 애써 흘린 눈물을 감추었다. 그 모습을 TV 드라마에서 보았다. 이순신의 무인적인 삶, 선조와의 갈등, 그 시대의 상황 변화에 따른 개인적인 고통, 전쟁을 수행해 나가는 장수로서의 과정을 화면을 통해서 보았다. 시대의 성웅으로서, 한 인간으로서의 면모를 모두 볼 수 있었다. 당시 일본은 역사 왜곡과 독도 영유권 주장으로 온 국민의 분노를 사고 있었다. 드라마 시청률이 올라가고 장군 역을 맡은 김명민이 세상에 드러나는 계기가 되었다.

"그대들 일본군이 이 나라 조선을 계속 유린코자 한다면 내 기필

코 단 한 명의 병졸까지 모조리 섬멸하리라."

장군의 쩌렁쩌렁 호령하는 목소리를 대변하는 김명민. 그가 연기하는 장군의 모습을 보면 볼수록 실제 이순신 장군도 그러했을 것이라는 상상에 그때부터 나도 그를 좋아하게 되었다.

작년 우리 가족의 여행지는 충남 아산의 현충사와 그가 잠들어 있는 묘지였다. 눈이 온 천지에 가득한 날 충남 아산 현충사, 장군의 사당에 갔고, 봄 마중 길에 장군의 묘에 다녀왔다. 현충사 입구 장군의 기념관에서 장군의 큰 칼을 보았고 『난중일기』를 보았다.

평소 메모하는 것을 좋아하는 나는 무엇보다도 장군의 기록광에 존경의 마음을 다했다. 『난중일기』. 왜적과 대치하는 긴장감 속에서도 펜을 놓지 않고 당시 상황을 구체적으로 알려 주었다. 그 생생한 기록에서 장군의 뛰어난 문학적 재능도 엿볼 수 있었다.

이 일기와 장군의 모습을 우리 1학년 귀염둥이들과 다시 볼 수 있어서 꽤 기뻤다. 교과서 '그날의 생생한 기록-난중일기' 단원에서 일기 몇 편을 배울 수 있었다. 배움에 앞서 아이들의 흥미 유발을 위해 가족 여행지에서 만난 장군의 모습을 동영상으로 만들어 보여 주었다.

임진왜란 당시 장군의 피와 눈물이 배어 있는 교과서 속의 일기 몇 편을 한 자 한 자 끊어 읽으며 장군의 심정을 헤아렸다. 임진왜란 당시 해 질 무렵 왜선들이 부산에 도착한 상황을 전달받는 부분, 적이 머물러 있는 곳에 적들을 한산도 앞바다로 유인해 전투에 승리하는 상황, 어머니를 여읜 장군의 비통한 심정, 명량해협에서 이순신이 왜적들을 물리치는 장면, 몸이 전쟁터에 있어 가족들의 안위가 걱정되어 마음이 무거운 장군, 막내아들 면이 전사하였다는 소식을 듣고 슬퍼하며 자식을 잃은 아버지의 심정 등.

그리고 우리가 경험하지 못한 당시의 역사적, 시대적 상황을 자세히 이해하며 아이들 마음속으로 다가갔다. 전쟁 상황에서 적의 위세에 굴하지 않는 장군의 용맹스러움과 전략적인 성격, 전쟁으로 인해 발생한 장군의 개인적인 아픔을 아이들과 함께 나누고 장군의 심정에 공감하는 마음을 느꼈다.

5년 전 촛불집회가 있던 날. 광화문에서 뵌 늠름한 장군을 다시 만날 날을 기대했다.

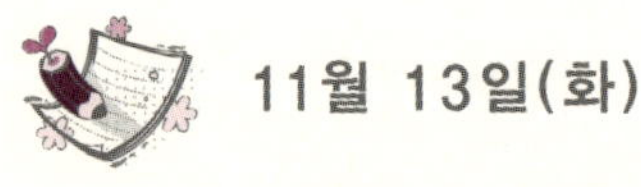

11월 13일(화)

브라우니도 알아, 이 시기가 중요하다는 것을!
중요해도 너~무 중요해!

1학기와 달리 2학기는 빨리 지나가는 것 같다. 1년 동안 부쩍 성장한 아이들을 바라보니 건강하게 자라 주는 아이들이 대견스러우면서, 이 소중한 아이들이 보다 행복하고 올곧게 자랄 수 있도록 하는 일이라면 가정과 학교, 사회가 모두 합심하여 최선을 다해야 한다는 생각이 들었다.

고입을 맞는 지금 어쩌면 인생에서 최초의 어려운 선택을 하고 있는지도 모르겠다. 물론 이 과정을 겪으면서 더욱 성숙해지리라 믿지만, 자칫 잘못하면 커다란 상처를 받고 예기치 않은 좌절감 속에서 헤맬 수도 있으니까.

담임이나 부모님, 교과 담당 교사인 나나 모두 한마음으로 고대하는 것은 아이가 스스로 즐거운 마음으로 자신의 인생을 가는 것이다.

너무나 당연한 얘기지만 진로 선택에서 제일 먼저 강조하고 우선적으로 고려해야 하는 것은 아이의 개성과 장래 희망, 인생 설계이다. '이 엄청난 경쟁 시대에 대학에 가지 못한다면, 그 첫 관문인 고등학교도 제대로 못 간다면 어떻게 되는 것인가'라고 생각할지 모르겠다. 그러나 실제로 원하는 학교에 진학하는 아이들은 절반에 불과하다. 또 그 아이들 중에서 대학에 들어가는 아이들은 다시 절반이 되지 못한다.

신중하게 진로를 선택하고 곧 닥쳐올 미래의 결과에 대해서 준비하는 마음도 중요하리라.

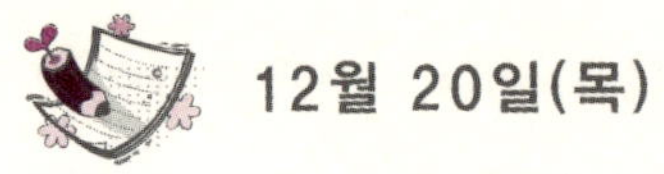

기형도의 「엄마 걱정」 시비 앞에서

다시 매서운 추위가 찾아왔다. 온 천지에 내린 눈이 빈 나무들을 목숨처럼 감싸 안았다. 현장 학습을 떠난 3학년 아이들이 걱정되었다. 추위에 고생은 안 하는지. 아이들이 없어 교무실과 학교는 텅 빈 것 같았다.

오후 시간을 내서 광명실내체육관으로 차를 몰았다. 기형도 시인의 「엄마 걱정」 시비를 보기 위해서였다. 시인의 유년기가 그대로 묻어나는 시를 볼 때마다 쓸쓸하고 우울한 느낌이 들었다. 오늘도 예외는 아니었다. 시비 앞에서 "열무 삼십 단을 이고 / 시장에 간 우리 엄마" 시를 읽었다. 가슴이 저며 오며 돌아가신 친정 엄마가 생각났다.

우리 친정 엄마도 칠십 평생 장사를 하며 육남매를 키우셨다. 엄마는 충주 장에 다녀오셔도 늘 점심을 굶고 오셨다. 한 푼이라도 아끼기 위해 집에 오셔서 칼국수를 끓여 드셨다. 내가 중학생 무렵이었다. 엄마를 따라 충주 장에 갔는데 엄마는 모처럼 칼국수를 시켜 맛있게 드셨다. 아마 내가 없었으면 그때도 굶고 오셨을 것이다.

여간해서 밖에서 사 드신 적이 없고 당신이 좋아하시는 탕수육 한 접시 시켜 잡수신 적이 없었다. 그렇게 아껴서 우리 육남매를 남부럽지 않게 키우셨다.

한산한 체육관 앞. 추운 날씨 때문인지 사람이 없었다. 바쁜 일상으로 잠시 잊은 엄마 얼굴을 떠올렸다. '엄마' 하고 불러 보았다. 엄마의 음성이 귓가에 맴돌았다. '엄마' 하고 다시 불러 보았다. 잔주름 일렁이는 엄마의 얼굴이 아른거렸다. '엄마, 엄마' 부를수록 목이 메고 눈가는 이미 강을 이루었다.

엄마는 75세의 일기로 생을 마감했다. 준비 안 된 길을 서둘러 가셨다. 짧은 이별이 더 안타까웠다. 일제강점기에 태어난 그녀는 충주 동막에서 유년기를 보냈다. 체격은 작았지만 행동은 야무졌다. 13세에 인천 방직 공장에서 생활했다. 16세에 결혼을 하고 한국전쟁을 겪었다. 전쟁 후 홍역으로 두 아들을 잃었다. 전쟁에 끌려간 남편은 병을 안고 돌아와 이듬해 운명했다. 뱃속에 아들을 갖고 남편을 땅에 묻어야만 했다. 그녀는 슬퍼할 겨를도 없었다. 그녀 곁에는 올망졸망 매달려 있는 5녀의 자식이 있기 때문이었다.

엄마는 엄정에서 삶의 터전을 마련하고, 장사로 육남매의 생계를 꾸렸다. 여자 혼자 사는 것이 쉽지 않았지만 꿋꿋이 견디고 자식 키우는 데 열과 성을 다했다. 장사로 돈을 벌어 논밭을 사고 선산도 마련했다. 꿈에 남편이 보이는 날은 많은 돈을 벌었다고 한다. 한때 도둑이 들어 집안의 돈을 모두 잃었지만 좌절하지 않고 일어섰다. 1976년 집을 헐고 새로 지었는데 그녀의 몸에 밴 절약 정신이 기둥이 되었다.

자식 교육에 열정을 불태우셨고, 모두 출가시키고도 뒷바라지는 아끼지 않았다. 직장 생활을 하는 아들딸들을 위해 김치를 담가 주셨고, 깻잎을 손수 따서 밑반찬을 만들어 주셨다. 특히 씀바귀 무침은 엄마의 특기였다. 그녀는 칠십 평생 자식을 위해 헌신하셨다.

엄마와의 인연이 영원히 끝나던 날. 아, 가을인가 했더니 아침 기온이 어는점 아래로 내려가 추웠고, 서릿바람이 불었다. 엄마에게 한 떨기 국화를 바치며 극락에서의 남은 생을 기대했다. 8년 전의 일이지만 아직도 생생했다.

08

자연과
함께하는
시 공부

한 달에 한 번 교사 뒤편에 돗자리를 깔고 앉는다.
자연과 호흡하며 시를 쓰면 아이들은 작은 시인이 된다.

시는 사람의 목소리와 만날 때 제맛이 난다.
아이들은 시를 쓰고 난 후 내 곁에서 낭송을 한다.

여기저기에서 즐거운 비명 소리가 들렸다.

"미경 샘, 오늘처럼 자주 나와서 시 쓰며 놀아요." "선생님, 소풍 온 것 같아요."

시끄러운 돗자리 위는

어지러운 팔레트 같아

가만히 고개 들어

초록빛, 연둣빛

생기 넘치는

나무를 본다.

· (3-2 우지연의 시 「생기」 중에서)

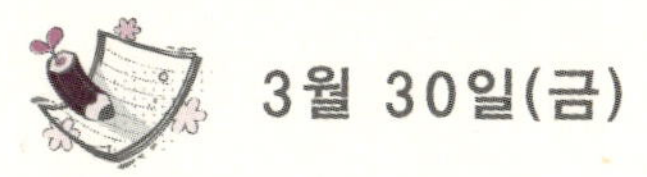

3월 시 달력 만들기

찬 기운이 코끝을 스치고 꽃샘추위가 기승을 부려도 봄은 아이들의 웃음만큼이나 화사하게 우리 곁으로 다가와 눈부셨다. 오늘은 3월의 끝날이다. 매월 마지막 날에 실시하려는 시 달력 만들기를 하는 첫 번째 날이다.

시 달력 만들기는 각 달과 관련 있는 사람이나 사물을 찾고 이로부터 연상되는 내용을 담아 시로 표현해 보는 것이다. 자연과 호흡하며 다달이 시를 쓰면 정서를 순화할 수 있다. 그런 취지로 시 달력 만들기 첫 번째 시간을 맞았다.

3월의 시 글감으로 '새 학년 새 출발', '봄비', '만남', '꽃샘추위', '새 교실', '새 친구', '생기', '다시 시작이다' 등을 제시하였다. 아이들은 시를 쓰고 분홍, 노랑, 연두 등 봄의 색으로 밑그림을 그리며 시에 생명을 불어넣었다. 교실 가득 시 잔치가 열렸다.

시를 모르는 아이들이 시를 썼다.

아이들의 이성을 조정하던

기성 시인 몇몇이

숨 쉬는 교과서 나라의 시는

아이들의 의식에 없다.

가슴 한 조각 뜯어내어

사랑이라고 쓰고,

눈물 한 방울 떨어뜨려

인생이라고 말해 보고

써지지 않으면 쉼표를 찍고,

넘어지면 마침표를 찍었다.

고개 들어

푸른 하늘 바라보는

아이를 만나

그들의 알몸을 주무르고

순수에 흐드러지게 웃고 싶다.

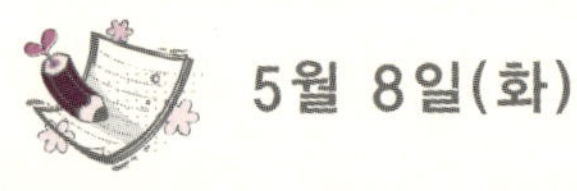 **5월 8일(화)**

4월 시 달력 만들기

교실 밖으로 나왔다. 벚꽃이 피었다 진 자리에 라일락 꽃이 피어났다. 햇볕도 벅차게 좋은 날이다. 라일락 꽃 향기가 교정에 가득하다. 4월 마지막 날의 중간고사 때문에 미뤄 둔 4월 시 달력 만들기를 싱그러운 5월의 아침에 하게 되었다. 별님은 돗자리를 준비하고 모둠원들은 간식을 마련해서 교정 꽃밭에 앉았다.

아이들 얼굴이 오늘따라 푸르고 싱싱한 나뭇잎처럼 생기가 가득했다. 4월 시 달력 글감으로 '벚꽃', '4월', '중간고사', '4월의 꽃나무 아래에서', '점심시간', '공원', '용돈' 등을 제시했다. 시를 쓸 때 은유법, 직유법, 의인법을 사용하도록 했다. 아이들은 맛있는 간식을 먹으며 시 한 줄 쓰고 마냥 즐거워했다. 시를 다 쓰고 밑그림을 그렸다. 아이들은 한 명씩 내 곁으로 다가와 낭송을 했다. 시는 사람의 목소리와 만날 때 제맛이 난다. 우리는 시를 통해 삶의 기쁨과 슬픔을 느끼며 진실을 만났다.

여기저기에서 즐거운 비명 소리가 들렸다.

"미경 샘, 오늘처럼 자주 나와서 시 쓰며 놀아요."

"선생님, 소풍 온 것 같아요."

중간고사

3-1 현지은

벚꽃 피는 달콤한 봄날

우리는 쓴 약 같은 중간고사를 본다.

중간고사 보는 시간에는

시계 소리가 거인의 발걸음처럼

크게 들린다.

수학 시간에는
시계바늘 형이
동생을 빨리 따라잡는다.

벚꽃 아래에서
3-1 김다은

오랜만에 핀 벚꽃들이
고개를 내밀며
반겨 주네

솜같이 터져 나오는 벚꽃들이
내 머리 위로 살며시
내려오네

마치 한겨울에 내리는 솜사탕같이
하늘하늘 흩날리며
흩어지네

5월의 시인이 된 아이들

눈부신 5월의 끝자락에서 가는 봄을 아쉬워하며 야외 수업을 했다. 시 달력 만들기 세 번째 시간이었다. 교사 뒤편에 돗자리를 펴고 옹기종기 모여 앉았다. 예전처럼 각 모둠의 별은 돗자리를 준비하고 아이들은 간식을 마련했다.

5월의 시 글감은 '5월에 띄우는 편지', '어버이날', '스승의 날', '우리 엄마', '우리 아버지', '우리 선생님', '약속', '하늘'이다.

초여름 같은 날씨. 작은 나무 숲 그늘 아래에 시원한 바람이 살랑살랑 불었다. 지친 6교시의 피로가 날아가 버렸다. 시를 쓴 아이들이 내 곁으로 왔다. 낭송을 하였다. 제법 멋스럽게 낭송하는 아이도 있었다. 자연 속에서 숨 쉬는 시 수업. 아이들은 간식 먹느라 정작 시 쓰는 시간은 15분 정도. 그 짧은 시간에도 좋은 작품이 많이 나왔다.

약속
3-1 안영은

엄마 아빠 사랑해요

어린이날 부모님과의

손 꼭 걸은 약속

애들아, 고맙고 사랑해
어버이날 아이들과의
진심 어린 약속

선생님 감사합니다
스승의 날 스승과의
높은 은혜의 약속

온종일 감사함과 사랑하는
마음으로 꼭꼭
약속의 목소리가 울려 퍼집니다
고마워, 사랑해
진심의 속삭임이
5월 하늘을 간지럽힙니다

누구나 시인이 되었다

시는 문학적으로 잘 정제된 양식이기도 하지만 동시에 삶을 진솔하게 드러내는 것만으로 시의 형식을 띨 수 있다. 아이들은 교실의 사각 모서리에 갇혀 바쁜 일상을 지내느라 삶의 진실을 드러낼 기회가 없었다. 한 달에 한 번 교실 밖으로 걸어 나와 자연과 호흡하였다.

다달이 만든 시는 아이들의 삶을 진솔하게 드러내는 기회가 되었고, 마음속에 숨겨진 아름다움을 이끌어 낼 수 있었다. 나는 아이들이 시 쓰는 계기를 만들어 그들의 삶을 볼 수 있었고 그것은 독특한 경험이었다. 아이들은 누구나 시인이 되었다.

7월 글감으로 '여름', '비', '우산', '방학이 주는 선물', '수박', '거울', '장마', '여행' 등을 제시했다. 오늘도 지난달과 같이 별님이 돗자리를, 달님들이 간식을 준비했다. 어떤 모둠은 엄마의 정성이 든 토스트가 있었고, 어떤 모둠은 김이 모락모락 나는 떡볶이가 있었다. 아마 떡볶이는 교문 앞 '개봉 분식'에 바람같이 가서 사 온 것 같았다. 간식 먹는 아이들의 얼굴에 행복이 가득했다. 하하, 호호 웃다가 "수행평가야." 하니까 펜을 바쁘게 움직였다. 하나둘씩 내게 와서 고운 목소리로 낭송을 하였다. 아름다운 시어들이 내 귓가에 맴돌았다.

수박

3-1 송축희

총알 발사

투두두두두두두

빨간 속살 안에 박혀 있는

까~ 만 검은 총알

총알 생성을 위해 그 빨간 속살

한 입 베어 문다.

장마

3-3 이승수

쌓였던 것이

한 번에 쏟아지는 날

눈 터진 듯

쌓인

눈물

오늘이야

펑펑

울어 본다.

거울

3-1 안영은

기쁠 때는 몰래

함께 웃어 주고

슬플 때는 몰래

토닥토닥 다독여 주고

화날 때는

몰래 씩씩 콧바람 불어 주다가

눈이 탁 마주치면

배시시 웃어 버리는

가장 가까운 내 친구

비유

어렸을 적 다섯 살배기 아들 윤이가 풀어내는 비유를 듣고 은근히 기쁨이 컸다. 모두 다 기억을 못하지만 엄마의 눈을 포도 같다든지, 아카시아 나무의 뿌리를 손가락 같다든지. 길을 가다가 땅에 그려진 낙서를 보고도 기차 같다고 말한다든지, 장난감을 늘어놓고 차끼리 겹치면 샌드위치 같다고 말한다든지…… 유추가 너무 많아 기억을 다 못할 뿐이다.

살기가 녹록지 않은 시절에 비유를 할 수 있음은 아주 큰 여유가 될 것이다. 갈수록 각박해지는 세월을 어떻게 하면 더 느리게 살 수 있을까? 가끔 아들을 길들이려는 큰 소리가 아들의 여유를 채찍질하는 상처로 남을까 봐 두렵기도 했다.

그래도 아들은 연신 지껄이며 시끄러웠다. 마치 덜 익은 수박을 손바닥으로 두드리며 익히려는 원두막 서리꾼의 아이처럼.

아들의 비유가 계속 발전하길 바랐던 마음으로 우리 아이들도 비유를 사용하는 여유가 있었으면 했다. 그리하여 세상에 압사하지 말고 이들이 세상을 끌어안을 수 있는 가슴을 키우기를 바랐다. 그런 세상이 무엇인가를 이해하는 나이가 되면 명쾌한 인생의 깊은 비유도 가슴으로 받아들이길 바랐다.

3-1 송혜린

이런 이별이 있을 줄은 몰랐다.

타오르는 가을에 붉어지는 상처

열에 뜬 쓰라림이 깊어

마침내 눈물 되어 떨어지는

그리움

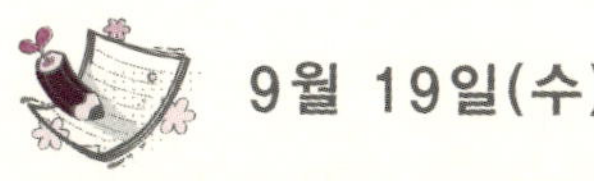 **9월 19일(수)**

시 낭송하기로 국어 시간을 열다

수업을 마치고 교무실로 돌아오는 발걸음이 요즘처럼 가벼울 때가 없었다. 매 시간마다 시를 감상하다 보니 마음이 파랗게 젖어 들었기 때문이다. 청명한 가을 하늘처럼.

나의 수업은 아이들이 열었다. 3학년 아이들은 시 낭송으로, 1학년 아이들은 시인이 되어 자기소개하기를 하였다. 3학년 아이들은 시 달력 만들 때 내게 와서 속삭이며 낭송하는 그 이상으로 반 친구들 앞에서 당당하게 낭송하였다. 일정한 틀보다 자기 나름대로의 맛을 살려 자유롭게 낭송하였다.

수업종이 울리자 교과실 뒷문으로 살금살금 들어갔다. 오늘의 수업 주인공인 지민이가 바쁘게 움직이고 있었다. 컴퓨터를 열고 준비한 배경 음악과 시를 화면에 띄웠다.

시를 낭송하려면 다음과 같은 내용을 준비해야 한다.

첫째, 시를 고른다. 시는 교과서에 있는 것을 제외하고 또래 아이들이 쓴 것이든, 기성 시인이 쓴 것이든, 내용과 상관없이 본인이 좋아하는 시면 어떤 것이든지 상관이 없다. 이렇게 고른 시를 외워야 한다. 그리고 낭송 후 친구들이 느낀 점을 이야기하며 감정을 드러내도록 한다.

둘째, 반 친구들과 함께 감상할 수 있도록 낭송할 시를 PPT로 만든다.

셋째, 낭송할 때 배경 음악이 필요하다. 그래서 시 분위기에 알맞은 음악을 골라야 한다. 클래식도 좋고 영화 음악도 좋으며 전통 음악도 좋은데 가요는 삼가야 한다. 간혹 유행하는 노래를 가져오는 아이들이 있어 지도를 할 필요가 있다. 노래가 시를 잊게 하기 때문이다.

넷째, 시 낭송을 하는 사이 아이들은 평가를 해야 한다. 재적 인원에 맞게 미리 평가표를 만들어 놓는다. 시의 제목, 지은이, 시 내용, 평가 순으로 하되 한 학생당 석 줄 내지 넉 줄의 선을 그어 넉넉한 자리를 마련해 놓는다. 평가는 아이들 스스로 한다. 잘했으면 10점, 보통이면 8점, 부족하면 6점으로 매긴다. 이것을 종합하여 교사는 수행평가의 말하기 영역에 반영할 수 있다.

준비를 마친 지민이가 교탁 앞에 섰다. 이어 잔잔한 음악이 흘렀다. 영화 「타이타닉」의 배경 음악이었다. 낯익은 음악에 아이들과 나는 감상에 젖어 들었다. 이어 지민이가 심호흡을 크게 하고 시를 낭송하기 시작하였다.

삶

안도현

게는 이 세상이 질척질척해서
진흙 벌에 산다.
진흙 벌이 늘 부드러워서
게는 등껍질이 딱딱하다.
그게 붉은 투구처럼 보이는 것은
이 세상이 바로 싸움터이기 때문이다.
뒤로 물러설 줄도 모르고
게가 납작하게 엎드린 것은
살아남고 싶다는 뜻이다.

그게 붙잡히면?
까짓것, 집게발 하나쯤 몸에서 떼어 주고 가는 것이다.

"이 시는 '그리운 여우'라는 시집에 담겨 있는 시입니다. 시인 안도현은 많은 시를 썼을 뿐만 아니라 우리 반 학급 문고에 있는 『연어』

라는 동화를 쓴 시인입니다. 이 시를 외우고 느낀 점은 기쁘고 슬프고 정말 싸움터 같은 세상이지만 그 세상에서 입은 상처가 아물면서 그 아무는 과정을 통해 자신의 삶을 소중히 생각할 수 있다는 것을 느꼈습니다."

시 낭송을 마친 후 아이들은 공책을 열었다. 그리고 미리 만들어 놓은 평가표에 보고 느낀 점을 적었다.

잠시 후 아이들의 손을 모아 종합 평가를 하였다. 지민이가 시 낭송을 잘했다고 생각하는 아이 12명이 손을 들었고, 보통이 23명, 부족하다는 아이가 2명 있었다. 나는 아이들의 평가를 존중하여 보통인 8점을 주었다. 그리고 작가와 시에 대해 간단히 보충 설명을 하고 본 수업으로 들어갔다.

시 낭송의 좋은 점은 많았다. 우선은 수업 분위기에 도움을 주었다. 배경 음악은 마력을 발휘하고 아이들은 시를 읽고 들으며 의미를 얻기 위해 애를 썼다. 보통 3분 말하기를 할 때는 말하는 이의 동작과 특이한 언행에 웃음바다가 된다든지 야유를 보내는 성토의 장이 되기도 했지만, 시가 주는 억압 때문인지 언행이 바르기만 했다. 그리고 시를 쉽게 대하는 효과도 덤으로 얻었다. 자신들을 주눅 들게 하는 교과서의 시만을 대하던 아이들은, 더 쉽고 더 그들다운 시가 있는 것에 놀라며 수업 시간보다 더 적극적이었다. 발표자의 설명이 끝나면 모르는 부분을 질문하면서 시에 대해, 주변의 사물에 대해, 다른 사람의 삶에 대해 더 많은 생각을 하게 되는 것은 시 낭송하기 최고의 매력이었다.

그러나 아쉬운 점도 있었다. 어른들의 시 비평문을 그대로 베껴 와서 발표를 하는 바람에 무슨 뜻인지 모른다든지, 사랑 타령하는 시를 치우치게 준비하곤 하였다. 낭송할 시는 자기가 좋아하는 시 중에서 고르라고 주문하지만 주로 유명한 시를 골라 왔다. 아마 좋은 시에 대한 기준과 덧붙여야 할 해설에 자신감이 없기 때문인 듯했다. 가끔 또래 아이들이 쓴 시를 소개하여 좋은 시의 기준과 판단을 가르치려 했으나 받아들여지지 않았다. 도리어 아이들의 관심사인 이성 문제를 어른들의 사랑 타령으로 옮겨 가는 부정적인 면도 발견되었다.

첫술에 배부를 수는 없었다. 모자라는 것을 역이용하면 더 순수한 것이 될 것 같은 만용도 있었다.

시인이 되어 자기소개하기

안녕? 사랑하는 1학년 1반 친구들아, 나는 복효근이야. 나는 1962년 전북 남원군 대산면 윤교리 467번지에서 태어났어. 나는 6남매 가운데 막내로 태어났어. 나는 어릴 적부터 그림을 그리고 싶었는데 넉넉하지 못한 형편 때문에 꿈을 접고 시집을 즐겨 읽다가 시에 맛이 들었어. 대학시절 대학 은사님의 도움으로 시를 습작하게 되었지. 나는 1991년 『시와 시학』이라는 문예지에 「새를 기다리며」라는 작품과 몇 편이 당선되어 시단에 발을 들여놓게 됐어.

사람들이 그러는데 나는 삶과 죽음의 인식에 관한 시를 많이 썼대. 그리고 내가 쓴 시의 경향으로 들 수 있는 대표적인 시는 「낙엽」이래.

이 시는 생명을 지닌 존재라면 그 누구도 죽음을 피할 수 없음에도 불구하고 죽음을 두려워하는 속성과, 생에 대한 애착을 버림으로써 기꺼이 죽음을 수용하는 긍정적 태도를 낙엽이 지는 순간에 비유하여 표현한 시야. 대표 시집에 『버마재비의 사랑』, 『새에 대한 반성문』, 『당신이 슬플 때 나는 사랑한다』, 『누우떼가 강을 건너는 법』 등이 있어. 또 내 이름을 처음 들어보는 사람은 없을 것 같아.

이제 내가 쓴 시 중 가장 좋아하는 시 「토란잎에 궁그는 물방울 같이는」이라는 시를 소개할게.

토란잎에 궁그는 물방울 같이는

그걸 내 마음이라 부르면 안 되나.

토란잎이 간지럽다고 흔들어 대면

궁글궁글 투명한 리듬을 빚어내는 물방울의 둥근 표정

토란잎이 잠자면 그 배꼽 위에

하늘 빛깔로 함께 자고선

토란잎이 물방울을 털어 내기도 전에

먼저 알고 흔적 없어지는 그 자취를

그 마음을 사랑이라 부르면 안 되나.

이 시는 상대방을 배려해 줄 줄 아는 사람에 대해 이야기하고 있어. 내가 가장 이상적으로 여기는 사랑이기도 하고 추구했던 것이기도 하지. 나는 너희들이 상대방을 배려할 줄 아는 사랑을 했으면 해. 나는 얼마 전에 15년 동안의 행적을 정리할 기회가 있었어.

오랜 시간이 지난 만큼 당연하지만 뒤로 갈수록 시가 점점 더 그 형태를 갖추고 더 깊어진다는 생각이 들었어. 할 수만 있다면 15년 뒤에도 다시 한 번 지난 세월에 대해 회고할 시간을 가지고 싶어. 나는 항상 시를 쓰는 데는 온갖 정성과 심혈을 기울여 쓰고 있어.

나와 내 시는 꾸준히 사람들로부터 사랑을 받아 왔어. 너희들도 내 시를 많이 사랑해 주고 관심을 가졌으면 좋겠어. 안녕~~

09

교실 밖
문학 여행

연세대학교 윤동주 기념실에서
시인의 숨결을 느끼고 「서시」 시비 앞에
한자리에 모이다.

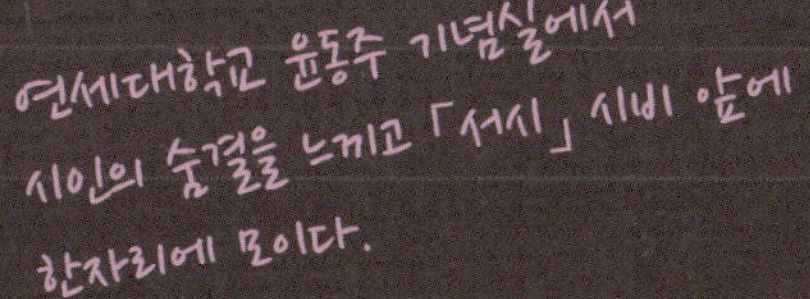

위대한 소설가, 다문화인의 영원한
어머니 펄벅 여사를 부천에서 만나
차별과 편견을 넘다.

향수로 다시 피어난 충북 옥천의
정지용 생가와 문학관을 관람하다.

교과서 속에 있는 작가와 작품을 제대로 이해하기 위해서

현장을 찾아 직접 확인하는 활동은 수업을 100배 즐기는 방법 중 하나였다.

작가의 고향이나 작품의 무대가 되었던 곳을 찾아 다녀오면 아이들은

작가와 작품을 한층 가까이 느끼고 나도 현장감 있는 문학 수업을 할 수 있었다.

그리고 문학이 아름다운 자연과 순박하게 살아가는 사람들의 삶을

진실한 이야기로 담아내는 거울과 같은 것임을 확인하는 계기도 되었다.

P짱은 내 친구

강한 바람이 비를 몰고 오더니 눈발까지 흩날렸다. 독한 꽃샘추위가 사나흘 계속되었다. 날씨의 추이를 정오까지만 지켜보기로 했다. 그 때 결정해도 늦지는 않았다. 오전 내내 밖을 기웃거렸다. 창문을 열고 손까지 내밀어 보았다. 눈이 그쳤나? 바람이 찬가? 아이들이 갈 수 있을까?

오늘은 올해 처음으로 실시하는 동아리 활동 날. 책돌이와 책순이의 독서 동아리 야외 활동이 있는 날이다. 우리 학교 독서 꿈나무 23명을 모집하고 설렘과 기대 속에 펄벽 기념관에 가는 첫 독서 여행이었다. 날씨 때문에 망설이고 있을 때 꽃샘추위를 뚫고 나가자는 아이도 여럿 있었다. 아이들 손에 들린 지점토 준비물도 있어서 결정하기가 힘들었다.

결단을 내린 것은 정오를 조금 넘은 후였다. 고르지 않은 날씨에 아이들이 감기라도 걸릴 것 같았다. 야외 활동을 포기하고 아이들을 도서관으로 모이게 했다. 날씨를 예견하고 미리 준비한 「P짱은 내 친구」라는 영화 한 편을 화면에 띄웠다.

이것은 『돼지가 있는 교실』이라는 책을 영화로 만든 것이다. 지난 겨울 방학 때 도서관 서가에서 우연히 책을 접하고 알게 되었다. 돼지 P짱과 함께한 900일의 생명이 고스란히 담겨 있었다. '고기' 아닌 생명으로서 돼지를 알아 가는 일본 오사카 초등생의 '살아 있는 교육'이었다.

이 영화는 전주국제영화제에서 상영돼 최고 인기상을 탈 만큼 인기를 끌었다. 무모하면서 창의적인 지은이의 교육에 대한 열정과 아이들의 순수한 영혼에 짙은 감동을 받았다. 서가에 가서 뽑은 책을 아이들에게 소개하고 나도 영화 장면 속으로 빠져들었다.

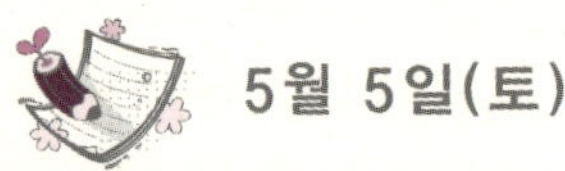 **5월 5일(토)**

강풀「순정만화」연극 관람

강풀의 「순정만화」 연극이 대학로 소극장에서 6년째 관객을 맞이하고 있다는 딸아이의 이야기를 듣고 예매를 했다. 어린이날 우리 학교 독서 꿈나무 열두 명에게 주는 선물이었다. 늦은 1시 개봉역에서 아이들을 만나 점심을 먹고 대학로로 향했다. 혜화역 1번 출구로 나오자 대학로는 많은 사람들로 북적거렸고 생기가 돌았다. 언제 와도 젊음이 느껴지는 곳이었다. 공연 시작보다 일찍 도착해 아이들에게 개인 시간을 주었다.

대학로에는 어린이날을 맞아 여기저기에서 다채로운 행사가 열리고 있었다. 기웃거리다가 몇 년 전 서울역사문화여행 때 보았던 기억

을 더듬으며 함석헌 선생의 시비와 김광균 시인의 시비를 찾았다. 함
석헌 선생의 시를 보고 어떻게 살아야 바른 삶일까? 잠시 고민했다.
김광균 시비 앞에서 시 「설야」를 감상했다. 눈이 내리는 날이었다면
감상하는 맛이 더 있었으리라. 걸음을 재촉해 마로니에 공원 안의 고
산 윤선도 생가터 표지석 앞에서 발걸음을 멈추었다. 고산 윤선도 선
생은 서울 종로구 연지동 이곳 마로니에 공원 안에서 태어났다. 1991
년 문화부에서 11월의 문화 인물로 선생을 선정하여 고산 윤선도 달
행사의 일환으로 비를 세웠다고 한다. 비에 새긴 「오우가」를 감상하
고 서둘러 극장으로 갔다.

극장 안에서 잠시 숨을 고르고 늦은 4시, 배우들을 맞이했다. 그
들의 살아 있는 표정, 몸짓, 말투가 눈앞에서 생생하게 보였다. 두 시
간 동안 우리들은 배우들과 하나가 되어 웃고 또 웃었다. 배우들의
땀방울, 숨소리, 움직임, 작은 떨림이 진한 감동으로 다가왔다.

돌아오는 길, 아이들과 연극 내용과 감상을 주고받았다. 내내 행
복했다. 토요일 바쁜 업무로 지쳐 쉬고 싶었지만 나를 일으켜 세운
것은 저 아이들 때문이리라.

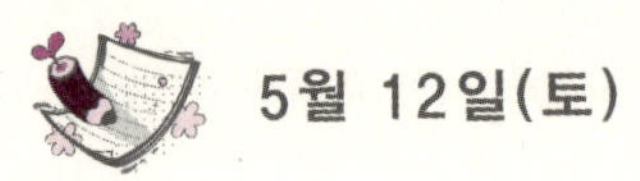

눈부신 봄날의 문학 기행

올해로 5년째 아이들의 손을 잡고 문학 기행을 했다. 교과서 속에 있는 작가와 작품을 제대로 이해하기 위해서 현장을 찾아 직접 확인하는 활동은 수업을 100배 즐기는 방법 중 하나였다.

작가의 고향이나 작품의 무대가 되었던 곳을 찾아 다녀오면 아이들은 작가와 작품을 한층 가까이 느끼고 나도 현장감 있는 문학 수업을 할 수 있었다. 그리고 문학이 아름다운 자연과 순박하게 살아가는 사람들의 삶을 진실한 이야기로 담아내는 거울과 같은 것임을 확인하는 계기도 되었다.

올해 찾아가는 곳은 향수로 다시 피어난 충북 옥천이다. 그곳은 정지용 시인의 고향이다. 1학년 교과서에 「호수」 시가 나오고 3학년 교과서에 「향수」 시가 나와 그곳을 문학 기행의 장소로 선택하기에 더없이 좋았다. 그 주인공인 정지용을 만나러 가는 길. 어느새 여름의 문턱이 가깝고 연둣빛 이파리가 초록으로 짙어 가고 있었다.

차 안에서 영은이가 '미리 만나는 정지용 시인'이라는 주제로 독서 퀴즈를 했다. 맞히는 아이에게 유정이가 막대 사탕 한 개씩 주었다. "저요, 저요." 하며 흥겨운 시간을 보내는 사이 충북 옥천에 도착했다. 시인의 생가에는 사람들이 북적였다. 정지용 문학축제가 열려 다채로운 행사가 방문객의 발길을 붙잡았다. 덕분에 우리들은 생가

뿐만 아니라 문학 강연, 시 낭송, 길거리 연주회 등 다양한 행사를 관람할 수 있었다. 아이들이 축제를 즐기는 사이 나는 대학 때 창문학 동아리 활동을 함께했던 김성장 시인을 찾았다. 옥천중학교에서 국어를 가르치고 있는 시인은 옥천의 역사와 문화뿐만 아니라 정지용의 문학 세계에 대해서도 해박한 지식을 가지고 있었다. 오늘도 관람객을 대상으로 정지용 문학 세계에 대해 강의하고 있었다. 강의를 마친 시인과 반갑게 인사를 나누었다. 우리 아이들에게 정지용 문학관 안내를 부탁하였다. 제대로 만난 해설가였다. 정지용 시인 곁으로 한결 가깝게 다가갈 수 있었다.

관람을 마친 후 장계유원지 '멋진 신세계'로 이동하였다. 그곳에서 대청호의 아름다운 풍광을 마주하며 시화 만들기 대회를 열었다. 해가 뉘엿뉘엿 서산으로 기울고 금강에 산 그림자가 드리울 때 우리도 아쉬운 발걸음을 서울로 옮겼다.

오늘 하루 교실에서 진행했던 문학의 딱딱함에서 벗어나 자연 속에서 감성 교육이 이루어진 충분한 시간이었다. 문학 기행을 통해 아이들이 작가의 생의 발자취를 더듬어 보고 견문을 넓혀서 때론 보이지 않던 길이 새로 열림을 느껴 보면 좋겠다. 그리고 아이들 자신의 삶에 대한 반성과 삶의 방식에 대한 탐구로 좀 더 바람직한 시민으로 성장할 수 있기를 바랐다.

토요일

전면 주 5일제 수업을 실시하고 맞이한 열세 번째 토요일이다. 수업 시수는 줄지 않아 5일 동안 예년 수업 시간을 보내느라 힘들었으나 삶은 풍요로웠다. 토요일이면 나는 주로 아이들을 데리고 문화 체험을 하거나 문화 체험할 곳을 답사했다.

오늘은 고척중학교에 근무하는 이영진 선생님과 그의 독서 동아리 '어깨동무' 회원들을 따라 인천 차이나타운 거리에 다녀왔다.

오정희의 성장소설 「중국인 거리」를 읽고 작품의 배경이 된 곳을 찾아간 것이다. 1950년대의 배경이 된 소설 속 그곳. 자취는 사라졌으나 그 흔적은 어렴풋이 남아 있었다. 제분공장, 적산가옥, 오리나무 등. 소설 속의 비슷한 곳을 굳이 찾으려 애썼다. 거리를 걷는 동안, 주인공 '나'와 '치옥'이 등 등장인물의 행동이 눈앞에 그려지는 느낌이었다.

이영진 선생님을 따라다니며 눈여겨보았다. 다음 동아리 활동을 위한 나의 사전 답사인 셈이었다. '자장면 박물관, 인천개항박물관, 일본 영사관 자리인 중구청, 청일 조계지 경계구간, 자유공원' 등 둘러볼 거리를 메모하기도 하고 약도도 그려 보기도 했다. 그리고 그 선생님 따라 소설 '중국인 거리' 독서 퀴즈 행사도 열 계획을 했다.

다음 책돌이와 책순이 독서 여행이 풍성하도록 만반의 준비를 마치고 돌아왔다. 이웃 학교 교사와 배움을 나눈 보람찬 하루였다.

'어둠 속의 대화' 체험 활동 -보이는 것 이상을 보다

어느 날 세상의 모든 빛이 사라지고 눈으로 아무것도 볼 수 없는 세상을 만나게 된다면 어떻게 될까? 그러나 아무 소리도 들리지 않을 것 같은 깊은 바닷속에도 수많은 소리들이 존재하듯이 아무것도 보이지 않는 어둠 속이지만 우리가 생각하는 모든 것들이 존재했다. 보이지 않아서 더 볼 수 있는 세상이 있다는 놀라운 경험을 오늘 공부방 아이들과 함께했다. 김정은 선생님 외 12명의 아이들과 색다른 경험과 소중한 체험을 했다.

이틀 동안의 장맛비가 끝나자마자 폭염 더위가 찾아왔다. 신촌역으로 가는 도로 위로 작열하는 태양볕이 내리꽂히고 있었다. 신촌역 3번 출구로 나오자 토요일의 신촌 거리는 사람 물결로 넘쳐났다. 뜨거운 열기에 후끈 달아올랐다.

전시장 입구의 검은색으로 쓰인 「어둠 속의 대화」 표지판이 우리들을 맞이했다. 공연 15분 전이었다. 한 줄기의 빛이 없는 곳에서 1시간 30분 동안 진행된다고 하여 불안과 두려움이 앞섰다. 한 번도 겪어 보지 못한 상황이었기 때문이었다. 아이들과 이야기를 나누며 애써 그 마음을 감췄다.

모든 사물이 빛에 반사될까 봐 소지품을 사물함에 넣고 전시장으로 들어갔다. 아무것도 보이지 않는 어둠 속으로 지팡이를 잡고 들어갔다. 어둠 속 여행을 안내할 로드 마스터가 우리를 맞이해 주었다. 눈을 떠도 보이지 않기 때문에 90분 동안 눈을 감는 것이 편안하다고 하며 부드러운 말투로 긴장감을 풀어 주었다.

여덟 명의 인원이 한 팀으로 구성된 우리는 다시 세 명, 두 명의 작은 모둠으로 나누었다. 모둠 이름을 정하라고 해서 재호, 명근, 동현이는 세 얼간이, 은영, 다영은 쥬쥬, 정은, 예림이 그리고 나는 세 명의 이름을 따서 정미림별이라 이름을 붙였다.

나뭇잎을 만져 보는 것을 시작으로 어둠 여행을 했다. 도심 속의 자동차 소리, 자연의 새소리와 물소리를 들었으며, 시장에서는 어떤 물건을 파는지 후각과 촉각으로 만져 보았다. 달콤한 커피 향이 있는 카페에서 시원한 음료를 마시기도 하였다. 배 안에서는 섬 여행을 꿈꾸기도 하였다.

비록 보이지 않아도 시원한 바람을 느낄 수 있었고, 숲의 향기를 맡을 수 있었다. 울퉁불퉁한 땅을 디딜 때는 지팡이로 땅을 두드리고 벽을 짚으며 조심조심 갔다. 암흑 속에서 팀의 몸이나 손이 잡히면 안심이 되었다. 유난히 예림이와 정은이 손의 온기가 따뜻하게 전해 왔다. 아이들과 한층 더 가까운 사이가 된 듯싶었다.

어둠 속에서 다양한 것들을 느꼈다. 만져 보고 느끼는 것이 많았는데, 시각적으로 보았을 때의 느낌과 달랐다. 하지만 금세 익숙해지고 편안해졌다. 어둠 속에서 시각을 제외한 평소 나의 깨어 있는 감각을 느낄 수 있었다. 빛이 없어도 보이는 것은 분명 있었다. 안다는 것이 다가 아니었다. 그것은 느낌이었다. 시각을 제외한 다른 모든 감각으로 세상의 모든 것을 느낄 수 있었다. 체험이 진행되는 동안 나는 스스로를 완전히 내려놓았다.

미각, 청각, 후각, 촉각의 다양한 체험을 하는 동안 다른 이의 관점에서 세상을 바라보는 새로움도 느꼈다. 그리고 그 새로움 속에서 자연스럽게 다름을 인정하게 되었다.

어둠 속에서 만난 길, 벽 외 모든 사물들, 로드 마스터, 카페 주인 등 모두 보이지 않았다. 누군가를 만나거나 볼 때 가장 먼저 판단하게 되는 외적인 요인이 이곳에서는 아무런 의미를 갖지 못했다. 시각 장애인의 입장에서 세상을 느껴 보자는 단순한 메시지를 훨씬 넘은 지금까지 한 번도 경험하지 못한 색다른 체험, 특별한 경험이었다. 어느새 한 시간 반이 금세 지나갔다.

모든 체험 활동을 끝내고 나오자 한 줄기 빛이 눈부셨다. 빛의 소중함, 내 시각의 소중함을 깨달았다. 어둠 여행을 인도해 준 로드 마스터가 고마웠다. 인생에서 나의 로드 마스터는 누구일까? 주변 사람들 모두라는 생각이 들었다. 어둠 속에서의 또 다른 발견, 인생에서 한번 느껴 볼 가치가 있는 공연이었다.

대기실 한쪽 벽에는 그동안 어둠 속의 대화가 진행된 수많은 나라, 도시들의 리스트가 정돈되어 걸려 있었다. 1988년 독일에서 첫선을 보인 이래 20년간 유럽, 아시아, 미국을 비롯하여 160여 지역에서 600만 명 이상이 체험을 했다고 한다. 세계적인 체험 공연이라는 생각이 들었다. 아직 우리나라는 이곳 신촌 한 곳에서만 진행되고 있지만 가까운 일본만 하더라도 세 개의 도시에서 진행되었다고 한다. 우리나라에서도 하루 빨리 전국 곳곳에 살고 있는 이들이 쉽게 체험할 수 있도록 규모가 확장되었으면 하는 바람이 생겼다.

　공부방 아이들과 색다른 경험을 하도록 해 준 김정은 선생님에게 고마운 마음을 전했다.

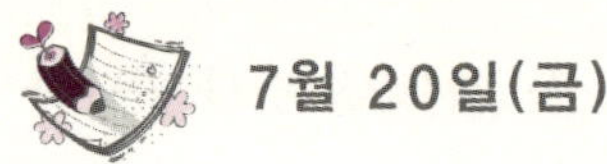

7월 20일(금)

도서관 별빛 독서 여행

여름 방학 시작을 우리 학교 독서 꿈나무들과 함께하게 되었다. '어떻게 책을 읽으며 밤을 새워요. 컴퓨터와 함께라면 몰라도요.' 귓가에 울려 대는 아이들의 함성(?)을 물리치며 밤샘 독서 캠프를 위한 준비를 차근차근 해 나갔다.

　제목을 '도서관 별빛 독서 여행'으로 하고 주제는 '이 세상에서 가장 따뜻한 포옹, 책과의 만남입니다'로 정했다. 그리고 계획을 세웠다. 아이들이 즐거워하며 유익한 시간을 보낼 수 있도록 정성껏 프로그램을 짰다. 그동안 내가 해 온 경험과 고척중 이영진 선생님의 아이디어, 3년 전 김혜숙 선생님이 실시했던 프로그램을 바탕으로 계획서를 완성했다. 감명 깊게 본 영화 중에서 「회초리」를 선정하고 그것을 구입했다. 산 좋고 물 맑은 강원도 철원의 예절학당에서 펼쳐지는 슬프고 재미있는 이야기로 아이들의 마음을 울릴 것 같아서 내가 직접 골랐다.

밤새워 책을 읽으려면 의지가 있어야 하고 무엇보다 책을 좋아하는 아이들이어야 했다. 담임 선생님과 국어 선생님의 도움으로 32명을 선정했다. 가정통신문을 보내 부모님의 협조와 허락을 받았다. 학교 게시판 여기저기에 홍보 포스터를 붙이고 한여름 밤의 독서 여행을 꿈꾸었다.

방학식을 마친 시각은 늦은 2시 30분. 아이들은 집에 가서 자유복으로 갈아입은 후 준비물을 가지고 다시 등교하였다. 교장 선생님께서 주신 음료수를 마셨다. 목줄기를 시원하게 적시고 캠프의 뜨거운 막을 올렸다.

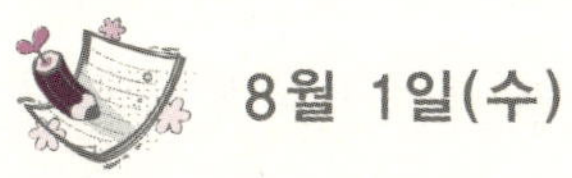 **8월 1일(수)**

융건릉에서 느낀 효심

신정일이 쓴 『다시 쓰는 택리지』를 읽다가 문득 정조 임금이 보고 싶어졌다. 조선 왕조에서 가장 효심이 지극하고 개혁을 꿈꾸던 왕, 정조. 그를 만날 수 있는 곳은 수원 화성 행궁과 융건릉이다. 그중 융건릉을 선택했다. 그곳은 집에서 한 시간 남짓한 거리여서 찾아가는 마음이 가벼웠다. 그리고 김홍도의 감독하에 조성된 후불탱화와 국보

120호 범종이 있는 용주사도 둘러볼 겸 서둘러 책장을 덮었다.

집의 두 애들은 찜통 같은 더위를 견딜 수 없다고 우리 내외의 등을 기꺼이 떠밀었다. 화성군 화산 자락, 슬픔의 역사 현장인 융건릉에 도착한 시각은 정오쯤이었다. 울창한 숲이 우리를 반겼다. 특히 소나무 숲은 일품이었다. 그 옆으로 작열하는 8월의 태양 열기를 피신해 온 듯한 아기와 그 엄마가 한가로워 보였다.

28세의 꽃 같은 나이에 당쟁의 희생물이 되어 생을 마감한 사도세자와 혜경궁 홍씨. 그들이 잠든 융릉을 관람하고, 산책길을 따라 정조와 그 비가 있는 건릉까지 40분 동안 걸었다. 그 옛날 아버지를 그리워하며 거닐었을 아들을 생각하며 한 걸음 한 걸음 발걸음을 옮겼다. 정조는 한 해에 몇 차례씩 아버지의 능에 오르는데 때때로 눈물짓고 통곡했다고 한다. 죽어서는 끝내 아버지 곁에 묻혔으니 갸륵한 효심에 애잔한 마음이 들었다.

산은 높지도 않고 울창해 산책하기 안성맞춤이었다. 폭염 속을 걷는 동안 등줄기의 땀이 비 오듯 했다. 용주사로 이동해 정조가 단원 김홍도에게 명하여 그린 「부모은중경판」을 보고 있노라니 부모의 그 뼈아픈 은혜를 만분지 일이나 갚았는지 부끄러움이 들었다. 진한 숲 향기 속에 과거와 현재를 오가며 걸은 하루는 뜻깊었다.

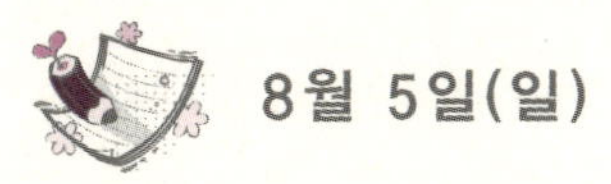

방학과 여름 여행

방학은 다음 학기를 위한 재충전의 기회를 뛰어넘어 교사의 질을 높이는 계기를 마련해 주었다.

지난 학기 아이들과 함께한 교과 활동을 되돌아보며 반성하고 정리하는 시간, 전문성을 높여 보다 나은 교사가 되고자 참여하는 연수, 2학기 수업 계획 세우기, 책과 신문을 보는 여유, 여행, 때론 일상에 젖어 보는 생활 등은 모두 방학이 주는 소중한 선물이었다.

여느 방학은 '벌써 방학이 끝났어'로 마감을 하곤 했다. 방학 때 해야 할 일을 안 했다는 뜻이 아니라 더 하지 못한 아쉬움의 표현이었다. 이번 방학도 여느 때와 달리 나를 되돌아보는 시간들을 가졌으며 의미를 남긴 방학이었다.

20년 넘게 조심스럽게 이용해 보았던 몇 가지 수업 사례를 정리하고 그 사례들을 모았다. "학생 스스로 이론이나 원리를 찾고, 주어진 내용을 분석하고 이해하여 학생 스스로 사고하는 학습을 유도한다."라는 수업 방향을 잡고 다양한 수업 방법을 실시했다.

참여식 수업 방법과 모둠 토의 수업 방법으로 많은 아이들이 자발적으로 수업에 참여하도록 하는 데 힘을 모았고, 모둠 활동과 역할 나누기를 통해 집단 사고의 필요성과 협동의 중요성을 알게 하였다. 또한 공책 정리는 귀찮지만 국어 공부 일기만큼이나 의미가 있는 일이기에 소홀히 할 수 없었다. 이러한 수업 방식으로 실시한 수업 활동으로 2분 말하기, 국어 수업 일기 쓰고 발표하기, 시 낭송하기, 글의 중심 내용 말하기, 시 발표 수업, 토론 수업, 심포지엄식 수업, 인물 청문회식 수업, 모의재판식 수업, 바탕글 이해를 위한 모둠 학습, 개인별 글쓰기 후 모둠별 평가하기, 모둠별 이야기 이어 쓰기, 그림으로 이야기 만들기 등 각 영역에 적절한 수업 모형을 만들어 수업 활동이 다양하고 흥미 있게 이루어지도록 하였다.

원고를 정리하는 동안 이러한 것이 아이들에게 얼마나 옮겨졌는지 생각해 보니 지나친 욕심인 것 같기도 했다. 그러나 국어 수업을 통해 아이들에게 가르치고자 했던 두 번째 목표인 '옳고 그름을 판단할 수 있는 능력 기르기'는 어느 정도 적중했다고 믿고 싶다. 국어과 목표가 언어생활의 기능적 측면에 치우쳐 있고, 정의적인 측면에 소홀했다면 위의 수업 방식은 그것을 극복하는 대안이 될 수 있기 때문이다.

며칠 동안 정리하면서 또다시 다음 수업 아이디어가 은근히 떠올라 끝남은 곧 시작이라는 것을 새삼 확인했다. 아이들 눈망울 하나하나는 나를 일으켜 세우는 또 다른 힘이 되고, 때때로 나를 치는 회초리가 되리라.

방학이 주는 선물 중 가장 좋아하는 여름 여행을 계획했다. 나의 여행은 여느 때처럼 역사문학 기행이었다.

비 오거나 바람 불거나

2012년 8월 9일 목요일

새벽 5시 30분, 어둠 속에서 사물들이 서서히 깨어나고 있었다. 이글이글 불타던 아스팔트 열기도 수그러진 상태다. 연일 35도를 치솟는 폭염이 계속되고, 어젯밤에도 낮같은 기온에 선풍기는 더운 바람을 토해냈다. 유별스러운 여름 더위에 친정 식구들과의 여행은 「목마와 숙녀」의 시인 박인환을 만나는 것부터 시작되었다. 해를 안고 동으로 달리는 차 안에서 '손석희의 시선 집중'을 듣는 맛도 색달랐다. 이른 7시 50분. 강원도 인제에서 길을 묻기 시작했다.

그곳은 1950년대의 모더니즘 시인 박인환이 태어나고 11살까지 살던 곳이다. 「목마와 시인」, 「세월이 가면」이라는 그의 주옥같은 시는 노래가 되고 낭송시가 되어 우리들의 가슴을 울렸다. 세월이 가도 가슴에 남아 있는 시인. 그의 시비가 있는 곳은 합강 공원이었다. 합강은 인제군 북쪽의 임북천과 동쪽의 내린천이 합류하여 흐르는 강이다. 시비 아래로 흐르는 강물에 비친 산 그림자가 한 폭의 수채화 같았다. 박인환 시인은 당시 한국 현대시에 혜성처럼 나타나 애절하고 아름다운 시를 남겼다. 그러나 만 서른이 되던 꽃피는 봄날 심장마비로 순간처럼 떠났다. 너무나 빨리 떠난 시인을 안타까워하며 시비에 새겨진 「세월이 가면」 시를 읊었다. 마음은 애잔했으나 한편 인생은 짧고 예술은 길다는 그의 시가 또렷이 남아서 가슴을 따뜻하게 적셔 주었다.

인제 도심에 있는 박인환 시인 문학관에 들렀다. 문학관 입구의 당시 명동 거리를 재현해 놓은 도심 풍경이 보였다. 시인이 운영한 서점 마리서사. 유명옥 선술집, 봉선화 다방, 포엠, 동방관 싸롱, 등 예술인들의 삶이 묻어 있는 곳들이 많았다. 특히 문학관 2층에 있는 은성이란 술집은 최불암의 어머니가 운영하던 주점인데 「세월이 가면」이란 노래가 만들어진 곳이라고 한다. 가난한 예술인들의 고향 같은 곳이었다. 타임머신 시간 여행으로 옛 시간 속으로 되돌아간 듯한 느낌이 들었다. 시인의 삶을 엿보고 아름다운 추억과 사랑을 노래한 시 몇 편을 감상한 후 백담사로 향했다.

백담사 매표소에서 셔틀버스 탔다. 절집으로 들어가는 맛이 있었다. 옛 길로 맑은 계곡물과 짙푸른 숲을 따라 굽이굽이 7킬로미터를 달렸다. 펼쳐진 풍경에 연신 감탄하는 사이 버스는 일주문 앞 다리 아래에 섰다.

백담사는 신라 진덕여왕 때에 자장이 세운 한계사라는 절이었는데 정조 때 백담사로 개칭하여 현재까지 전해지는 사찰이다. 일주문 안으로 들어섰다. 산자락 앞에는 물이 흐르고 뒤에는 웅장한 산이 있으며 포옥 안긴 듯한 절집이다. 아, 전두환도 눈은 있었구나! 이 천혜의 절에서 깨달음을 얻고자 했으니. 극락보전에서 삼배를 하고 나왔다. 경내에는 김시습의 「저물 무렵」 시비가 서 있었다. 무엇보다도 내 눈길을 끄는 것은 만해 한용운 선생의 동상과 「나룻배와 행인」 시비, 그리고 그의 기념관이었다. 동상 아래의 "님만 님이 아니라 기룬 님은 다 님이다." 글귀를 되뇌며 예쁜 야생화와 글로 단장해 놓은 아담한 기념관을 둘러보았다. 선생의 독립운동가로서의 삶과 시인, 승려로서의 삶의 흔적을 보고 나라 사랑하는 마음과 사람 사랑하는 마음이 느껴지는 시간이었다.

그동안 한용운 선생의 발자취를 따라 충남 홍성의 생가와 기념관,

그가 말년을 보낸 서울 성북동 심우장을 발걸음했으나, 정작 선생이 출가하고 『조선불교유신론』을 집필하며 주옥같은 시 「님의 침묵」을 탈고한 백담사에 오지 못해 아쉬웠다. 뜨거운 여름날 그를 만나 뜻깊은 시간을 보냈다.

백담사를 등지고 돌아오는 길. 누군가의 마음과 정성을 담아 올린 돌탑과 파아란 하늘, 백담사에서 만난 한용운 선생을 기억했다. 셔틀버스에 몸을 실었다. "님은 갔지마는 나는 님을 보내지 아니하였습니다." 다시 찾은 품에 안긴 듯 산하는 포근했다.

한계령을 넘어와 오색약수터 근처의 숙소에서 짐을 풀었다. 친정 언니들을 만나 오색약수로 지은 밥에 황태구이로 저녁을 먹고 주전골에 갔다. 오색약수터에서 약수 한 모금 마셨다. 톡 쏘는 탄산 맛에 온몸이 진저리 쳐졌다. 몸에 좋다고 하여 눈을 질끈 감으며 더 마셨다. 계곡 물은 발이 시리도록 차가웠다. 가슴속까지 시원하게 느껴졌다. 설악산의 깊은 골짜기에서 흘러내려오는 명경지수의 아름다운 풍경이었다. 고향의 정겨운 이야기를 나누며 밤을 보냈다.

2012년 8월 11일 토요일

이른 아침인데도 주문진 해수욕장에는 사람들이 해수욕을 즐기고 있었다. 아침을 먹고 큰형부가 오늘 일정을 잡는 데 모두 동의했다. 강릉에서 초당두부를 먹고 속초에서 시누이가 대접하는 저녁 식사를 하는 것이었다. 강릉으로 간다기에 내심 기뻤다. 강릉에서 허균과 허난설헌을 만나고 싶었기 때문이었다.

꽤 오래전부터 허균을 좋아하였다. 그의 사상인 '호민론'과 '유재론'은 조선 왕조를 뒤흔들었지만 나에게는 의식을 변화시키고 삶의 바탕이 되었다. 하늘이 낸 사람은 모두 평등하다는 유재론을 통해 아이들

을 골고루 사랑하고 호민론을 통해 아이들을 호랑이처럼 성심껏 대할
수 있는 길을 만들어 주었다.

지난 2008년 유적 답사 중 어렵게 찾은 허균 묘와 허난설헌 묘지
는 잊지 못하고 가슴에 아련하게 남았다. 용인시 맹골의 수정산 자락,
양천 허 씨 일가의 가족묘 옆에 잠들어 있는 허균 묘는 가묘다. 광해군
10년 역모죄로 능지처참 당해 시신 없는 묘가 아버지와 형 사이에 따
뜻하게 잠들어 있었다. 허난설헌 묘는 경기도 광주에 있다. 꽃잎마저
진 쓸쓸한 무덤가에 난설헌은 딸과 아들을 품에 안고서 곱게 엎드려
있었다. 묘지 탐방을 마치고 생가와 기념관을 관람하려고 했으나 차일
피일 미루어 왔다. 이제야 그들의 생가터를 찾아보는 의미 있는 시간
을 갖게 된 것이다.

강릉으로 가는 길. 그의 파란만장한 생애와 불우했던 지난 왕조사
를 되돌아보며 '허균 시비' 표지판 따라 야트막한 산에 올랐다. 이 산
은 교산이라는 산으로 이 산 아래 허균의 외가이자 생가인 '애일당'이
있었다고 하는데, 지금은 밭과 농가 몇 채가 있을 뿐 애일당의 흔적은
찾아볼 길이 없었다. 고향을 사랑한 나머지 허균은 자신의 호를 고향
산천의 지명을 따라 '교산'이라 지었다고 한다. 발길이 닿지 않은 희미
한 오솔길. 그 언덕 위에 '허균 시비'란 표지판이 반쯤 쓰러져 있어 못
다 핀 꽃 한 송이 같았다. 밤나무 사이로 길을 걸어가니 '교산 시비'가
외롭게 서 있었다.

허균은 이곳에서 태어나 젊은 시절 꿈을 키웠고, 둘째 형, 누이가
죽어 상처받은 마음 안고 살았던 곳이 바로 이곳이었다. 흔적은 없어
지고 시비 하나만 덩그러니 남아 그를 기념하고 있었다.

당시 모순된 사회 속에서 홍길동을 통해 세상을 개혁하고자 했던
인물, 탄핵과 유배로 평생 질곡의 삶을 살았으며 시신조차 거두지 못

한 인물, 애처로운 마음을 안고 다시 그의 친가가 있는 곳, 초당으로 발걸음을 옮겼다. 여행 가방에서 『허균선집-나는 나의 법을 따르겠다』 책을 꺼냈다. 조선 한문학사의 보배로운 존재로, 당대 최고의 문장가로 허균 문학에 대한 정당한 평가를 기대했다.

강한 햇볕이 등을 쪼아댔다. 초당두부를 먹기 위해 맛집을 찾아갔다. 100년 전통의 초당두부 표지판이 발길을 잡아당겼다. 초당두부와 전골을 시켜 점심을 먹었다. 담백하고 고소했다. 먹고 나오는데 바로 옆의 400년 전통 두부집이 우리를 비웃는 듯해 언니들과 한바탕 웃었다.

허균, 허난설헌 두 남매의 생가터가 있는 초당마을에서 차를 세웠다. 문화해설사가 우리를 반갑게 맞이해 주었다. 터만 남아 있고 고택은 그들의 것이 아니란다. 역적으로 몰리면서 생가 모두 없어지고 그나마 나중에 생가터임을 알게 되었다. 고택 안으로 들어섰다. 여름이 여물었을 때 지천으로 피어 있는 배롱나무 꽃이 이곳에도 붉디붉은 꽃을 피워 올리고 있었다. 오래된 배롱나무 꽃만이 그들의 어린 시절을 알고 있을까? 사랑채에 당시 이미지를 살려 그린 허난설헌 영정이 있었다. 간단히 고개를 숙이고 밖으로 나왔다.

생가터 근처에 조성된 공원에는 허씨 5문장가가 일컫는 허엽, 허봉, 허균, 난설헌, 허성의 시비가 세워져 있었다. 나는 허엽 시비 앞에 오래 머물렀다. 아버지 허엽은 세속에 얽매이지 않은 진보적인 사람인 듯 그의 아들 허봉, 허균과 더불어 난설헌도 아들들과 똑같은 교육을 시켰다. 딸의 천부적 재능을 키워 주기 위해 당대 최고의 시인 이달에게 교육을 부탁하기도 했다. 난설헌이 가난한 여성의 삶과 사회모순 비판의 시를 쓴 것은 그들의 영향 때문이리라.

난설헌 허초희 동상 앞에 서서 사진을 찍었다. 살아생전 인정받지 못하고 스물일곱 꽃송이를 떨구고 생을 마감한 천재 시인 허난설헌.

그녀의 한 많은 마음을 어루만지며.

'허균과 허난설헌 기념관'이라는 낯익은 현판 글씨가 눈에 뜨였다. 신영복 선생의 글씨체였다. 그의 『변방을 찾아서』라는 책에서 본 기억을 더듬었다. 이곳에서 잠깐이나마 그들의 삶과 문학 세계를 살펴볼 수 있었다.

1,000수 이상의 시를 지은 최고의 시인 난설헌. 대부분 작품은 그녀의 유언에 의하여 모두 불태워졌지만, 187수가 남아 있는 것은 모두 허균의 공이 컸다. 그는 작품이 너무 아까워 자신이 간직하고 있던 누이의 작품과 기억하고 있던 작품들을 추려 모아 임진왜란이 일어났을 때 명나라에서 온 사신에게 작품 일부를 주었다고 한다. 이 사신은 시가 무척 훌륭하다고 하며 중국으로 돌아가 시집 『난설헌집』을 간행했는데 이 시집은 인기를 끌었고 18세기 초반에는 일본에서도 난설헌의 시집이 번역되어 널리 애송되었다.

한낮의 뜨거운 열기 속에 오죽헌과 선교장을 관람하고 속초에 도착한 시각은 늦은 6시, 시누이와 그 남편이 벌써 와서 우리 친정집 식구들을 기다리고 있었다. 배에서 갓 잡아 올린 싱싱한 회가 상 위에 가득했다. 형님이 텃밭에서 손수 기른 야채와 함께. 어려운 자리였지만 편안한 마음을 애써 갖고 저녁을 맛있게 먹었다. 형부와 언니들은 주문진에 마련한 숙소로 다시 돌아가고 남편과 나는 시누이 집에서 하루를 묵었다.

2012년 8월 12일 일요일

속초에서 말갛게 열리는 아침을 맞이했다. 시누이가 차려 준 밥상에는 갖가지 싱싱한 회와 그것으로 무친 회무침, 그리고 귀한 성게알이 있었다. 맛있게 먹었다. 감사한 마음을 전하고 답사길을 재촉했다.

국보 122호인 진전사지 삼층석탑을 보기 위해 다시 양양으로 차를 몰았다. 계곡의 물이 시원하게 흐르는 마을을 지나고 저수지가 있는 곳에서 내렸다. 석탑은 산 아래 평평한 밭의 한적한 곳에 숨어 있었다. 이정표도 제대로 되어 있지 않고 사람들의 발길이 드문 곳이었다. 짧은 벚꽃나무 터널의 계단으로 오르니 탑 하나가 오롯이 서 있었다. 석탑의 아담한 균형이 주변 환경과 잘 어울려서 폐사지의 쓸쓸한 분위기를 적절히 자아냈다. 듬직한 지대석 위에 이중의 기단에는 비천상과 팔부신중을 조각하였는데 제법 두툼했다. 몸돌에는 사면 모두 여래좌상을 한 분씩 조각하여 마치 살아 있는 듯하고 돋을새김으로 화려해 보였다. 통일신라시대의 탑다웠다. 남편이 내려오라고 손짓했으나 탑의 아름다움에 눈을 뗄 수가 없었다.

산길을 더 오르니 새로 지은 진전사가 나왔다. 절집 앞마당에 잠자리 한 마리가 해바라기 위에 살포시 앉고 노란 해바라기와 어우러진 초록빛 산 풍경이 선하게 내 가슴에 다가왔다. 절 오른쪽 언덕으로 올라 부도 한 기를 발견했다. 진전사를 창건한 도의선사부도(보물 439호)였다. 8각형의 탑신과 기단을 보이고 있어 석탑을 보는 듯 신기했다. 아침 시간에 편안함과 여유를 즐기며 관람할 수 있었다.

3일 동안의 친정 가족 여행을 마치고 남편과 함께 여행을 다시 시작했다. 집의 두 아이들과 안부 전화를 나누었다. 솔이가 윤이를 잘 돌봐 주고 서로 사이좋게 지내리라 믿었다. 우리들의 여행지인 거문도로 가기 위해 차에 기름을 가득 담았다. 형부와 언니에게 잘 가라는 인사 전화 도중 영동고속도로가 꽉 막혔다는 소식을 접했다. 우리는 경로를 바꾸어 7번 국도를 타고 내려가기로 했다. 가는 길에 유적답사도 할 겸 영양의 조지훈 문학관을 1차 목적지로 삼았다. 삼척의 절경 중 아름다운 새천년 도로를 달릴 때는 비가 세차게 내렸다. 잠깐 조는 사이 남편은 울진 봉평 신라비 전시관 앞에서 나를 깨웠다. 3년 전 전시관 문이 닫혀 있어서 아쉬운 발걸음 돌린 곳, 그곳에서 눈을 크게 뜨기 시작했다. 비가 부슬부슬 내리는 가운데 전시관 안으로 들어갔다.

문화해설사가 관람객들에게 울진 봉평신라비에 대해서 설명을 하고 있었다. 우리도 그 사이로 갔다. 비는 자연석을 다듬지 않고 그대로 사용했다. 해설사는 비에 나오는 사람들, 얼룩소를 잡아먹는 의식 행위, 신라의 형벌 등을 자세하게 설명해 주었다. 법흥왕 당시 울진 지역의 신라 문화를 알 수 있는 귀중한 자료의 비란다. 이 비가 국보가 된 이유까지 곁들였다. 비문을 통해 삼국사기의 내용이 사실이라는 것을 밝혀 주는 증거라고 한다. 그 외 전시물을 통해 우리나라 비석의 발전 과정, 비석의 종류 등 비석 문화를 한눈에 알게 된 유익한 시간이었다.

야외로 나오니 우리나라 석비들을 모두 모아 전시한 야외 공간도 있었다. 그곳에는 수년 동안 국보 순례를 하며 보았던 비석이 많아 반가웠다. 그중 원주 법천사지에서 보았던 밍크를 두른 것 같은 지광국사현묘탑비도 있었다. 넓은 주차장과 광장, 실내 전시관, 야외 비석 공원 비석의 거리, 정자 연못 등 관람객의 발길을 끌어당기기에 충분했다. 한국 최대의 비석 박물관이라 해도 손색이 없겠다.

전시관 안에 잘 보관되어 있는 국보 242호 울진봉평신라비. 그것을 효율적으로 보존하고 관광으로 개발하려고 커다란 전시관을 만든 것 같았다. 문화재를 소중하게 생각하고 보존하는 울진군에게 고마운 마음이 들었다.

울진에서 청록파 시인 조지훈의 고향인 영양의 주실마을로 가는 길은 온통 붉고 탐스러운 배롱나무 꽃길이었다. 꽃길의 세례를 받기도 하고 산등성이를 따라 쉼 없이 이어지는 급커브길의 구주령을 넘기도 했다. 아득히 이어지는 구불구불 산길이 끝날 무렵 주실마을에 도착한 시각은 늦은 5시 40분이었다. 주실마을로 들어가는 어귀부터 시인의 체취가 느껴졌다. 그의 시비가 먼저 방문객을 맞았다. 문학관에 도착하여 차를 세우려고 하는데 안내자가 문학관 문을 닫으려고 한다. 관람 시간이 지났다는 것이다. 국어 선생으로 수업 자료를 찾으러 왔다고 하니 인심 좋게 열어 주었다. 조지훈 시인은 많은 시인들 중 특히 지조와 절개를 지킨 시인이었다. 그는 "꽃이 지기로소니 / 바람을 탓하랴."처럼 꽃이 떨어지는 것을 누구의 탓으로 돌리지 않았으며 「완화삼」이라는 시를 지어 박목월에게 보내고 그에게서 「나그네」 시를 받으며 우정을 나눈 시인이었다.

　박두진, 박목월, 조지훈. 청록파 세 시인들이 함께 찍은 사진 앞에 섰다. 그들은 암흑기 우리말을 지키고 자연을 발견하며 해방 전후의 시를 잇는 서정시의 맥락을 보여 주었다. 시인의 시집과 육필 원고, 즐겨 쓰던 모자와 담배 파이프, 두루마기 등 시인의 손때가 묻은 정겨운 유품과 문학 관련 자료를 보고 그의 삶과 정신을 엿볼 수 있었다. 그의 「지조론」 앞에서 고개를 떨구고 서둘러 나왔다. 문학관을 나와 선생이 태어나고 열일곱 살까지 살며 문학의 꿈을 키운 집, 호은종택을 찾아가려는데 지훈 시 공원 비석이 발길을 붙잡았다. 산골짜기를 따라 만들어진 지훈 시 공원은 입구에서부터 산허리까지 제법 많은 시비가 서 있었다. 시를 읽으며 산 쪽으로 올랐다. 빗방울이 맺힌 이름 모를 하얀 꽃이 시비와 어우러져 멋스러웠다. 마을을 굽어보고 있는 선생의 동상을 지나 호은종택을 관람했다. 전통적인 한옥과 고전적 이미지는 그를 지조 있는 사람으로 만든 것 같았다. 마을에는 호은종택 외에 고택들이 많아 고풍스러운 느낌을 받았다. 그리고 집집마다 심어 놓은 대추나무에 대추알이 주렁주렁 달려 풍요롭게 느껴졌다.

　　새벽 5시, 청산도로 가는 첫배를 타려고 아침 일찍 일어났다. 바깥은 어둑어둑했다. 온 나라에 비 소식이 가득하고, 남해안에는 호우주의보까지 내렸다. 출항하지 못할까 봐 조마조마했지만 6시 30분, 첫배인 청산 아일랜드호는 순조롭게 바다 위를 미끄러지듯 달려갔다.

　　검은 비구름이 산과 바다를 덮었다. 비가 그치거나 가는 비가 내리기를 간절히 바랐다. 배 위에서 맞는 아침 바람은 찼다. 멀리 배 한 척이 항으로 들어가고 있었다. 만선의 기쁨이 가득하겠지. 6일째 여행은 검게 시작했다.

　　7시 20분, 배는 청산도에서 닻을 내렸다. 산, 바다, 하늘이 모두 푸르다 하여 붙여진 이름 청산도. 바람대로 그곳엔 아기 솜털 같은 가는 비가 내리고 있었다. 먼저 가본 곳은 영화 「서편제」 촬영지였다. 세 주인공이 진도아리랑을 부르고, 창을 하며 내려오는 그 유명한 곳에서 나도 어깨춤을 추어 보았다. 덩실덩실 춤을 추며 구불구불한 돌담길 사이로 올라가니 동화 같은 하얀 집이 나타났다. TV 드라마 「봄의 왈츠」 촬영지였다. 창문 너머로 보이는 푸른 보리밭과 노란 유채꽃이 어우러진 풍경은 주인공의 풋풋한 유년 시절의 정서를 표현하기에 훌륭했으리라. 봄빛이 푸른 봄에 다시 좋겠다.

　　청산도는 2005년 아시아 최초 슬로시티로 지정되어 섬 전체를 '느리게 걷는 청산도 슬로길'을 만들었다. 총 42.195킬로미터 이른 길. 아름다운 풍광에 취해 절로 발걸음이 느려진다고 하여 만든 슬로길이다. 비록 차로 이동하지만 슬로길이 주는 느림의 리듬에 맞추어 되도록 우리도 천천히 차를 몰았다.

　　당리 마을로 들어가 「서편제」 세트장을 보고 읍리 마을에 도착했다. 그곳에는 청동기시대 고인돌과 하마비가 있었다. 고인돌은 오랜 역

사를 말해 주었고 옆의 하마비에는 부처님 얼굴이 그려져 있어 민간신
앙과 불교가 결합한 신앙물로 독특했다.

범바위로 가는 길에서 숲의 고즈넉함과 해안 절경의 운치를 즐길
수 있었다. 전망대에서 청산도를 한눈에 볼 수 있었다.

슬로푸드 체험관에서 톳국과 청산도 고유 음식으로 구성된 점심을
먹었다. 솔밭 앞의 백사장이 펼쳐져 있는 청송 해변, 수심이 완만하고
썰물 때면 모래사장이 드러나는 풀등 해수욕장, 모래사장이 아닌 둥
글둥글 갯돌로 이루어진 갯돌 해수욕장 등 청산도 유명한 해수욕장
을 둘러보았다. 세 해수욕장 모두 제각각의 얼굴을 하고 있었지만 특
히 갯돌 해수욕장이 인상적이었다. 조용한 바닷가에 크기도 색도 다
양한 돌을 쓸고 가는 파도소리가 잔잔하면서도 깊은 울림을 주었다.

사방을 둘러봐도 돌이 많았다. 돌담은 바닷바람에 농작물을 보호
하기 위해 논밭을 둘러쌌고 구들장논은 척박한 환경에서 쌀 한 톨 더
얻기 위해 만들었다. 남해의 다랭이논이 생각났다. 논바닥에 돌을 구
들처럼 깔고 그 위에 흙을 부어 만든 구들장논. 이것도 자투리땅을 놀
리지 않으려는 섬사람들의 지혜가 담겨 있었다. 마지막으로 섬 지역에
서 행해지는 장례 문화인 풀무덤 초분을 보고 싶었으나 세차게 내리
는 빗줄기 때문에 발걸음을 멈추었다.

휴우. 다섯 시간 넘은 청산도 여행을 마쳤다. 다행히 이른 아침부터
여행을 시작하고 그때의 비는 흩뿌리거나 가랑비 내리는 정도여서 관
람하기에 큰 지장이 없었다. 그러나 여행 막바지쯤 빗줄기가 굵어지더
니, 마칠 때는 매우 세찼다. 은빛 백사장을 맨발로 걷지 못하는 아쉬
움이 있었지만 청산도의 아름다운 풍경은 쫓기듯 달려온 삶들을 품으
며 쉬어 가게 했다.

1시 50분, 다시 완도에 도착했다. 비가 그치고 산하는 다시 싱그러

운 초록으로 깨어났다. 신지대교를 건너 신지 명사십리 해수욕장을 잠깐 보고 장흥으로 발을 옮겼다.

서울 광화문에서 남쪽으로 똑바로 내려오면 닿는 곳, 정남진 장흥. 그곳에 도착한 시각은 늦은 4시, 장흥에서 길을 묻기 시작했다. 먼저 천관산 도립공원에 들어갔다. 천관산. 이름 그대로 하늘의 관을 쓴 바위가 삐죽삐죽 솟구쳐 있었다. 호남 실학의 대가인 존재 위백규가 제자를 가르쳤다고 전해지는 곳, 장천재 관람의 시작으로 장흥에서의 첫 여행을 시작했다. 위백규는 특히 천문과 지리에 밝았다고 한다. 영월정을 옆으로 난 길을 따라 올라갔다. 천관산에서 길게 계곡물이 흐른다 하여 장천재라 이름 지었다고 한다. 이름답게 계곡의 물이 시원하게 흐르고 맑았다. 다리를 건너니 오래된 소나무 한 그루가 우리를 반겼다. 노송은 천관산을 찾는 사람들에게 가장 아름다운 소나무로 칭송을 받으며 600년을 살았다고 한다. 아름다운 자연 속에 자리 잡은 장천재는 공민왕 때 처음 지었으나, 많이 파손되어 조선 고종 때 다시 지어 오늘에 이르고 있다. ㄷ자형 구조를 하고 있는 이 건물은 양쪽 마루의 지붕이 팔작지붕의 모습인 것이 특이했다. 장천재 툇마루에 앉아 주변의 자연 풍광을 감상하고 잠시 옛 시인이 된 듯했다.

천관산을 행해 계속 가니 천관문학관이 나왔다. 꽃잎을 붙여 그린 김남조 시인의 캐리커처를 보고 문학관 안으로 들어갔다. 우리나라 작가의 작품을 한눈에 볼 수 있었다. 특히 장흥 출신의 문인들이 보였다. 『자랏골의 비가』, 『녹두장군』의 소설가 송기숙, 한국 문단의 거목이었던 소설가 이청준, 『아제아제 바라아제』의 작가 한승원, 그리고 시인 이대흠 등. 그 외에 알려지지 않은 장흥 출신의 작가를 보았다. 문학의 향기를 흠뻑 느끼고 다음 일정을 잡았다.

산 위를 더 올랐다. 파아란 하늘가에 흰 구름이 반가웠다. 주민들이 쌓은 돌탑이 길을 안내했다. 끝없는 돌탑의 안내를 받으며 돌로 조성된 문학공원에 잠시 머물렀다. 작가들이 작품의 영감을 많이 얻었던 곳, 문인들에게 큰 산이라 불렸던 천관산은 '하느님의 면류관'이란 뜻으로 힘들 때마다 작가들에게는 어머니 같은 역할을 했던 산이라고 한다.

문학길 산책으로 손색이 없는 산을 내려와 이청준 생가로 향했다. 생가보다 먼저 만난 것은 「천년학」 영화 세트장이다. 세트장 앞에는 갯벌이 보이고 작은 소나무 두 그루가 「천년학」 세트장을 지켜 주었다. 세트장을 나와서 이청준의 생가인 진목마을에 도착했다. 마당가에 이청준 선생을 알리는 안내판이 있고 맞은편에는 아담한 장독대도 있었다. 꽃을 예쁘게 심어 놓아서 사람의 흔적이 느껴졌다. 방 안에 들어가 보니 소박한 모습의 유리장 안에 선생의 소설책들이 전시되어 있었다. 이 집이 시골에서는 보기 드문 다섯 칸 집일 정도로 선생이 어릴 적엔 부자였다고 한다. 하지만 아버지가 집을 돌보지 않고 술을 좋아하다 보니 가산을 탕진했고, 광주로 중학교를 가면서 고향 마을을 떠났고, 고등학교 때는 이 집마저 남의 손에 넘어갔다고 한다.

그가 1979년 다시 고향으로 돌아와 쓴 「서편제」, 「눈길」, 「축제」 등은 생가 앞에 펼쳐진 바다와 마을이 모두 선생의 문학적 배경이 되었겠다. 선생의 작품 중 감명 깊게 읽은 「당신들의 천국」과 「축제」 등 오래된 그의 소설들을 다시 읽고 소설 속에 표현된 그의 고향을 다시 느껴 보고 싶었다.

신상리에 있는 한승원 생가는 쉽게 찾을 수 없었다. 마을 사람에게 물어 물어서 간 생가는 마을의 제일 꼭대기에 있었다. 집 뒤로 대밭과 산을 두고 있지만 문은 굳게 닫혀 있었다. 선생 대신 그의 동생이 살고 있다고 한다. 한승원의 흔적을 찾을 수 없어 안타까운 마음만 가득했다.

　　정남진 전망대에 올라 남해의 점점이 떠 있는 아름다운 바다 풍경을 감상하고 영화 「축제」의 촬영 장소였던 남포마을에 도착했다. 남해 바닷가의 아늑함과 정겨움을 담고 있는 마을이었다. 입구에 도착하니 축제 촬영지 표지판이 바다와 함께 나타났다. 동네 어른들에게 영화 축제 세트장이 어디 있냐고 물었더니 당시 마을 이장의 집을 세트로 해서 촬영하였기 때문에 지금은 남아 있지 않다고 했다. 남도 장례 풍습을 영상으로 담아낸 매우 인상적인 영화였고 감명 깊게 읽은 소설이어서 꼭 한 번 와 보고 싶은 곳이었다. 이청준의 숨결이 가슴에 닿는 듯했다.

　　장흥에서 보낸 즐거운 시간을 기억 한 자리에 넣었다. 그리고 지는 햇살을 받으며 고흥을 향해 달렸다. 고흥에 늦게 도착했다. 음식점 문이 닫혀 있었다. 저녁 대신 치킨에 맥주를 마시며 이야기꽃을 피웠다. 하루의 여행이 어느새 어둠 속으로 뚝뚝 사라지고 있었다.

2012년 8월 15일 수요일

　　고흥에서 아침을 맞이하고 거문도로 가는 배를 타기 위해 나로도로 향했다. 햇살이 퍼져 뜨거웠다. 들판의 벼가 푸르고 싱싱했다. 곧 누렇게 익겠지. 살아온 날보다 살아갈 날이 짧은 나이. 익어 가는 곡식처럼 내 인생도 누렇게 익기를 바랐다. 차창으로 들어오는 아침 바람이 부드럽고 시원했다. 바다 풍경이 펼쳐졌다. 바다의 물살은 햇살에 비치어 은빛으로 반짝였다. 30분 달려 나로도에 도착했다.

　　8시 30분, 남쪽 바다 끝자락 남해 마지막 보석이라 불리는 거문도로 가는 배에 몸을 실었다. 손죽도, 초도, 서도를 거쳐 일렁이는 파도를 헤치고 달려온 길 거문도 거문항에 도착한 시각은 10시 10분이었다.

거문도항에 내려 주위를 돌아보니 색다른 골목과 건물들이 눈에 뜨였다. 1945년 일본이 패망하기 전까지 거문도는 일본인 집단 거주지였다고 한다. 해방 이후 대부분의 건물이 개축을 했지만 건축 전 당시 원형이 그대로 보존되어 있었다. 당시 일본 사람들은 나무를 가져와서 그 나무를 바닷물에 담근 후 집을 지었다고 한다.

거문도 등대를 관람하기 위해 택시를 탔다. 택시 기사는 거문도 역사를 설명했다. 거문도는 서도, 동도, 고도의 세 개의 섬으로 이루어져 있으며 섬 일대가 다도해해상국립공원에 속해 있는 곳으로 해마다 관광객이 이곳 거문도를 찾는다고 한다. 거문도란 이름은 청나라 제독 정여창이 이 섬에 귀양 왔던 조선 말 학자인 김유와 글로 대화하던 중 김유의 문장에 감탄하여 '큰 글이 있는 섬'이라 했다고 하여 거문도란다. 거문도는 1885년 영국이 2년 남짓 불법 점거한 거문도 사건으로 널리 알려진 섬으로 영국뿐만 아니라 일본, 러시아, 미국도 용심을 부린 섬이라고 한다.

거문도는 군함이나 상선이 자유롭게 드나들며 안전하게 머물 수 있는 천혜의 항구였다. 거문도 앞바다의 물결은 호수처럼 잔잔하고 물빛은 유난히 포근하다고 한다. 동해처럼 시퍼렇지 않고 서해처럼 탁하지도 않다. 연평균 수온은 섭씨 16.3도. 수온이 적당하고 물이 맑아 삼치, 고등어, 갈치 등 어족자원이 풍부하며, 지금까지 녹조 현상이 단한 번도 없었다고 한다. 한때는 어업 전진기지로 이름을 날렸다고 하니 서구 열강들이 거문도를 탐낸 이유가 충분했다.

택시 기사는 등대 가는 입구에 우리들을 내려놓았다. 이곳이 바다로 둘러싸인 섬이라는 것을 상기시키는 듯, 호수 같은 바다가 나타났다. 눈이 부셨다. 바다 위에 떨어진 햇빛이 반사되어 눈을 부시게 했다. 목 넘어 동백나무 울창한 숲길을 걸었다. 우리나라에서 가장 아름답다고 소문난 동백나무 터널다웠다. 동백꽃은 없지만 그 짙고 윤기 넘치는 진녹의 동백 잎은 땀나는 이마에 시원한 숲 그늘을 덮어 주었다. 동백이 한창인 2, 3월에 이 길을 찾는다면 동백꽃으로 터널을 이루고 있는 장관을 기억에 담을 수 있을 것이다. 좁은 길 한편은 바다와 닿아 있는 낭떠러지였다. 파도와 바람, 시간이 함께 만들어 낸 걸작품을 보며 얼마쯤 걸었을까? 거문도 등대가 눈에 들어왔다. 망망대해를 향해 분필처럼 하얀 등대가 뜨거운 여름 햇볕을 이겨 내고 있었다.

아름다운 풍광 길에서 가슴 아픈 역사를 만났다. 1905년 불을 밝힌 지 100년 넘도록 거문도 앞바다를 지켜 온 거문도 등대. 이 등대에도 거문도 수난의 역사가 깃들어 있었다. 이 자리에 등대를 세우기로 결정한 것은 일본, 불을 밝히는 등명기를 가져온 것은 프랑스. 침략의 기지로 만들려는 속셈이었지만 만드는 비용은 고스란히 우리나라의 몫이었다. 등대는 그렇게 그 자리에 서서 100년이 넘도록 거문도 바다를 밝혔다. 바다에서 길을 잃지 않은 항해 선박들의 희망의 불빛이었다. 세월이 지난 지금 거문도 불빛을 따뜻하게 볼 수 있는 것은 수난의 역사를 모두 지났기 때문일 것이다.

등대 앞의 정자 '관백정'에 섰다. 머얼리 백도가 보였다. 강한 바람에 날아갈 것 같았다. 은근히 백도 관광이 걱정되었다.

12시 10분, 식당으로 오니 점심상이 차려져 있었다. 갈치조림에 진한 맛의 전라도 밑반찬이 놓여 있었다. 여름만 되면 거문도는 갈치잡이로 생의 활력소가 되고 그 앞바다는 온통 은빛으로 물든다고 한다. 그곳에서 낚은 갈치로 무, 감자, 호박을 큼직하게 썰어 갖은 양념으로 만들어 놓은 갈치조림이었다. 진미였다.

섬 날씨는 변덕스러웠다. 거센 풍랑은 1시에 출항하려는 백도 유람선의 발을 묶어 놓았다. 아쉽고 안타까웠다. 대신 영국군 묘지로 가는 발을 옮겼다. 가는 길에 거문초등학교에서 잠시 머물렀다. 바람이 점점 거세게 불어왔다. 따가운 햇살 속의 시원한 바람이 땀을 식혀 주어 한참 동안 있은 후 학교를 둘러보았다. 교실에서 창문을 열면 바다가 빤히 내려다보이는 작은 학교. 분홍빛으로 도색한 아담하고 예쁜 학교였다.

영국군 묘지 앞에 섰다. 서양 문화의 분위기가 풍기는 비석과 나무 십자가로 가꾸어진 묘지였다. 일본보다 먼저 거문도에 발을 디뎠던 것은 영국군이었다. 1845년 영국 함대는 거문도를 처음 발견하고 러시아의 남진을 막는다는 명목으로 거문도를 무단 점거했다. 1885년 불법 점거한 선원들이 선박의 사고나 질병으로 숨지면서 생기게 된 것이다.

다음으로 간 곳은 치욕의 역사의 현장, 신사터였다. 일제강점기 신사를 지어 놓았던 곳. 해방 이후 반일 감정으로 철거를 해 주춧돌만 남아 있었다.

거문도의 아픈 역사를 뒤로하고 돌아섰다. 백도 관광이 취소되어 잠시 여유 있는 시간을 가질 수 있었다. 남편은 쑥이 들어간 막걸리 한 병, 나는 생맥주 하나를 마셨다. 그리고 남편은 삼호교를 건너 유림 해수욕장으로 가고, 나는 힘이 들고 뜨거운 볕을 안고 있을 자신이 없어 커피점에 들렀다. 시원한 커피를 마시며 여행 가방에서 책을 꺼내 한 시간 사십 분 동안 책을 읽었다. 여행 기간에 틈나는 대로 보았던 『두근두근 내 인생』 책은 화자 설정이 인상적이어서 재미가 더했다.

거문도, 사연도 많았고 아픔도 있었지만 삶은 계속되었다. 거문도여 안녕. 4시 30분, 다시 나로호로 향하는 배에 몸을 실었다. 아름다운 백도를 보지 못한 아쉬움이 컸으나 이내 마음을 접고 나로우주센터로 향했다. 나로우주센터는 잘 조성된 잔디에 탁 트인 바다가 보여 자연 경관이 뛰어났다. 늦은 시간에 도착하여 입장을 할 수 없었다. 센터에는 우주로 꿈을 쏘는 아이들이 부모 손을 잡고 관람하고 있었다. 우주과학관 야외 전시장에 설치된 1:1 실물 크기의 나로호를 보고 고흥 남열리 해수욕장을 향해 달렸다.

여행 마지막 날 밤을 해수욕장에서 텐트를 치고 낭만과 추억으로 보내기 위해서였다. 도착 예정 시각이 늦은 7시이며 다시 먹구름이 몰려오기 시작했다. 포기하고 장흥으로 다시 갔다. 전날 국보 두 점이 있는 보림사에 가지 못해 그것을 보고 여행 마지막을 마칠 계획이었다. 장흥에 도착한 시각은 늦은 8시. 숙소를 찾아 짐을 풀고 나왔다. 장흥 밤거리를 돌아보고 닭갈비를 먹었다. 하루를 마친 시각은 밤 9시. 어둠이 폭삭 내려앉았다.

기행을 마치며

7박 8일 동안 2,300킬로미터 거리를 달리고 걸으며 자연과 역사를 만나고 옛사람들과 살았다.

발길 닿는 곳마다 한 폭의 그림엽서가 되는 산하. 아름다운 자연 풍경은 쫓겨서 달려온 삶을 품으려 내 발을 잡았다. 교과서 밖에서 본 귀한 문화재는 아이들과 함께 보지 못하는 아쉬움에 카메라만 바빴고 작가의 고향과 작품의 배경이 되는 곳에서는 잠깐이나마 그들의 삶을 살아 볼 수 있었다. 학교에 돌아가 수업 시간이 되면 내가 만났던 자연과 역사와 사람들은 우리 아이들 앞에서 새로운 삶을 마음껏 살 수 있을 것이고 우리 아이들은 그들과 함께하며 웃고 즐기며 자랄 것이다.

선인들의 철학적 미의식이 오늘의 내 삶을 윤택하게 하고 내일의 문제를 힘껏 껴안고 살아갈 수 있으리라. 비가 오거나 바람이 불거나 7박 8일을 걷는 동안 내 마음은 언제나 맑음이었다.

하늘과 바람과 별이 함께하는 윤동주 기념관

「서시」의 시인 윤동주의 숨결을 느낄 수 있는 곳은 북간도의 고향집과 용정중학교 교정의 시비, 서울 부암동의 '윤동주 기념관과 윤동주 시인의 언덕', 그가 생을 마친 일본 후쿠오카 감옥과 도시샤 대학의 시비이다. 그리고 연세대학교 핀슨홀 윤동주 기념실과 「서시」 시비이다. 윤동주의 모교인 연세대학교는 시인이 생활하던 기숙사 근처 숲 속에 '윤동주 시비'를 건립하고 그의 시 「서시」를 새겨 놓았다. 또한 시인을 기리는 뜻으로 그가 사용하던 기숙사(핀슨홀) 2층 방 한 칸에 기념실을 만들었다.

오늘 독서 동아리 '책돌이 책순이'들과 윤동주 시인의 자취를 가장 가까운 곳에서 느낄 수 있는 연세대학교 핀슨홀을 찾았다. 지하철 2호선 신촌역 3번 출구로 나와 그곳에서 길을 묻기 시작했다.

시인은 1917년 북간도에서 태어나 용정에서 중학교를 졸업했다. 법대, 의대를 원하는 아버지와의 대립 끝에 연희전문학교 문과에 입학했다. 졸업을 하고 아버지의 권유로 일본으로 건너갔다. 도시샤 대학 영문과 재학 중 1944년 4월. 치안유지법 제5조 위반(독립운동) 죄로 징역 2년을 언도받고 일본 후쿠오카 형무소에 수감되었다. 일제는 1945년 2월 16일 '동주 사망 시체 가지러 오라'는 전보 한 통을 시인의 가족 앞으로 보내왔다. 일제는 오직 시와 고국만을 그리며 주어진 길을 걸어온 순결한 시인 윤동주를 빼앗아 갔다. 윤동주는 용정에서 중학교에 다닐 때 연길에서 발행되던 『가톨릭 소년』에 여러 편의 동시를 발표했다. 1941년 연희전문을 졸업하고 그 기념으로 19편의 시를 묶어 『하늘과 바람과 별과 시』란 제목으로 시집을 발간했다. 그러나 뜻을 이루지 못했다가 자필로 3부를 남긴 것이 그의 사후에 햇빛을 보게 되었다. 1948년에 유고 30편을 모아 『하늘과 바람과 별과 시』로 간행되었다. 이 시집이 세상에 나옴으로써 비로소 알려진 윤동주는 일제강점기 말의 저항 시인으로서 크게 빛을 받게 되었다.

윤동주 기념실 안으로 들어갔다. 작고 소박했다. 그곳에는 『하늘과 바람과 별과 시』 원본과 명동촌 생가의 수막새기와, 연희전문 재학 시절의 학적부 원본, 북간도 생가 등을 담은 사진자료, 학술 논문, 유족이 기증한 미공개 자필 시 등 시인의 체취를 느낄 수 있는 자료들이 공개되어 있었다. 윤동주가 사용했다는 낮은 책상과 의자도 있었다. 재연한 것이었다. 눈길이 가는 것은 중국 용정에서 윤동주 시인과 시인의 고종사촌인 독립운동가 송몽규와 나란히 앉아 있는 사진과 어머니, 아버지 등 가족사진이었다. 윤동주의 성장기 모습과 생애를 알 수 있었다. 「서시」, 「또 다른 고향」, 「별 헤는 밤」, 「십자가」, 「자화상」 등 주옥같은 시도 감상했다. 어느 한 편을 보더라도 거기에는 울분과 자책, 그리고 조국 광복을 기다리는 간절한 소망이 담겨 있었다. 외롭지만 의로운 삶을 살았던 윤동주의 삶의 의미를 다시 한 번 새겨 보았다.

시인의 숨결을 가까이서 느낄 수 있는 귀한 시간이었다. 기념실에서 나온 시각은 늦은 3시였다. 「서시」 시비 앞에서 기념사진을 찍고 아이들에게 시인의 맑은 성품이 담겨 있는 시 「서시」를 외우도록 시켰다.

"죽는 날까지 하늘을 우러러 한 점 부끄럼이 없기를, 잎새에 이는 바람에도 나는 괴로워했다."

따가운 볕을 식혀 주는 가을바람에 시어가 실렸다. 아이들이 다 외워 내 귓가에 속삭였다. 회원 24명 모두의 목소리는 여느 때보다 아름다웠다. 하늘을 우러러 한 점 부끄럼 없이 살다 간 그의 정신은 우리 모두의 가슴속에서 영원히 빛날 것이다. 낭송하기를 마치고 연세대학교에 최초로 세워진 건물인 스팀슨관, 연희전문학교의 창설자인 언더우드 박사의 업적과 인격을 기념하기 위해 세운 언더우드관, 배재학당을 설립한 아펜젤러를 기념하기 위한 건물인 아펜젤러관을 둘러보았다. 고딕풍의 단아한 건물이 인상적이었다. 마지막으로 『월인석보』, 김정호의 『수선전도』 등 많은 보물이 있는 연세대학교 박물관을 관람하려고 했으나 아이들이 힘들다고 아우성을 쳐서 아쉬운 발걸음을 집으로 돌렸다.

늦은 4시 30분 신촌 거리는 젊음으로 활기차 있었고, 배롱나무 꽃은 여름을 아쉬워하는 듯 계절의 끝자락에서 입을 다물고 있었다.

지혜의 가교를 잇는 책들의 풍경

동아리 활동으로 서점 탐방을 했다. 여느 때와 같이 점심을 먹고 12시 국어 교과실에 모였다. 안전사고 예방을 당부한 후 교문을 나섰다. 가을의 절정을 향해 걸었다.

책방 안에 들어서자 많은 책들이 우리를 반겼다. 알록달록한 책들이 온몸으로 자신을 드러내는가 하면 서가에 숨어서 숨을 죽이고 있기도 했다. 많은 책들을 보니 온 세상이 여기 다 있는 것 같았다.

서가 사이로 나를 찾아 여행을 떠났다. 한국사, 세계사 등 역사책 앞에 서면 작은 존재로서의 자신의 모습과 대면하고, 교육 실천 사례 책 앞에 서면 슬그머니 부끄러워졌다. 정말 교육에 대한 왕도는 없는 것일까? 교사 중심의 교육에서 벗어나 아이들 스스로 지적인 요구를 채우게 하며, 학교에 잘 적응하지 못하는 아이들을 잘 적응할 수 있도록 도와주는 역할을 제대로 해 보았는가? 좀 느리고 답답하더라도 아이들의 성숙을 믿고 기다릴 수 있는 수업 방법에 대한 연구, 문제 학생들에게 여러 책을 읽히며 각자의 행동을 바르게 정리해 내는 연구 등을 해 보았는가? 비로소 가르침에 무게를 느낄 수 있었다.

청소년 권장 도서에 발길을 멈추고 독서 교육에 매진했던 지난날을 떠올려 보았다. 정보화되고 개성화되어 가는 요즘 학생들을 전인 교육적인 측면에서 지도하기란 쉽지 않았다. 더구나 교과서 밖 지식의 대부분을 텔레비전이나 인터넷과 같은 영상을 통해 얻고 있는 학생들에게 깊은 사고력과 창의력을 요구하고 다양한 삶을 이해시키려는 것은 지나친 욕심일 수도 있었다. 그러나 교육이 신체와 정신의 건강한 발달을 전제로 한 개성의 다양화와 보편화, 그것을 통한 더불어 사는 삶의 추구에 있다고 보면, 이러한 덕목은 어느 때보다 필요했다. 무엇보다도 독서 교육에 고삐를 늦출 수 없었던 까닭은 독서의 가치는 분명히 있다고 판단했기 때문이었다. 독서는 언어로 쓰인 여러 삶의 모습을 읽어 냄으로써 많은 생각을 하도록 하고, 이해의 폭을 넓히며, 자신의 삶과 타인의 삶을 돌아보게 한다. 이는 현대를 살아가고 미래를 살아갈 학생들의 모자라는 점을 극복할 수 있는 좋은 대안이 된다. 또한 독서는 학생들이 배워야 하는 많은 교과의 도구 교과 역할은 물론이고, 핵심 내용 학습의 길잡이 역할을 한다는 것이다.

어쩌면 학교에서 가르쳐야 할 것이 여기에 있는지도 모른다는 생각을 했다. 더구나 가치관의 상실이나 기본 질서의 붕괴를 염려하는 현실에서 더욱 필요함을 느끼며 발길을 옮기는데 나의 시선을 붙잡는 곳이 있었다.

교과부의 통합 교과형 논술 대책에 이어 나온 책들을 보며 안타까운 마음이 들었다. 개별 교과형 교과 중심의 학교 교육에서 한 발 더 앞서 나가려는 학생들이 통합교과형 논술 사교육 시장으로 몰릴 것 같은 우려에서이다. 독서와 토론은 모든 수업에서 자연스럽게 일상적으로 이루어져야 한다. 비판적으로 읽고 쓰고 말하는 능력을 기르는 건 참으로 중요하지만 결코 한순간에 이루어지는 것이 아닌 만

큼, 입시 방식만을 바꾸는 것이 아니라 교과 과정이나 수업 방식을
바꿔야 가능할 것 같다는 생각이 들었다.

수북이 쌓아 놓은 참고서도 안타까웠다. 어린아이들을 죄는 입시
제도, 사회 분위기, 거기에 누구보다도 빨리 적응하는 아이들, 왕따,
자살 등은 폭넓은 독서보다 밑줄 그으며 보는 참고서 때문이라는 생
각은 지나친 것일까? 소설책 한 권보다는 교과서나 참고서를 펼칠
수밖에 없는 현실 때문일까? 중학교 학생들의 뽀송뽀송한 솜털을 바
라던 내 기대는 자주 빗나갔다.

고개를 저으며 시인의 마을로 갔다. 특히 교사 출신의 시인들을
만났다. 안도현, 도종환, 김시천, 정영상, 박일환, 안준철 시인은 모두
아이들과 교육에 대한 순결한 사랑이 있었고, 진실과 정의의 승리를
노래하였다. 양성우 시인의 시 「겨울 공화국」을 다시 읽어 보았다. 인
터뷰 기사가 가슴속을 울렸다. 해직 후 30년이 흐른 지금 교사의 의
미가 무엇이냐고 물었을 때 그는 "미래 사회를 어떻게 살아갈 것인
가를 고민하는 사람이 교사이고 그에 관한 배움과 가르침이 이루어
지는 곳이 교실이라고 했다. 아이들에게 올바른 가치관과 인격을 가
르치고 진실의 힘을 가진 사람만이 참된 삶을 영위할 수 있다."고 하
였다.

여행 서적을 살피는 것도 빼놓을 수 없었다. 분필가루 흩날리고
개구쟁이 아이들로 지친 숨결을 달랠 방법은 여행이 제맛이었다. 책
을 손에 쥐는 것만도 몸은 훨훨 자연 속을 거니는 것 같았다.

신간 도서 코너, 베스트셀러 코너, 스테디셀러 코너를 지나 두어
시간 책 속에 파묻혔더니 다리가 아팠다. 서점 안에는 많은 사람들

이 책장을 뒤지고 있었다. 지난 세월 책 한 권을 손에 쥐면 누군가 다소 약속 시간이 늦더라도 봐주던 때가 있었다. 책을 보며 기다릴 수 있었고 가난한 나에게 마음의 양식을 주는 줄글이 있었기 때문이었다.

아이들과 서점을 탐방하여 그곳에서 직접 책을 봄으로써 마음의 여유를 갖고 스스로 읽고 싶은 책을 고르고 구입하는 경험을 맛보았다. 집으로 향하는 마음은 세 권의 책이 준 식사로 든든했다.

 **10월 27일(토)**

지금 우리는 춘천으로 간다

가족 여행은 비가 온다는 일기예보 때문에 포기하려고 했으나, 예상과는 달리 비는 오지 않았다. 오히려 파란 하늘과 맑은 가을 햇살이 유혹하여 여행을 결심했다.

늦은 1시 토요일인데도 학교에 간 남편을 서둘러 불러들였다. 솔이와 윤이에게 함께 여행할 것을 권했으나 두 아이 모두 내키지 않는 눈치였다.

솔이는 시험 준비로 마음의 여유가 없을 것이고, 윤이는 혼자 있는 맛을 이미 즐기고 있어 더 권하진 않았다. 부지런히 짐을 챙기고 남편 차에 오른 시각은 늦은 2시 30분이었다. 회색 빌딩 숲을 벗어나니 마음은 구름 위에 오른 듯했다. 차에서 흐르는 아름다운 선율에 콧노래를 실었다. 시선이 가을 색으로 덮인 거리에 멈출 때마다 탄성은 절로 새어 나왔다.

남이섬에 도착하자 알록달록한 나뭇잎 색깔들에 눈이 부셨고 아름다움에 황홀했다. 떨어진 단풍잎을 쉴 새 없이 주워 들었다. 우리 책돌이와 책순이들에게 단풍잎으로 책갈피를 만들어 선물하겠다는 마음뿐이었다.

이토록 아름다운 가을을 처음 만난 것 같았다. 폭신한 낙엽을 밟으며 여유로운 산책을 즐겼다. 두 손을 잡고 걷는 동안 남편의 따뜻한 체온이 느껴졌다. 잔잔히 흐르는 강물 위로 어둠이 내려앉았다. 아름다운 강변 풍경이 어둠 속으로 밀려났다. 은행나무 길로 접어들었다. 하늘과 바닥을 온통 노랗게 물들인 은행잎이 별천지 세상을 만들었다. 섬 북쪽 강변 산책로를 따라갔다. 갈대 숲 앞에 서서 카메라에 추억을 담았다. 그 길을 거쳐 TV 드라마 「가을동화」의 주인공이 섰던 곳을 잠시 머물며 인생의 주인공을 꿈꾸었다. 지친 삶을 달래는 맛이 여기에 있었다. 섬이 어둠 속에 완전히 잠겼다. 배를 타고 나왔다.

주차장 근처에서 저녁으로 춘천의 명물 닭갈비를 먹었다. 매콤하면서도 부드러운 닭 속살이 느껴졌다. 편의점에 들러 맥주와 안주거리를 샀다. 그리고 어둠을 가르며 숙소를 찾았다. 두세 번 고른 끝에 들어간 숙소는 북한강 줄기에 있었다. 하루를 조용히 내려놓았다.

잠에서 깨어났다. 밤새 내린 빗줄기가 옅어지고 강에는 물안개가 솟아올랐다. 머얼리 경춘선 기차가 칙칙폭폭 달렸다. 푹 쉬고 싶었으나 하루 일정은 짧았다. 차에 올랐다. 산에는 구름이 서서히 걷히고 있었고, 비에 씻긴 아침 풍경이 맑고 산뜻했다. 김유정이 태어난 곳, 춘천 실레 마을로 발길을 옮겼다. 간간히 흩뿌리는 비에 낙엽이 뒹굴었다.

김유정 생가에 도착하자 햇살이 구름 사이로 조금 삐져나와 있었다. 김유정 소설을 아이들과 함께 감상할 때마다 우직하고 순박한 주인공 등장, 사건의 의외적인 전개와 엉뚱한 반전, 비속어 구사 등 독특한 언어 감각에 매료되었다. 생가와 기념관을 돌아보고 그의 문학 세계와 쓸쓸하고 짧은 생애를 생생히 접할 수 있었다. 김유정의 소설 대부분이 이곳에서 구상되고 작품의 등장인물이나 지명 등도 대부분 이곳의 실제 상황과 일치한다고 하니 마을 전체가 작품의 산실이고 이곳이 문학관이 아닌 문학촌임을 알 수 있었다. 아늑한 마을 앞뒤로 펼쳐진 산이 계절마다 아름답게 피어날 것 같았다.

김유정의 가슴 아픈 사랑을 알고 그가 가엾게 느껴졌다. 당시 최고의 명창을 사랑하였으나 이루지 못하고 귀향하여 평생 병마에 시달렸다. 최악의 환경 속에서도 작품 활동을 했고 죽는 날까지 펜을 놓지 않은 김유정, 채 서른 살도 다 채우지 못했다. 짧고 굵은 삶을 살다 간 아름다운 청년은 이곳에도 있었다.

다음 발걸음을 청평사로 옮겼다. 가을 햇살이 땅에 부서지고, 하늘은 청명했다. 산을 넘어갔다. 산마루에서 구름과 어우러진 오봉산을 본 것은 행운이었다. 어찌나 맑고 깨끗하던지.

산에서 내려오는 길에 흐드러진 단풍잎을 보았다. 빨강, 주황, 노랑 등 색깔들의 향연이었다. 한 잎 두 잎 딸 수 없어 나뭇가지를 통째로 얻었다. 우리 학교 전교생에게 줄 만큼의 책갈피였다.

호수를 바라보며 청평사로 발길을 옮겼다. 계곡 따라 올라가는 호젓한 오솔길이었다. 청평사의 대표 유적인 회전문을 보고, 당나라 평양공주와 그녀를 사랑해 뱀이 된 청년의 전설이 전해 오는 영지를 보며 하산했다.

산 아래 술과 빈대떡을 파는 노점들이 줄지어 있었는데 한 할머니의 상술에 못 이겨 그 집을 찾았으나 별맛이 없었다. 오히려 주변의 단풍나무에 연신 눈길을 보냈다. 오늘이 지나면 오늘의 가을은 가고 없을 것 같아 내 시선을 저 예쁘고 아름다운 곳에 머물게 하고 싶어서인지 모른다.

두 아이들이 눈에 밟혀 일찍 서울 길로 접어들었다. 낭만적인 춘천가도를 달렸다. 성큼 다가온 가을은 우리 곁으로 계속 따라오고 있었다.

회룡포를 돌아든 물이 주산지에 담기고, 다시 흘러 주왕산의 폭포가 되었나
- 회룡포, 주왕산, 주산지 여행

결혼 기념으로 떠날 여행지로 청송의 주왕산과 주산지를 선택하고. 두 아이가 이틀 동안 먹을 음식을 아침부터 장만하느라 분주했다. 토요일 늘 몸살을 앓는 고속도로를 생각하여 서둘러 남편이 운전하는 차에 몸을 실었다. 차창에 가을 햇살이 잘게 부서지고, 창으로 바라본 가을산은 아름다운 빛깔로 흠뻑 물들어 있었다.

청송 가는 길에 예천의 회룡포를 남편이 안내하였다. 그곳은 국어 교과서를 열 때마다 본 곳이었다. 국어 교과서 첫 장에 있는 회룡포를 직접 와서 보니 무척 신비스러웠다.

회룡포는 육지 속의 섬마을 같았다. 금방이라도 인연을 단절할 듯 뭍의 끝자락에 아슬아슬하게 매달려 있었다. 용이 몸을 꼬며 돌아가듯이 물이 흰 모래와 짙푸른 하늘을 만나서 흐르는 마을은 가히 절경이었다.

회룡포를 돌아본 후 신라 시대의 고찰 장안사에 머물러 절을 올리고 그곳에서 내놓은 식혜를 마셨다. 익어 가는 산사의 가을 풍경을 뒤로하고 청송으로 발길을 옮겼다. 주왕산 근처까지 어둠을 몰고 달려왔다. 산채비빔밥과 더덕구이에 송이로 빚은 막걸리를 맛있게 먹고 잠들었다.

　주산지의 물안개를 보기 위해 서둘러 준비하고 문을 나섰다. 입구에 도착하자 여행객은 벌써 우리들 앞에서 카메라에 비경을 담느라 정신이 없었다. 영화 「봄 여름 가을 겨울 그리고 봄」을 보고 그 촬영지인 이곳을 꼭 오고 싶었는데 와서 보니 아름다운 풍경에 눈을 뗄 수가 없었다. 물속에 잠긴 왕버드나무에 시선을 멈추었다. 바닥에 거울을 깔아 놓은 것처럼 마냥 푸른 하늘부터 그 아래의 나무기둥과 나뭇가지의 모습이 섬세하게 그대로 물 위에 그려졌다. 10여 그루가 물속에 뿌리를 내민 채 수면 위로 얼굴을 내밀고 있어 신비스러움을 더했다. 조금 늦었지만 물안개 낀 주산지를 볼 수 있어서 행운도 겹쳐졌다.

　주왕산에 다다랐을 때 햇살이 대지에 퍼지고 단풍 든 나뭇잎이 반짝거렸다. 등산길은 아늑하고 편안했다. 제1폭포를 거쳐 제2폭포, 제3폭포까지 세 시간 남짓 걷는 동안 마주하는 기암절벽은 “아, 멋지다.”라는 말로밖에 형용할 수 없었다. 학소대, 급수대 앞 오솔길을 지나노라면 계곡 쪽으로 기울어진 가파른 절벽이 금세라도 무너질 듯 아찔하였다. 폭포 주위 맑은 물 위로 바람이 스칠 때마다 낙엽이 우수수 떨어졌다. 파아란 하늘 위로 구름송이도 깨끗했다. 산세는 험했으나 호젓한 산길을 걷는 수준이어서 상쾌한 기분마저 들었다. 산에서 내려오자 여행객들이 몰려들어 발 들일 틈이 없었다.

　늦은 1시 30분경이었다. 청송에서의 마지막 볼거리인, 달기약수탕이라 불리는 약수터를 구경하려다가 이 약수로 끓인 백숙으로 점심을 대신했다. 주왕산의 대표적인 별미라고 하여 빼놓을 수 없었고,

돌아오는 길에 우리 윤이가 좋아하는 사과를 한 아름 샀다. 청송이 자랑하는 꿀사과인데 정말 사과 안에 꿀이 가득 담겨 있어 맛이 좋았다.

닭죽과 사과를 맛있게 먹으며 청송 여행을 마무리 짓고 서울 길로 접어든 시각은 늦은 두 시쯤이었다. 잠시 졸다가 문득 들었던 생각 하나. 회룡포를 돌아간 물이 주산지에 담겼다가 주왕산의 폭포로 흘러내린 것은 아닐까? 그것을 바라보다 너무 지친 나무가 눈이 빨개져서 단풍으로 변한 것은 아닐까?

가을 풍경을 만끽할 수 있는 청송 여행 덕분에 한 주를 활기차게 시작할 수 있을 것 같고, 남이섬 여행에 이어 세 번째, 우리 둘만의 여행을 약속할 수 있을 것 같았다.

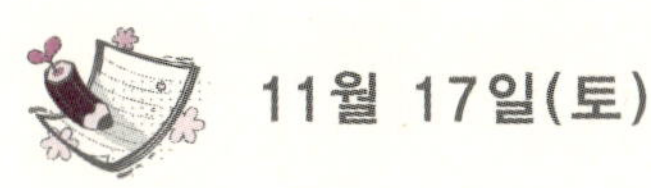 **11월 17일(토)**

문을 열어야 달빛이 방 안을 비추리

토요일 무작정 길을 나섰다. 목적지는 서산의 개심사와 천수만 근처의 간월도였다. 개심사는 이름처럼 마음을 열어 좀 더 나은 나를 찾아보기 위해서였고, 간월도는 바닷가의 정취를 가짐은 물론 아이들에게 철새를 보여 주고 싶은 욕심에서였다.

특별히 준비할 것도 없는 하루의 여행이고 거리도 가깝기에 9시나 되어 출발을 했다. 서해안 고속도로는 한산했고 약간의 안개가 낀 것 말고는 화창한 날씨다.

서해대교에 있는 휴게소를 잠깐 둘러보고 서산마애불을 지나 있는 보원사터를 먼저 찾았다. 한적한 산촌의 골짜기, 사람이나 민가보다는 무슨무슨 가든이라는 음식점이 더 많은 길가에 보원사터라는 안내판과 함께 당간지주가 서 있었고 작은 개울을 지나서는 5층 석탑과 부도탑 등이 자리 잡고 있었다. 석탑이 있는 곳에서 바라보니 남쪽이 산으로 막혀 답답한 기운은 있으나 아침 해의 푸근함과 냇가의 조촐함, 좌우의 공간이 열려 있어 여유 있는 포근한 절터였다. 윤이는 탑보다도 넓은 터를 돌아쳤다. 절이 있을 적에는 다리가 걸렸을 냇가를 살살 걸어 본다. 보원사터는, 절이었을 적에는 절로서 사람의 마음을 다스리더니 절이 무너지고 나서도 사람의 마음을 잡아 주는 제 역할을 다 하고 있었다.

내려오며 마애불에 들렀다. 자연석을 이용한 선인들의 자연관도 좋거니와 다리를 건너고 수많은 계단을 올라야만 모습을 보여 주는 자존심도 좋았다. 백제의 미소는 전만 같지 못했다. 늦가을의 쓸쓸함 때문이었을까? 아니면 내려다본 세상의 혼탁 때문일까?

쓸쓸한 것은 개심사를 향하던 길목에도 있었다. 김종필과 관련됐던 그 넓은 목장의 황량함에 이어 개심사를 오르는 돌계단의 망가짐과 지름길을 택하지 못하게 쳐 놓은 몇 겹의 레이온 줄이 그것이었다. 여기가 개심사(開心寺)의 입구임을 알려 주는 소임에 충실한 두 개의 작은 바윗덩이와 요사이 학교 교문의 위압적 구도를 견주며 돌계단을 오르노라니 노송은 겨울을 불러 다스리고 있건만 돌계단은 누런 끈 몇 가닥으로 사람의 편함을 다스리려 하고 있었다. 이 길을 걷는 이들이 마음을 열기 위해 택한 길인가? 그들은 진정 마음을 열어 보려는 생각이 있기는 한 것일까?

개심사 경내는 그리 크지 않았다. '象王山 開心寺'의 큰 글씨와 어울리지 않게 구석구석 공간을 이용했고 소나무의 생김새를 그대로 이용하여 지은 절집과 오래된 기둥을 옷 깁듯이 때운 모습이 정겨웠다. 내려오는 길엔 더욱더 눈에 띄는 망가진 돌계단과 너무 쉽게 내려오는 짧은 거리가 마음에 걸렸다. 마음을 열기는커녕 인간에 대한 실망감만 더 크게 느꼈다. 아직도 마음을 열기에는 먼 길인 개심사를 너무 쉽게 다녀오면서 어쩌면 마음을 쉽게 열어야 함을 역설적으로 보여 주는 것이란 생각도 들었다.

홍성으로 내려가지 못하고 서산으로 돌아가느라 시간이 더 걸리긴 했지만 2시가 채 안 돼 간월도에 도착했다. 벌써 차들은 간월암을 향하는 야산 주차장을 가득 채웠다. 회와 매운탕으로 점심을 먹고 갯벌에 들어서니 굴과 작은 고동이 천지다. 윤이는 신나서 굴도 까먹어 보고 짜다고 인상도 찌푸린다. 몇 개의 조개도 주워 봤지만 모두 빈 것이었다. 이것도 간척사업과 인간의 발자국 때문이리라. 나도 별수 없이 그 발자국을 보태며 고동 하나를 잡고 간월암에 올랐다.

암자는 그리 오래돼 보이진 않지만 남쪽을 향한 본채와 서쪽에 지어진 작은 채 모두가 바다를 바라보기 좋았다. 특히 서쪽의 망망대해는 낙조가 아름다울 것이란 예측을 충분히 할 수 있었다. 낙조를 보기 위해서는 두 시간 정도 기다려야 하겠지만 어디 쉽게 포기할 수 있는 장면인가? 여기저기를 다니며 시간을 보냈다. 산 위 주차장 뒤의 선착장은 충청도 아낙네의 사투리만큼이나 천천히 움직이는 고기와 인정이 있었다. 어디에나 있는 호객 행위가 없어 여유 있게 둘러봤어도 아직 해는 중천에 있다.

낙조의 순간을 잡으려고 기회를 노렸다. 바람이 불어 제법 쌀쌀한 날씨지만 그만큼 거칠 것이 없는 하늘의 해는 바다에까지 자신 있는 그림자를 늘였다. 아직 낙조가 시작되지 않았지만 내 마음을 열어야 했다. 저렇게 제 몸과 하루를 남김없이 불사를 수 있다면, 어둠에 대항할 수 있는 것은 붉은 마음임을 유언으로 남기고 미련 없이 사라질 수 있다면 어찌 너에게 마음을 열지 않으랴. 그러나 낙조는 아직 사람들에게 마음을 열지 않았다. 낙조가 시작될 즈음 기다리던 구름이 개심을 막았다. 어쩌랴. 돌아설 수밖에. 돌아오는 길은 어김없이 막혔다. 낙조를 보지 못한 실망감과 구름을 예측하지 못한 판단력 부족에 약이 올랐다. 개심사를 여행지로 정할 때는 은근히 거듭나고자 함이 아니었던가? 그런데도 지금 나는 내 마음을 열지 못한 것보다 여행지의 상대들이 내 마음에 들지 않은 것에 마음을 더 쓰고 있는 것이 아닌가?

부처가 마음에 있고, 행복의 파랑새가 내 가슴에 있다고 배우고 가르친 것이 그 얼마인가? 내 마음은 내가 열어야지 누가 열어 주지 않는다는 너무나 평범한 진리를 왜 자꾸 잊고 사는 것일까?

개심사는 마음을 열어 주는 절이 아니라 마음을 열고 오르는 절일 것이리라. 간월암의 무학대사도 달이 깨달음을 준 것이 아니고 달을 보고 깨달음을 얻었다고 하지 않던가. 내가 먼저 문을 열지 않는

데 달빛은 어떻게 들어와 방 안을 비출 것인가. 이런 생각을 하는 사이 막혔던 길은 뚫려 있었다.

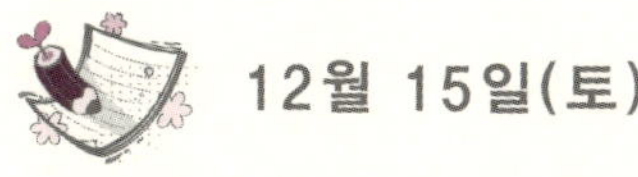 **12월 15일(토)**

철책선 따라 평화의 발걸음을 딛다

매서운 한파로 전국이 꽁꽁 얼어붙은 일주일이었다. 옷을 겹겹이 입고 목도리를 둘렀지만 칼바람은 살갗을 파고들었다. 그 가운데에 폭설이 내려 길은 미끄러웠다. 그 바람에 지난주에 있을 안보 현장 체험 연수는 일주일 연기되어 오늘 떠나게 되었다.

여느 때보다 일찍 일어나 창문을 열었다. 바람 한 점 없는 아침이다. 오늘 하루 식구들의 먹을거리를 준비하고 운동화 끈을 조였다. 도시는 벌써 하루를 여는 사람들로 분주했다.

교장, 교감 선생님과 행정실장님 그리고 9명의 선생님들과 함께 버스에 오른 시각은 이른 8시 50분. 연수 장소인 파주로 향했다. 차가 도심을 빠져나가고 있을 때 하얀 구름 사이로 파란 하늘이 살짝 보였다. 차창으로 쏟아지는 겨울 햇살이 모두의 가슴에 축복으로 안겼다. 자유로의 시원함과 한강의 넉넉함이 버스 속의 50분을 짧게 느끼게 했다.

이른 9시 40분. 임진각 평화누리 공원에 도착했다. 이곳은 '2005 세계평화축전'을 계기로 임진각 관광지 내의 드넓은 잔디 언덕에 만들어진 복합 문화공간이다. 분단의 상징인 임진각을 화해와 평화, 통일의 상징으로 전환하기 위해 조성되었다. 공원은 이른 시간인데도 방문객들로 붐볐다.

평화의 종 아래에서 기념사진을 찍고 관람을 시작했다. 경의선 장단역 증기기관차가 눈길을 끌었다. 한국전쟁 당시 폭격을 맞아 멈춰버린 채 비무장지대에 남아 있던 이 기관차는 한국전쟁과 분단의 아픈 유물이 되었다. 그 옆에는 통일을 기원하는 사람들의 염원이 담긴 형형색색의 띠지가 가득 달려 있었다. 임진각 평화누리 공원을 도는 내내 포근한 날씨는 마음까지 훈훈한 평화를 가져다주었다. 임진각 철교와 망배단, 전쟁 당시 탔던 탱크와 비행기들을 모아 놓은 전시장, '철마는 달리고 싶다'로 유명한 증기기관차, 버마 아웅산 순국 외교사절 위령탑 등 다양한 볼거리를 즐기는 사이 어느새 11시가 되었다. 임진각 평화누리 공원에서 겨울날의 아름다움과 분단국가의 슬픔을 동시에 느낄 수 있었다.

DMZ 버스 투어를 위해 차에 오른 시각은 11시. 남쪽 출입사무소 앞에서 경비병이 차를 세웠다. 신원 확인을 하기 위해서였다. 통과 신호를 받고 통일대교를 건너 북으로 향했다. 서너 번 밟아 보아도 민통선 북쪽의 내 나라 내 땅을 생각하면 마음이 설렌다.

육로로 한 시간이면 도착하는 가깝고도 먼 길 개성, 분명 남북이 공존하는 땅이었다. 새삼 정주영 전 현대 회장이 떠올랐다. 토실토실한 소 500마리가 보드라운 바람을 가르며 회장의 따뜻한 손길에 의

해 1번 국도를 통해 북으로 올라가는 장면이 생각났다. 아름다운 그림 한 편이 나의 기억 저편에 서 있었다.

통일을 당위성으로만 접근하지 말고 교류 협력이라면 더 좋겠다는 것이 통일에 대한 나의 관점이다. 다양한 문화 교류는 삶의 질을 향상시키고 풍요롭게 만든다. 가까운 곳, 특히 뿌리가 같고 언어가 같은 한민족끼리 친하게 지낸다면 최소한 그들을 적으로 보지 않을 것이다. 당연히 북한도 교류 협력의 대상이다. 학문, 경제, 예술 등 다양한 측면에서 교류가 이루어진다면 통일의 발걸음이 한층 빨라질 것이다. 교류와 협력을 통한 통일이 되었으면 한다.

남북출입사무소가 눈에 뜨였다. 사람이 별로 없어 쓸쓸해 보였다. 5년 전까지만 해도 개성 방문객과 통일 사업으로 북적이고 분주한 곳이었다. 지금의 한산한 분위기가 얼어붙은 대북관계를 말해 주고 있었다. 이번 봄에는 꼭 풀렸으면 하는 바람이 간절했다.

차에서 내려 제3땅굴을 관람했다. 1978년 탐사를 실시하던 중 지하수가 공중으로 솟아오르면서 모습을 드러냈다고 한다. 지하 땅굴용 모노레일을 타고 300미터 깊이로 내려간 다음 내려서 걸었다. 승강기에서 내려 머리를 약간 숙이고 7분 정도를 걸어가니 앞이 막혔다. 그곳이 북한군이 파 내려오다 들켜서 끝난 지점이다. 총길이 1,635미터이고 깊이 73미터라고 한다. 우리가 내려가고 걸어간 곳은 북한군이 판 땅굴의 끝을 보기 위해 우리 군이 파 놓은 지하 통로인 셈이다. 그것이 관광 상품이 되었으니 슬프고 안타깝기만 했다. 분단 국가의 현실을 몸으로 체험하고 다음 목적지로 발걸음을 옮겼다.

도라 전망대에 올랐다. 전망대의 망원경 렌즈 안으로 북녘 땅이

들어왔다. 그것을 통해 본 개성공단, 송악산, 기정동 마을이 손만 내밀면 잡힐 듯했다. 이 가까운 거리를 두고 인공기와 태극기가 각각 펄럭이며 60년 세월이 흘렀다. 두 개의 국가가 수립되어 흐른 두 줄기 강이었다. 언제나 교류와 협력이 시작되려는지.

고려 500년 역사의 숨결이 느껴지는 개성, 그리고 정몽주의 충절을 엿볼 수 있는 선죽교, 그 너머로 박연폭포가 있다기에 은근히 다음 여행지로 꼽아 보았다.

도라산역을 관람했다. 도라산역에 들어서는 순간 "도라산역은 남쪽의 마지막 역이 아니라 북쪽으로 가는 첫 번째 역입니다."라는 글이 나의 눈길을 사로잡았다. 서울에서 신의주까지 가는 철로, 머얼리 북측 하늘에 솜사탕 같은 흰구름과 파아란 하늘이 눈부셨다. 여전히 삼엄한 분위기가 가득 서린 남북 분단의 현장이지만, 그럴수록 철책선은 통일에 대한 짙은 염원을 담고 있을 것이다. 그 선에 평화의 발걸음을 점점이 찍어 놓는다면 남과 북은 더 이상 단절과 긴장의 공간이 아닌 교류와 화해의 길이 되지 않을까?

몇 년 전 해설사로부터 들은 '도라산'이라는 이름의 유래가 생각났다. 도라산은 고려 왕건에게 나라를 넘긴 신라 경순왕으로부터 유래되었다고 한다. 경순왕과 결혼한 왕건의 딸 낙랑공주는 남편의 시름을 덜어 주기 위해 암자를 지었고, 경순왕이 이곳을 찾아 신라의 도읍을 생각하며 '도라(都羅, 도읍 도, 신라 라)'라 이름 지었다고 한다.

마지막 투어 장소인 통일촌으로 가는 길. 차창으로 텅 빈 들판이 보이고 철새들이 겨울을 나고 있었다. 인삼밭이 눈에 자주 보였다. 품질이 좋은 개성 인삼이 이곳에서도 많이 재배되었구나! 산하는 평화롭기만 했다. 전원주택 마을도 보였다. 그러나 이곳에도 개발 바람이 불어 미리 땅을 사들이는 투기꾼이 있다고 하니 혀만 끌끌 찰 뿐이었다.

판문점 표지판을 볼 때마다 4년 전 그곳에 갔던 기억이 났다. 한국전쟁 종결 때 정전 협정이 이루어진 곳, 남북 회담이 열리는 공간인 판문점. 역사적인 현장에 섰다. 만감이 교차하는 듯 가슴이 벅찼다. 남북 정상들이 자주 어깨를 나란히 하고 "반갑습니다." 하며 뜨거운 악수와 웃음을 주고받는다면 한반도의 평화와 안정은 빨라지지 않을까? 서울에서 평양까지 가는 데 불과 4시간이 걸리는 거리인데 반세기 넘도록 멀게만 느껴졌으니. 이곳에 많이 앉으면 앉을수록 마음은 하나가 되어 가지 않을까.

JSA(공동경비구역)은 UN의 관할 지역이라서 그곳에선 UN군의 통제를 따라야 한단다. 안내하는 JSA 대원이 회색 시멘트 라인을 보여주었다. 이 좁고 보잘것없는 선이 남과 북을 갈라놓고 있으니 언제쯤이면 선이 없어지고 자유로이 남과 북이 마음 놓고 오고 갈 수 있을지. 팔각정에 올라 북측 군인 모습도 보았다. 전쟁과 죽음으로 얼룩진 곳에서 새로운 생명이 움트는 기분을 언제나 느껴 보려나. 그 설레는 울림에 다시 평화와 화해를 꿈꿔 보았다.

처음으로 비무장지대(DMZ)를 접했다. 여전히 긴장과 경이로움으로 가득 찼다. 군사분계선을 경계로 철조망이 남북으로 불과 2킬로미터 떨어진 곳에 설치되었다. 그곳은 한없이 펼쳐진 숲으로 울창한 나무가 있었고, 비옥한 영토가 있었으며, 지뢰밭의 위험에도 불구하고 자연 생태가 그대로 보존되어 있었다. 무엇보다도 때 묻지 않은 땅과 맑은 공기는 우리나라 미래를 일굴 희망의 땅이었다. 비록 지금 DMZ가 분단의 상징이지만.

그때 북측의 인공기와 대성동 마을의 바람에 나부끼는 태극기를 보았다. 인공기는 무척 크고 무게가 많이 나가 바람에 펄럭이지 않는다고 한다. 바람에 나부끼는 거대한 태극기를 보며, 그렇게 펄럭일 수밖에 없는 것은 그 안에 담긴 우리의 소원을 북녘 땅에 전해 주기 위함이라는 생각을 했다.

'돌아오지 않는 다리'도 인상 깊게 보았다. 이 다리의 이름이 '돌아오지 않는 다리'로 불린 것은 1953년 휴전 후 여기에서 전쟁포로 교환이 이루어졌기 때문이라고 한다. 이때 포로들이 이 다리 위에서 일단 방향을 선택하면 다시는 돌아갈 수 없었기 때문에 붙여진 이름이란다. 민족 분단의 비극이 낳은 다리였다. 언제나 마음 놓고 왔다 갔다 할 수 있는 다리가 될지?

그곳을 벗어나려고 하는 순간, 언젠가 신문에서 본 비무장지대 작은 호수 안의 고라니 한 쌍과 향로봉 정상 부근 숲에서 발견된 에델바이스 사진이 떠올랐다. 그 아름다운 한 폭의 그림을 상상하며 비무장지대를 바라보니 더없이 마음은 풍요로웠다. 더 이상 비무장지대가 단절과 긴장이 아닌 화해와 희망의 공간으로 거듭나길 바랐다.

과거 시간 속을 지나고 있을 때 DMZ 투어는 끝났다. 분명 전쟁과 죽음으로 얼룩진 땅에서도 희망이 샘솟을 것이다. 나는 그 희망의 끈을 놓지 않으며 오늘을 맞고 내일을 준비할 것이다.

점심으로 얼큰한 매운탕을 먹고 황희 정승 유적지에 닿았다. 이곳은 선생이 관직에서 물러난 후 갈매기와 벗 삼아 여생을 지낸 곳이다. 반구정은 강가의 깎아지른 듯한 절벽 위에 있었다. 그곳에 올라 임진강에 쏟아지는 햇살을 바라보았다. 분단의 아픔을 안고 흐른 세월. 잔잔한 물결은 평화로웠다. 저 철조망만 없다면 더없는 절경이리라.

정자에서 내려오니 온화한 얼굴빛을 띤 황희 정승 동상이 발길을 붙잡았다. 잠시 머물다 방촌기념관의 문을 두드렸다. 제일 먼저 영정이 반겼다. 마침 해설하는 분이 있어 선생의 삶과 사상, 업적을 자세히 전해 들을 수 있었다. 선생은 고려 때 개성에서 태어나 고려가 망하자 두문동에 은거하였다고 한다. 주변 사람들의 권유로 조선의 벼슬길에 나서게 되었다. 선생은 주요 요직을 두루 거치고 세종대왕 시절 19년간 영의정을 역임하면서 많은 업적을 남겼다. 선생님들과 걷는 내내 청렴결백의 인품으로 존경을 받은 선생의 발자취를 다시금 느낄 수 있었다.

해거름에 서둘러 차에 올랐다. 헤이리 예술마을로 속력을 냈다. 헤이리 예술마을에는 하루에 열리는 전시, 공연, 행사가 수십 개에 달한다고 한다. 많은 볼거리가 유혹했지만 우리가 선택한 것은 옹기박물관을 관람하고 따뜻한 차 한잔하는 것이었다. 헤이리에서 가장 높은 곳에 위치해 있는 한향림 옹기박물관 앞에서 발길을 멈추었다.

12명의 관람료를 내자 안내하는 분이 와서 옹기 설명을 아끼지 않았다. 다양하고 신기한 모양의 옹기들이 가득했다. 커다란 옹기부터 독특한 모양의 다양한 도자기까지 다양했다. 그것은 오랜 세월 우리의 삶과 하나 되어 계속되어 온 옹기. 각 지방마다 서로 다르게 생겼음을 알았다. 그리고 옛 조상의 생활상과 지혜를 엿볼 수 있었다.

한국 옹기 예술의 멋과 아름다움, 가치와 새로움을 감상할 즈음 창에 붉은 기운을 머금은 해가 비쳤다.

　박물관 2층에 마련된 카페에서 노을이 지는 아름다운 풍경을 감상했다. 야외 전시장으로 나오니 시골집 토담 아래에서 볼 수 있는 장독들이 예술작품으로 거듭나 있었다. 자연과 예술이 어우러진 야외 전시장이었다. 그곳에서 본 석양은 황홀했다. 황토빛이 주는 편안한 시간을 끝으로 오늘의 일정을 마쳤다.

　돌아오는 버스 속. 선생님들은 오늘의 특별한 체험을 정리하며 어둠이 내려앉는 창밖을 바라보고 있었고, 나 또한 교사 노릇에 좀 더 매진해야 함을 느꼈다.

　이제는 고마운 분들께 인사를 할 차례이다. 이번 연수 역시 사람 사는 길이 혼자가 아니라는 사실을 확인시켜 주었다. 소중한 체험의 기회를 마련해 준 교장, 교감 선생님. 우리들의 먹을거리를 준비하고 챙겨 준 윤영애, 이현주 선생님. 볼거리와 맛집을 스마트폰으로 실시간 알려 준 우형미 선생님. 무엇보다도 바쁘고 지친 일상으로 쉬고 싶지만 기꺼이 연수에 참가해 준 여러 선생님들께 감사를 드리면서 느끼는 생각 한 토막에 혼자 미소를 짓는다. 최근 긴장된 남북 관계가 빨리 풀리고 여러 방법의 교류를 통해 사람들의 발길이 점점 늘어나 통일이 된다면, 오늘 함께 걸은 우리 선생님들은 어디서 무엇을 하고 계실까? 혹시 과거의 아픔을 다독이고 다시는 그런 어리석은 일이 일어나지 않도록 교육하는 통일관광해설사는 어떨까?

10

연극 형식을
빌린 수업

의사 장기려에 대해 청문회를 열고
실제 인물에 대한 이해와 교훈을 체험한다.

고전 소설 「박씨전」을 가면극 형태로 수업함으로써
딱딱하고 어려운 고전을 흥미롭고 자연스럽게
접할 수 있다.

종합 예술의 특징이 있는 연극적 요소를 교육에 도입한 것은

청문회식, 모의재판식, 가면극 형식, 심포지엄식 등의 수업 모형이었다.

그것을 듣기, 말하기, 쓰기, 읽기의 통합적 교수 학습으로 유도하였다.

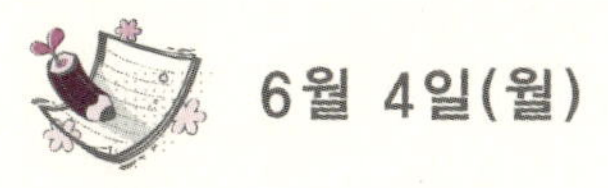

청문회식 수업

10여 년 넘게 글의 갈래에 따른 특성을 바탕으로 연극적 요소를 도입하고 장르를 바꿔 학생 중심의 국어 수업을 해 왔다.

종합 예술의 특징이 있는 연극적 요소를 교육에 도입한 것은 청문회식, 모의재판식, 가면극 형식, 심포지엄식 등의 수업 모형이었다. 그것을 듣기, 말하기, 쓰기, 읽기의 통합적 교수 학습으로 유도하였다.

또한 연극을 하나의 놀이로 볼 때 학생들이 직접 조작하고 체험함으로써 지식을 내면화하고 문제 해결 방법을 스스로 모색하며 그 의미를 탐색해 나가는 방법에 이러한 놀이적 성격을 적용하였다.

전기문 단원에서 청문회식 수업을 도입하였다. 전기문은 역사성을 지니고 있다. 전기문에는 한 인물의 역사가 담겨 있고, 그 인물이 그러한 업적을 남길 수 있었던 역사적 배경이 드러나게 되는데, 이것을 통해 그 인물이 살았던 당시의 시대 상황과 역사적인 의미 등을 알 수 있다. 또한 독자에게 감동과 교훈을 주는 글이 전기문이다. 어려움을 헤쳐 나가는 인물들의 의지와 노력을 보면서 감동을 받을 수 있고, 자신을 돌아보고 인생을 계획하는 데에도 큰 도움을 준다.

청문회식 수업은 대상 인물을 증인으로 내세워 질문하도록 하고 이 질문에 엄숙히 답하게 함으로써 인물의 성격과 행적, 의견 등을 살필 수 있다.

1학년 '바보 의사 장기려' 단원에서 장기려에 대한 청문회식 첫 수업을 했다. 먼저 아이들은 증인을 선정하고 증인에게 무엇을 질문할 것인지 모둠별 토의를 했다. 교실 안 아이들의 생각이 춤을 추었다. 서로 이야기를 나누는 사이 시계는 바빴다.

〈청문회식 수업의 준비〉

1. 절차

가. 작품을 충실히 읽어서 인물과 그 인물이 살았던 시대에 대해 이해한다.

나. 한 인물을 증인으로 선정한다.

다. 논리적 근거를 마련하기 위해 학생들은 증인에게 할 질문을 만든다.

라. 사회자를 정하고, 증인 선서 후에 질문에 들어간다.

마. 증인은 전기의 내용과 인물에 대해 미리 공부하고, 질문에 진지하게 답한다.

2. 역할 분담

- 증인:
- 사회자:
- 8~9명의 질문자:

3. 자리 배치

증인

사회자

| 질문자 | 질문자 | 질문자 | 질문자 | 질문자 | 질문자 | 질문자 | 질문자 |

청 중

일주일 동안 수업 자투리 시간을 이용하여 아이들은 질문할 내용을 외우고 연습을 했다. 나는 실제 수업에서 사용할 의사 가운을 영양사에게 빌리고 의사봉은 교장실에서 빌려 왔다.

아이들은 제 역할을 다하느라 애쓰고 적극적으로 참여했다. 청문회식 수업은 장기려의 삶과 행적을 알 수 있는 시간이었다.

실제 수업-장기려 인물 청문회(예시)

사회자: 오늘은 사랑으로 의술을 펼치면서 가난하고 병든 사람들을 위해 봉사하는 삶으로 일생을 바쳤던 의사 장기려 선생을 증인으로 모시고 청문회를 열도록 하겠습니다. (땅! 땅! 땅!) 앞에 앉으신 학생들은 엄숙한 자세로 질문해 주시고, 장기려 선생께서는 성실하게 답해 주시기 바랍니다. 증인 나와 주십시오. 오른손을 들고 선서하여 주십시오.

장기려: 선서! 나는 이 청문회에서 진실만을 말할 것을 맹세합니다.

사회자: 예, 선서해 주셨습니다. 그러면 준비한 질문의 내용을 명확하게 말씀해 주시고, 다른 분들은 잘 들어주시기 바랍니다. 질문해 주십시오.

학생 1: 예. 저는 장기려 선생의 전기를 읽고 개인적으로 존경하는 마음을 갖고 있는 홍경택입니다. 선생님께서는 언제 남쪽으로 내려오게 되었습니까?

장기려: 6·25 전쟁 중 남쪽으로 내려왔습니다.

학생 1: 왜 내려오게 되었습니까?

장기려: 국군을 치료해 준 일 때문에 공산군이 돌아오면 그냥 두지 않을 것이 분명하므로 남한으로 피난 오게 된 것입니다.

사회자: 다른 학생 질문하여 주십시오.

학생 2: 가족과 모두 함께 피난 왔나요?

장기려: 아닙니다. 아내와 딸을 두고 아들과 함께 내려왔습니다.

학생 2: (무릎을 탁 치며!) 아니 그럼 여자들만 두고 내려왔습니까? 남아선호사상이 강한 분 아닙니까?

사회자: 학생 2, 인신공격은 하지 말아 주십시오.

학생 2: (머리를 긁적거리며) 아, 죄송합니다.

장기려: 그 부분은 저도 참으로 가슴 아픕니다. 며칠만 지나면 다시 만나리라고 믿었던 헤어짐이 40년이 넘도록 이루지 않을 줄이야(흑흑거리며 흐느낀다).

사회자: 증인께서는 진정해 주십시오. 6·25 전쟁으로 인해 남북이 분단되어 서로 왕래할 수 없게 된 것이 참으로 안타깝습니다. 이게

남북 분단의 현실이지요. 다른 학생 질문해 주십시오.

학생 3: 남한에서 어느 곳에 살았습니까?

장기려: 부산입니다.

학생 3: 부산에서 무슨 일을 했습니까?

장기려: 전쟁으로 인해 병마에 고통받는 사람들을 무료로 치료해 주었습니다. 그때 부산에는 병이 났지만 아무도 돌봐 주는 이가 없고, 피란민들이 창고에 아무렇게나 수용되어 있기도 했으며, 전쟁으로 부모 형제를 잃고 정신이 이상해진 사람들이 많았습니다(얼굴을 가리며 고개를 흔들다).

학생 3: 그때 특별히 기억나는 일이 있습니까?

장기려: 경남 거창에 살고 있는 한 가난한 농부가 입원비가 없어 퇴원할 수 없었지요. 제가 입원비를 받지 않고 몰래 내보낸 일이 있지요? (하하하)

학생 3: 아, 저도 그 일을 압니다. 살짝 도망치라고 밤에 문을 열어 주었다지요. 게다가 차비까지 주다니! 정말 대단합니다. 다른 사람의 어려움을 이해하고 감싸 주는 선생님의 따뜻한 마음에 감동했습니다.

장기려: (손을 흔들며) 뭘요!

사회자: 다른 학생 질문해 주십시오.

학생 4: 저는 그 일이 잘못되었다고 생각합니다. 병원에 가난한 사람이 한둘입니까? 그렇게 다 보내 주면 병원 운영은 어떻게 합니까?

장기려: 아, 가난하고 힘없는 사람들을 우선 배려해 주다 보니…….

사회자: 선생님의 뜻을 잘 이해하셨을 줄로 압니다. 다른 학생 질문해

주십시오.

학생 5: 선생님, 의사로서 남다른 사명감이 있습니까?

장기려: 의사를 찾는 곳이라면, 환자가 있는 곳이라면 어디든지 가야 하는 것이 의사의 사명이라고 생각합니다.

학생 5: 아, 그래서 2주일에 이틀씩만 거제도에서 환자를 돌보기로 했군요. 자신의 편안함보다는 환자의 치료를 중요하게 생각하는 선생님의 정신을 본받고 싶습니다.

사회자: 또 누구 질문 있습니까?

학생 6: 저는 할머니가 선생님의 손에 달걀 세 개를 준 일화를 들은 적이 있습니다. 자세히 말씀해 주시죠?

장기려: 3대 독자인 손자의 병을 낫게 해 주었더니 할머니가 달걀 세 개를 주더군요. 손자를 위한 할머니의 정성을 느낄 수 있었어요. 앞으로 의사로서 최선을 다하겠다는 의지를 다졌지요.

학생 6: 선생님, 라몬 막사이사이상과 호암 사회 봉사상 받으신 것을 축하드립니다. 상금 전부를 청십자 병원의 의료 기구를 구입하는 데 내놓으셨다지요? 정말 대답하십니다. 돈과 명예에는 관심 없고 오직 평화만을 생각하는 선생님, 정말 존경하는 마음입니다.

장기려: (손을 저으며) 아닙니다. 부끄럽습니다.

학생 7: 사회자, 선생님의 아픈 상처에 대해 여쭤 봐도 되겠습니까?

사회자: 네. 조심스럽게 질문해 주십시오.

학생 7: 선생님, 오른쪽 눈썹 속에 흉터 하나 있지요? 무슨 일 때문에 생겼는지 실례가 안 된다면 말씀해 주십시오.

장기려: 제가 네 살 때 장난이 심했어요. 집으로 놀러 오신 아버지 친

구분에게 잡히지 않으려고 달아나다가 그만 놋쇠 화로에 넘어져서 그때 생긴 상처입니다(그때의 일을 회상하며 창밖을 바라본다).

저는 이 상처를 볼 때마다 '어린이의 흔적'이라고 부르며 어린이같이 욕심 없는 마음으로 살아가라는 표시라고 생각합니다.

사회자: 또 누구 질문할 분 계십니까?

학생 8: 마지막으로 질문드리겠습니다. 할아버지 같은 약손을 가진 의사가 되겠다고 한 꼬마 환자의 말을 기억합니까? 저는 그 말이 참 인상적입니다.

장기려: 그럼요. 저도 잊을 수가 없습니다. 내 손이 약손이라니! 참 고마운 말입니다. 저는 하느님에게 한 약속을 지키려고 애쓴 것뿐입니다. 의사가 되면 가난한 사람들을 위해서 일하겠다고 약속을 했거든요.

학생 8: 선생님의 평소 생활신조를 말씀해 주시겠습니까?

장기려: 네. 저는 언제나 '나의 세계는 나의 사랑하는 것 속에 있다.'는 말을 간직하며 살고 있습니다. 가난한 사람들을 위해 희생하고 봉사하며 어린이같이 욕심 없는 마음으로 살아가는 것입니다.

사회자: 이해가 되셨을 줄 압니다. 선생님께서 지금의 청소년들에게 해 주고 싶은 말씀은 무엇입니까?

장기려: (준비해 온 '배려'라는 단어를 학생들에게 보이며) '배려'라는 말을 간직하고 살았으면 좋겠습니다. 이기적인 마음보다 남을 먼저 생각하는 마음, 자기보다 조금 부족한 친구라 할지라도 친절하게 대해 주어 따뜻한 정이 넘치는 사회가 되도록 청소년들이 앞장섰으면 합니다.

사회자: 질문에 잘 답해 주신 선생님께 감사드립니다. 이것으로써 평생 의술로 사랑과 봉사를 실천한 장기려 선생에 대한 인물 청문회를 마치겠습니다. 땅! 땅! 땅! (의사봉을 두드린다.) 감사합니다.

아이들은 청문회식 수업을 통해 자신의 생각이나 느낌을 창의적으로 표현하였으며, 표현하는 동안 인물에 대한 이해가 깊어지고 수업의 주체가 되어 수업 내용을 개인화할 수 있었다. 그 외 많은 것을 얻었다.

첫째, 수업을 준비하는 과정에서 여러 가지 자료를 수집하고 분석함으로써 문제 해결 능력을 기를 수 있었다.

둘째, 그 시대적 배경에서 아이들은 역사적 사실을 경험함으로써 역사와 개인의 삶을 객관적으로 볼 수 있는 시각을 키웠다.

셋째, 체험을 통해서 학습함으로써 교과서의 단순한 지식으로 기억하기 어려운 시대적 상황이나 인물에 대한 인식을 오랫동안 기억할 수 있었다.

넷째, 개인이 해내는 것이 아니라 모둠의 활동이므로, 모둠에서의 개인의 역할, 토의의 방법, 협동성 등 여러 가지 사회적 능력을 기를 수 있었다.

모의재판식 수업

오늘은 1학년 개구쟁이들과 '홍길동전' 단원을 배우고 홍길동에 대한 모의재판식 수업을 하였다. 재판은 어느 한쪽의 주장이나 논리에 대한 모순을 극복하고자 변호와 반론을 보장하는 제도이다. 자라면서 쉽게 받아들인 평범한 진리 속에 감춰진 오류를 발견할 수 있고 흑백논리의 편견을 파헤칠 수 있는 수업이었다.

길동이가 지향하는 것이 사회제도의 개혁인지 개인의 명예인지에 대해 재판식으로 알아보았다.

1. 모의재판 수업 준비

(1) 절차

가) 작품을 충실히 읽어서 인물과 그 인물이 살았던 시대에 대해 이해한다.

나) 한 인물을 증인으로 선정한다.

다) 논리적 근거를 마련하기 위해 아이들은 증인에 대한 찬반 토론을 한다.

라) 역할 분담을 하고, 증인의 선서 후에 재판에 들어간다.

마) 증인은 내용과 인물에 대한 사전 지식으로 질문에 진지하게 답한다.

(2) 재판 순서

가) 개정 선언을 한다.

나) 원고는 고소 이유를 제기한다.

다) 검사는 피고 신문, 증인 제시, 증인 신문을 한다.

라) 변호사는 변론, 증인 제시, 증인 신문을 한다.

마) 검사는 반박하는 신문을 한다.

바) 변호사는 최후 변론을 한다.

사) 검사는 형벌 구형을 한다.

아) 배심원이 판결한다.

(3) 역할 분담

- 재판장
- 원고
- 검사
- 변호사
- 8~9명의 질문자
- 배심원

(4) 준비물

의사봉과 무대 장치, 각종 의상

(5) 재판 수업의 유의점

가) 재판의 형식보다 내용에 초점을 둔다.

나) 증인 신문을 통해 당시 시대 배경이 드러나게 한다.

다) 활발한 의견 개진을 유도한다.

(6) 좌석 배치

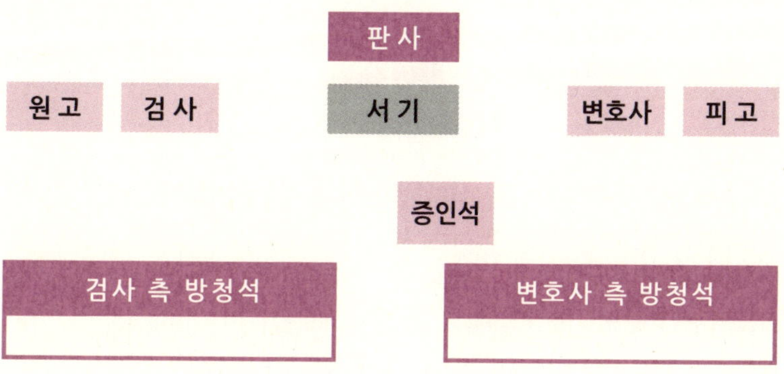

홍길동전 모의재판식 수업의 실제

모둠별 활동 자료 제시

가. 미리 해 보는 질문들

❶ 길동의 꿈은 무엇인가?

❷ 길동이가 고민하는 이유는 무엇인가?

❸ 길동은 자신이 서자라는 이유로 차별을 받는 것에 대하여 어떻게 생각하는가?

❹ 길동이 자기를 칭할 때, 홍 판서에게 '소인'이라고 하고, 어머니에게 '소자'라고 하는 이유는 무엇인가?

❺ 길동의 부모는 길동의 고민에 대하여 어떻게 생각하는가?

❻ 여러분은 활빈당의 괴수가 된 길동이를 어떻게 생각하는가?

❼ 춘섬은 누구이며 어떤 성격을 지녔는가?

홍길동을 개인적 차원에서 신분 상승을 이룩한 사람으로 볼 것인가?

홍길동을 사회 개혁을 시도한 혁명가로 볼 것인가?

홍길동에 대한 '살인 및 사회의 기본 질서 파괴죄' 모의재판 수업 예시안

1. **때**: 2012. 6.
2. **곳**: 1호 법정
3. **등장인물**: 재판장, 검사, 변호사, 원고, 피고(홍길동), 포도대장, 홍 판서의 본처, 임꺽정, 허균.

(서기가 무대 중앙으로 나오며)

서기: 일동 기립 (재판장 등장)

신성한 법정이 되도록 조용히 하시고 잘 들어주시기 바랍니다.

일동 착석(서기 자리에 앉는다).

재판장: 요즘 경제 위기를 맞아 사회 전반에 걸쳐 대대적인 개혁이 이루어지고 있습니다. 오늘 홍길동에 대한 재판을 하게 된 것을 매우 의미 있게 생각합니다. 지금부터 피고 홍길동에 대한 '살인 및 사회

의 기본 질서 파괴죄'에 관한 재판을 시작하겠습니다.

땅 땅 땅! 원고, 피고의 잘못이 무엇인지 자세히 말씀하시오.

원고: 존경하는 재판장님! 그리고 친애하는 급우 여러분! 본 원고는 오늘 이 자리에서 남달리 뛰어난 자신의 능력을 과시하여 특재와 관상녀를 죽이고 활빈당의 괴수가 되어 사회의 기본 질서를 흔들어 놓고 다닌 홍길동을 고소하고자 합니다. 누구든지 자기 분수를 지킬 때만 사회적인 질서가 유지된다고 봅니다. 본 재판은 사회 질서를 어지럽히는 많은 불순 세력에 대해 안보의 이름으로 엄단하는 재판이 될 것입니다.

이에 본 검사는 재판장님의 올바른 판단을 부탁드립니다.

재판장: 그럼 순서에 따라 검사 측부터 피고에 대한 신문을 시작하시오.

검사: 피고는 살인자입니다. 초란의 흉계로 위기에 처했을 때 자객 특재를 죽였습니다. 피고는 특재를 꼭 죽여야만 했습니까?

피고: 정당방위였습니다. 목숨이 위태롭게 되었을 때 부득이하게 방어하는 과정에서 일어난 행동을 법적으로 도덕적으로 벌주고 비판할 수는 없습니다.

검사: 피고는 특재를 두려워할 아무런 이유가 없습니다. 피고는 특재가 온 것을 이미 예견하는 놀라운 능력을 갖고 있으며 둔갑법은 물론 각종 병법과 도술에 능한 초인이 정당방위였다는 말은 교묘한 변명일 뿐입니다.

피고: 저는 특재를 죽이면서 이렇게 말했습니다. "너는 재물에 욕심이 많아 사람 죽이는 것을 좋아하니, 너같이 나쁜 놈을 죽여 후환을 없게 하리라. 무죄한 사람을 해하니 어찌 천벌이 없겠느냐?"라고.

저는 고대 소설의 주제인 권선징악 사상을 보여 주었습니다.

검사: 물론 특재가 나쁜 죄를 지은 것은 사실입니다. 재물을 욕심내고 죄 없는 사람을 죽이려 했다는 사실은 누가 뭐라고 해도 용서하기 어려운 큰 죄입니다. 그러나 특재가 죄인이라고 해서 그를 죽여도 좋다는 것은 정당한 행동이 못 됩니다. 피고의 행위는 자신의 분노를 못 이겨 그저 파리 죽이듯 인명을 살해한 것에 불과합니다. 그럼 초란은 왜 죽이지 않았습니까?

피고: 초란은 아버님이 사랑하는 여인입니다. 초란을 죽이는 것은 불효라고 생각했었습니다.

검사: (빈정거리며) 지극히 효자이군요. 겨우 돈 받고 행하는 하수인에 불과한 특재나 관상녀를 그 자리에서 죽인 다음, 자신의 아버지가 사랑하는 여자라는 이유만으로 그녀를 죽일 것을 포기하다니. 피고의 행위는 피고가 얼마나 충동적이고 즉흥적으로 사람을 죽였는가를 보여 주는 단적인 증거가 아니고 무엇이겠습니까? 이렇게 살인을 하고도 많은 사람들이 피고를 무슨 의적이나 영웅처럼 추앙하고 있는 것이 부끄럽지 않습니까?

변호사: 재판장님! 검사는 지금 사건의 진위와 무관한 말을 하고 있습니다.

재판장: 인정합니다.

검사: 재판장님! 증인을 신청하고자 합니다. 본 검사는 홍 판서의 본처를 증인으로 신청합니다.

재판장: 증인 나오시오.

서기: 선서하시오.

홍 판서의 본처: 증인은 진실만을 말할 것을 선서합니다.

재판장: 검사! 신문하시오.

검사: 혹 피고를 원망하시거나 피고 때문에 겪었던 어려운 일은 없었습니까?

홍 판서의 본처: 어린아이가 무슨 죄가 있겠어요? 죄가 있다면 일부다처제나 축첩제도를 인정하는 이 조선 사회지요.

검사: 남편과의 사이는 어떠했으며 길동이는 어떻게 태어났습니까?

홍 판서의 본처: 우리에겐 아들 인형이가 있었어요. 어느 날 남편은 용 꿈을 꾸었다며 대낮에 잠자리를 요구했어요. 그의 행동이 부끄러워 거절했더니 몸종인 춘섬이를 불러 잠자리에 들게 하였습니다. 그래서 태어난 아이가 바로 길동이지요. 그때 거절만 안 했어도 길동이는 태어나지도 않았지요(부끄러워 고개를 숙인다).

검사: 남편은 길동이를 어떻게 대했습니까?

홍 판서의 본처: 남편은 '양반, 상민'의 신분질서를 잘 지키는 사람입니다. 핏줄이니 정이야 있겠지만 신분질서 지키기가 더 중요했습니다. 길동이 총명하지 않았더라면 거들떠도 안 보았을 것입니다. 모두 유교적이며 봉건적인 사회 체제가 낳은 피해자들이지요.

검사: 이상입니다.

재판장: 반대 측 신문하시오.

변호사: 피고는 뛰어난 능력을 가졌음에도 불구하고 어머니가 천한 노비라는 이유로 사회에 진출하지 못하고 그 뜻을 펼 수가 없었습니다. 그렇기 때문에 영웅적 능력과 신분 제약이라는 현실적 한계 사이에서 고민이 많았을 줄로 압니다. 자세히 말씀해 주십시오.

피고: 예. 아버지께 호부호형하지 못함을 눈물로 호소하기도 하고 적서 차별에 대한 반항도 해 보았지만 그때마다 기존의 사회 질서에 순응할 것을 명령하여 저의 설움은 무척 컸습니다. 게다가 종마저 저를 무시했습니다. 신세를 한탄하다가 도적도 단순한 도적이 아니라 활빈당, 즉 '가난한 자를 살리는 무리'라 이름하고 그들을 구제하는 의적이 되었습니다.

변호사: 특재와 관상녀를 죽이고 가출하게 된 경위를 말씀해 주십시오.

피고: 저는 서자라는 굴레를 쓰고 온갖 서러움을 경험할 시기인 사춘기였습니다. 나를 죽이러 온 특재를 살려 줄 만큼 이성적이지 못했고 무조건 사람의 목숨이 중요하다고 살려 줄 만큼 자비를 베풀지 못했습니다. 그러다가 초란을 죽이려 할 때는 조금 냉정을 찾을 때였습니다. 저는 의금부에 끌려갈 것을 생각하니 매우 두려웠습니다. 초란과 살벌한 다툼을 벌여 아버지의 얼굴에 먹칠한 셈이니, 가출하는 것이 도리라고 생각했습니다.

변호사: 재판장님! 피고가 살인한 나이는 열여덟 살입니다. 미성년자입니다. 어린 나이에 목적지 없이 가출하게 된 것입니다. 피고는 적서 차별 제도의 희생자일 뿐 살인자가 아닙니다. 재판장님! 증인으로 임꺽정을 신청합니다.

검사: 안 됩니다. 재판장님! 신성한 법정에 어찌 청석골의 괴수가 설 수 있겠습니까? 법정의 품위를 지켜 주십시오.

재판장: 인간은 누구나 법 앞에 평등합니다. 증인 나오시오(증인 걸어 나온다).

서기: 선서하시오.

임꺽정: 저는 진실만을 말할 것을 조국 산천 앞에 맹세합니다.

변호사: 증인은 피고의 행동에 공감이 갈 줄 압니다. 먼저 피고의 처지와 비슷하지 않습니까?

임꺽정: 예. 피고와 저는 신분이 비슷합니다. 피고는 서자로 학문이 뛰어나도 과거제도에 나갈 수 없는 차별 대우를 받았고 저는 가장 천대받은 계급으로 살아야만 했던 백정의 자식이었으니까요. 우리는 삶과 투쟁을 통하여 우리의 잃어버렸던 역사를 찾아야만 합니다 (책상을 치고 소리를 지르며 주먹을 불끈 쥔다).

재판장: 아! 증인 조용히 하시오. 신성한 법정을 모독하지 말아 주십시오.

변호사: 증인은 피고와 만난 적이 있습니까?

임꺽정: 저는 1560년 청석골과 해주 구월산을 근거지로 활동했으며 피고는 1615년에 충청도에서 활약했습니다. 우리는 저승에서 만나 다시 한 번 혁명을 의논했습니다.

변호사: 활빈당의 괴수가 된 피고를 어떻게 보십니까?

임꺽정: 피고는 애초부터 가출하려고 했던 것은 아닙니다. 초란의 음모에 휘말려 죽을 고비를 넘기고 뜻하지 않은 살인을 저지른 뒤에 어쩔 수 없이 가출을 한 것입니다. 피고는 가출한 뒤로 한동안 힘없는 방랑자 처지가 되었습니다. 혼자서는 살 수 없어 도적떼의 우두머리가 된 것입니다.

변호사: 피고의 행동에 대해 어떻게 생각합니까?

임꺽정: 피고는 봉건제도의 모순에 맞서 저항하는 백성들의 영웅입니다. 그는 단순한 도적이 아닙니다. 각 고을의 수령에게서 빼앗은 재

물을 백성들을 위해 정당하게 썼습니다. 임진왜란 후 탐관오리의 횡포는 날로 심해지고 가혹한 수탈로 농촌은 피폐해졌는데 홍길동은 농촌을 살리고 불쌍한 백성들을 도왔습니다.

검사: 가재는 게 편이라더니. 아니! 증인은 도적떼의 우두머리가 되어 갖은 노략질을 일삼은 피고의 행동을 옳다고 보십니까?

임꺽정: 제 경우도 마찬가지였습니다. 저도 훗날의 사람들이 명종 때의 의적이라고 말했습니다. 저는 양주의 백정으로 태어났습니다. 조정에서는 당쟁으로 기강이 문란해지고 관리의 부패로 사회 질서가 어지러울 때 나의 일곱 의형제들과 힘을 합하여 황해도와 경기도 일대에서 창고를 털어 곡식을 빈민에게 나누어 주고 관아를 습격하기도 했습니다. 한때는 개성에 쳐들어가 포도관 이억근을 살해하기도 했습니다. 백성들의 호응으로 관군의 토벌을 피했으나 토포사 남치근의 대대적인 토벌로 구월산에서 체포되어 처형당한 것이 억울합니다. 그 남치근만 아니었다면(두 손을 번쩍 들어 주먹을 쥔다).

검사: 재판님! 지금 증인은 이 신성한 법정을 빌려 자기변명을 하고 있습니다.

재판장: 인정합니다. 증인은 묻는 말에만 답하여 사건의 핵심에서 벗어나지 않게 해 주십시오.

변호사: 이상입니다.

재판장: 검사 측 신문하시오.

검사: 증인으로 포도대장을 신청합니다.

재판장: 증인 나오시오.

서기: 선서하십시오.

포도대장: 나 포도대장은 진실만을 말할 것을 맹세합니다.

검사: 피고를 잡으려고 얼마나 고생이 많으셨습니까?

포도대장: 사회 혼란을 틈타 도적떼의 우두머리가 된 것은 어떤 말로
도 정당화될 수 없습니다. 그는 갖은 도술로 많은 사람들을 우롱했
습니다. 특재의 침입 때는 둔갑법으로, 감히 포도대장인 나를 유인
할 때는 남의 눈을 속이는 환술법으로, 각지에서 도적질할 때는 비
바람을 일으키는 등 축지법, 불신법 등으로 신출귀몰하여 그동안
애 많이 썼습니다.

검사: 그런데 그렇게 신출귀몰한 피고를 어떻게 잡았습니까?

포도대장: 잡긴요. 변화무쌍한 피고를 사람의 힘으로 잡기는 힘들다는
것을 안 조정에서는 피고의 이복형인 홍인형에게 벼슬을 주고 피고
를 잡으라고 명령했습니다. 인형은 각 읍에 길동을 달래는 방을 붙
였습니다. 이에 피고는 스스로 잡히겠다고 나타났는데 동시에 여덟
길동이 함께 잡혀 온 것입니다. 도로 속게 된 것이지요. 이후 길동
은 병조판서를 주면 잡히겠다고 하여 임금은 인형에게 잡으라고 엄
명하였습니다. 길동이가 공중에서 내려와 이제는 진짜 잡은 줄 알
았는데 또 공중으로 솟아 사라졌습니다. 내가 저놈을 그냥(쫓아가
서 피고의 멱살을 잡는다).

재판장: 증인! 흥분을 가라앉히시오.

검사: 수고하셨습니다. 그럼 피고가 하는 행동의 궁극적인 목적은 뭐라
고 생각하십니까?

포도대장: 물론 자신이 천한 출신이라는 점이지요. 남보다 뛰어난 능력
을 가지고 있음에도 출세의 기회가 없자 사회제도를 개혁하여 해

결하려고 했습니다. 하지만 결국 개인의 문제로 해결했습니다.

검사: 개인의 문제로 해결하였다니 그게 무슨 말씀입니까?

포도대장: 피고의 평생 소원은 병조판서였습니다. 그는 병조판서 벼슬을 받고 다시는 난동을 부리지 않았습니다. 왕이 내려 준 벼 삼천 석을 싣고 고국을 떠났습니다. 피고는 자신의 소원인 신분 개선과 출세가 충족되자 해외로 활동무대를 옮겨 거기에서 왕이 되었습니다. 조선의 사회 개혁은 이루어지지 않은 셈입니다.

변호사: 재판장님! 지금 증인은 위증을 하고 있습니다. 피고가 병조판서로 임명되었지만 신하들의 방해를 받았고, 나중에는 매복하고 있던 병사들의 공격도 받아 피고의 사회 개혁은 벽에 부딪히고 도피하는 형태로 고국을 떠나게 된 것입니다.

재판장: 증인! 위증죄가 얼마나 무서운 죄인지 아십니까? 진실만 말씀하세요.

포도대장: 조선을 떠난 피고는 해외로 나갔으며 한꺼번에 두 명의 아내를 얻었습니다. 자신이 율도국의 왕이 되자 한 명은 중전왕비로 한 명은 첩으로 삼았습니다. 자신이 그토록 원하던 적서차별의 철폐는 피고의 새 왕국에서도 이루어지지 않았습니다.

검사: 피고는 적서차별에서 비롯된 신분상의 문제를 개혁하지 않고 자기 개인 문제로 이해하고 출세한 뒤 사회적 개혁에는 무관했습니다. 그러므로 기대했던 것만큼 혁명적인 사회 개혁가는 못 된다는 점을 말하고 싶습니다. 이상입니다.

재판장: 반대 측 신문하시오.

변호사: 피고는 자신이 서자로 태어난 것에 대해 혹 부모님을 원망해

본 적은 없습니까?

피고: 몸종인 어머니를 많이 원망했습니다. 달빛이 좋고 맑은 바람이 쓸쓸하게 불 때면 방황도 했습니다. 특히 호부호형 못하고 집안의 종들마저 나를 업신여길 때면 뼈에 사무치도록 한스러웠습니다. 그러나 이것이 나의 문제뿐이겠습니까? 조선에 사는 이 땅의 서자들이 모두 겪는 아픔이지요. 특히 서자들과 어울려 반역까지 꾀했던 나의 스승 허균 선생님도 처형을 당했는데 내 아픔은 아무것도 아니지요.

변호사: 피고의 스승 허균은 어떤 사람입니까?

피고: 제 스승 허균은 선조 광해군 때의 문인입니다. 허엽의 아들이고 여류 문인인 허난설헌의 남동생입니다. 선조 27년에 문과에 급제하여 벼슬이 형조판서에 이르렀습니다. 서자 출신인 스승 이달로부터 많은 영향을 받아 능력 있는 사람이 신분적 제약 때문에 등용되지 못하는 사회적 현실을 통탄하였습니다. 최초의 국문소설인 「홍길동전」을 지어 후세에 남긴 겨레의 위대한 스승입니다.

변호사: 특별히 스승에게서 받은 사상이 있습니까?

피고: 예, 「호민론」과 「유재론」입니다. 호민론이란 천하에서 두려운 존재는 오직 백성이라는 것입니다. 그래서 백성들을 함부로 착취하고 억압하면 반드시 백성들의 항거에 부딪히게 된다고 경고하였습니다. 그리고 유재론이란 국가가 인재를 고루 써야 한다는 것입니다. 하늘이 사람을 낼 때는 신분에 관계없이 골고루 재능을 주었기 때문에 인재의 등용도 골고루 해야 한다고 했습니다. 호민론의 영향을 받은 저는 활빈당의 무리들과 각 고을의 재물을 탈취해도 나

라에서는 우리들을 제압하지 못하는 무력함을 보였습니다. 백성들을 우습게 본 나라의 책임이지요. 또한 저는 서출이라는 이유만으로 호부호형하지 못하며 과거 진출이 특히 제한받을 정도로 부당한 대우를 받고부터 현실의 부조리를 깨닫기 시작한 것입니다. 나를 깨우친 것은 모두 스승의 가르침 때문입니다.

변호사: 좋습니다. 재판장님! 증인으로 허균을 신청합니다.

재판장: 증인 나오시오.

서기: 선서하시오.

허균: 저는 법정에서 진실만을 말할 것을 맹세합니다.

변호사: 증인이 피고를 만난 것은 언제였습니까?

허균: 1612년 충청도에서 만났습니다.

변호사: 피고는 증인에게서 많은 가르침을 받았다고 했는데 사실입니까?

허균: 길동이는 어렸을 때부터 하나를 가르쳐 주면 백을 알 정도로 총명함이 남달리 뛰어났습니다. 그가 서자로 태어난 것이 늘 안타까웠습니다. 이 사회도 모순이 많았다고요.

변호사: 사회의 모순이 많다니요. 자세히 말씀해 주시겠습니까?

허균: 임진왜란이라는 커다란 전쟁으로 인해 봉건제도는 흔들리기 시작했고, 신분차별에 대한 불만들이 싹텄습니다. 탐관오리의 횡포가 심해지고 농촌이 피폐해지자 도적떼가 많이 생겨났습니다. 현실에 불만을 품은 서자들이 반란의 지도자로 앞장선 경우도 여럿 있었습니다. 이러한 시대의 문제점을 어린 길동이가 감당하기엔 너무 컸습니다.

변호사: 그럼 증인은 피고의 스승으로서 적서차별 철폐, 인간 평등의식, 탐관오리의 부패상 폭로, 해외 진출과 이상국 건설에 관한 생각은 어떻습니까?

허균: 물론 저의 생각이 길동의 생각입니다. 길동은 나의 제자이지만 나의 분신이기도 합니다. 요즘 사회 전반에 걸쳐 대대적인 개혁이 이루어지고 있는 바 개혁의 칼바람을 늦추지 말았으면 합니다.

변호사: 이상입니다.

재판장: 원고 측 반대 신문 있습니까?

검사: 예. 증인은 피고의 행위가 그렇게 정당하다면 왜 끝까지 적서차별의 철폐를 이루게 하지 못했습니까? 양반과 천민의 차별까지 송두리째 바꾸는 근본적인 혁신을 요구해야 하지 않습니까?

허균: 솔직히 양반 사회의 벽이 너무 높았습니다. 그들의 비난도 두려웠고요.

검사: 증인은 피고를 이용하여 국가를 뒤엎고 권력을 장악함으로써 기존 질서를 파괴하려고 했던 것 아닙니까?

변호사: 재판장님. 검사는 지금 증인을 유도 신문하고 있습니다.

검사: 아닙니다. 피고의 모든 범죄 행위는 허균에게서 나왔으니 증인은 배후 조정자임이 분명합니다.

피고: (머리를 감싸며) 저희 스승님을 욕되게 하지 말아 주십시오. 스승님이 아니었다면 어찌 제가 병조판서를 받고 율도국의 왕이 되었겠습니까? 또한 스승님은 내 이야기를 한글로 썼기 때문에 많은 사람들이 읽어서 사회 문제였던 적서차별 내지 신분제도의 모순을 알게 된 것입니다. 결국 스승님은 50세의 나이에 능지처참 당했습

니다. 억울할 따름입니다.

재판장: 변호인 측 최후 변론하시오.

변호사: 존경하는 재판장님 그리고 친애하는 급우 여러분! 우리는 오늘 참으로 엄숙히 자리에 서 있습니다.

피고 홍길동은 서자로 자식 대접을 제대로 하지 않은 냉혹한 신분 질서에 분연히 맞섰습니다. 피고는 애초부터 집을 떠날 마음은 없었습니다. 초란의 음모에 휘말려 죽을 고비를 넘기고 뜻하지 않은 살인을 저지른 뒤에 어쩔 수 없이 가출한 것입니다. 도적이 된 것도 그렇습니다. 집안을 박차고 나와서 살 곳이 아무 데도 없었습니다. 도적이 될 수밖에 없었던 것입니다. 피고는 적서차별에 대한 반대와 가난에 시달리는 농민의 구제자입니다. 그러므로 본 변호인은 피고의 무죄를 감히 주장하는 바입니다. 끝으로 현명하신 재판장님의 판결을 기대하면서 최후 변론을 마칩니다.

재판장: 검사 구형하시오.

검사: 피고 홍길동은 초란의 흉계로 위기에 처했을 때 자신의 능력을 과시하며 특재를 죽인 살인자입니다. 살인을 하고 가출을 했음에도 불구하고 반성과 사회에 봉사하는 생활은커녕 도적떼의 우두머리가 되어 팔도를 다니며 재물을 탈취하는 등 온갖 노략질을 서슴지 않았습니다. 이렇게 피고는 사회의 기본 질서를 흔들어 놓고 다녔습니다. 본심은 도적의 괴수가 되고 싶었던 것은 아니지만 어디까지나 각종 병법과 도술로 사회의 기강을 혼란하게 하였습니다. 또한 공무 집행 중인 포도대장을 유인하는 등 반사회적 행위를 하였습니다. 그는 자신의 소원인 신분 개선과 출세가 충족되자 해외

로 활동무대를 옮긴 개인주의자에 불과합니다.

이에 본 검사는 피고를 영웅으로 다루고 있는 소설 「홍길동전」을 비판하며 피고에게 '살인 및 사회의 기본 질서 파괴죄'를 적용하여 징역 5년과 사회봉사 활동 50시간을 구형합니다.

재판장: 피고, 마지막 진술하시오.

피고: 손바닥으로 하늘을 가린들 가려지겠습니까? 나의 진실은 역사가 밝혀낼 것입니다. 진리는 영원한 것입니다.

재판장: 잠시 휴정한 후 판결에 들어가겠습니다. 학생 여러분께서는 각각 피고의 유죄, 무죄를 판단하여 서기에게 밝혀 주시기 바랍니다. 휴정을 선언합니다. 땅! 땅! 땅!(재판장 잠시 퇴장)

서기: 재판장 말씀대로 학생 여러분은 지금부터 자신의 의견을 밝혀 주시기 바랍니다(학생들은 자신의 소견을 손을 들어 알린다).

(유죄, 무죄 인원수를 센다.)

재판장: 재판을 속개합니다. 땅! 땅! 땅!

본 재판부는 학생들의 의견을 들어 다음과 같이 판결한다. (유죄, 무죄) 이상으로 피고 홍길동에 대한 '살인 및 사회의 기본 질서 파괴죄'에 관한 최종 공판을 마칩니다. 땅! 땅! 땅!

가면극 형식으로 고전 소설 「박씨전」 공개 수업하다

"안 내면 진 것 가위바위보."

세 모둠의 대표가 손을 내밀었다. 이긴 모둠이 공개 수업 날의 주인공이 되는 것이었다. 이렇게 선정된 아이들은 저희들끼리 틈나는 대로 점심 시간, 아침 독서 시간마다 모여 소품을 준비하고 연습을 했다.

'이렇게 하자. 저렇게 하자.' 의논하는 모습이 가슴을 설레게 했다. 전날 두 개의 모둠이 한 연극 과정을 지켜보며 부족한 부분을 보완하는 이야기도 들렸다. 흐뭇한 나는 연신 입가에 미소를 짓고 지켜보았다.

그동안 우리들은 컴퓨터실에 앉아서 딱딱하고 어려운 한자가 많은 고전 소설 「박씨전」을 한 자 한 자 읽으며 현대어로 고치는 작업을 했다. 두 시간 동안의 활동으로 제법 근사한 연극 대본을 만들 수 있었다. 각자 한 활동이었기 때문에 힘들었다. 실제 연극에서는 모둠 중 한 명의 것이 그 모둠의 대본이 되었다. 그 다음으로 배역을 정하고 자기 역할에 맞는 가면을 만들었다. 가면을 만들면서 인물의 성격을 파악할 수 있었다. 일주일 동안 수업 자투리 시간에 대사를 외우고 어떻게 연기를 할지 토의하였다.

　오늘은 우리 학교 국어 선생님, 수달스 회원인 고척중 이영진 선생님, 오남중 김미령 선생님 그리고 교감 선생님이 계신 자리에서 3-3 아이들이 수업의 주인공이 되었다. 출장 때문에 참석하지 못한 교장 선생님의 응원의 메시지가 들리는 듯했다.

　6교시 시작종이 울렸다. 이른 아침부터 내리던 비는 멈추고 따뜻한 가을 햇살이 교실을 포근히 감쌌다. 따뜻한 가을볕 때문에 긴장된 마음이 풀렸다. 경현이가 인사를 하고 국어 수업 일기를 발표했다. 아이들은 발표 내용을 들으며 전 시간에 배운 것을 확인했다. 이어 수업 목표를 제시하고 흥미를 유발하기 위해 박 씨처럼 비범한 능력을 가졌다면 무슨 일을 하고 싶은지 물었다. 잘생긴 예닮이가 박 씨처럼 허물을 벗고 싶다고 하여 한바탕 웃었다. 나는 예닮이가 내면의 모습을 탈바꿈하고 싶다는 것으로 해석했다.

　「박씨전」이 병자호란이라는 역사적 사실을 배경으로 한 소설이어서 미리 역사 선생님께 병자호란에 대해 설명해 달라고 부탁했다. 많은 아이들이 잘 알고 있었다. 확인하기 국헌이에게 발표를 시켰다. 씩씩하게 발표하는 모습을 보고 잘 알고 있음을 알았다. 나는 아이들이 병자호란의 흔적이 남아 있는 현장을 답사하도록 권유했다. 강남의 '삼전도비', '성남의 백헌 이경석의 묘', '남한산성' 등. 역사적 현장을 찾아가 과거사의 발자취를 돌아보면 가슴으로 우리의 역사와 삶을 총체적으로 인식할 수 있다. 그것이 산 교육이기 때문이었다.

　드디어 가면극 공연의 막이 올랐다. 등장인물들이 무대 앞으로 나왔다. 가면극 공연을 통해 박 씨의 인물됨과 사건 해결 과정을 살펴보고 조선이 처하게 된 상황과 박 씨의 비범한 모습과 연관 지어 이해하라고 공연의 초점을 관객들에게 말했다. 그리고 나도 객석에 앉았다.

15분 동안의 연기는 실감 났다. 기말고사를 앞두고 부족한 시간에 틈틈이 짬을 내서 연습한 결과는 관객을 감동시키기에 충분했다. 소품, 배경 그림, 살아 있는 몸짓 등 나무랄 데 없이 훌륭했다. 간혹 대사가 끊기기는 했지만 별 무리 없었다. 모둠원 한 명 한 명 애쓴 모습이 15분 안에 고스란히 담겨 있었다.

연극의 주인공에게 뜨거운 박수를 보내고 다음 수업 활동에 들어갔다. 「박씨전」 내용 파악을 위해 만든 학습지를 모둠별로 풀었다. 모둠 토의한 내용을 확인한 후 책 한 권을 소개하였다. 나라말 출판사에서 나온 『낭군 같은 남자들은 조금도 부럽지 않습니다』라는 책이다. 도서관에서 빌려 읽고 폭넓은 이해를 당부했다.

고전 소설을 현대적 상황으로 재구성하는 활동을 통해 고전 소설이 우리와 동떨어진 먼 세계의 이야기가 아니라 얼마든지 공감하고 활용할 수 있는 것이라는 점을 깨달았다. 고전 소설에 대한 흥미를 높임으로써 그를 새롭게 인식할 수 있는 가능성을 열어 주었다.

오늘 수업은 아이들이 수업의 주인공이 되어 수업을 주체적으로 이끌어 나간 점에서 만족스러웠다. 수업 평가회 때 한 동료 선생님의 조언을 가슴에 담고 내일의 수업을 준비할 것이다. 마음의 짐을 내려놓아 속이 후련했다.

「박씨전」 가면극 대본 예시안

3-2 우지연

구름이 고고히 흐르는 어두운 밤, 한 여인이 피화당의 마루에 앉아 있다.

박: (하늘을 올려다보며) 어느 날, 한 여인이 승상을 찾아올 것입니다. 그
때 그 여인을 피화당으로 보내 주세요.

시백: 어떻게 생긴 여인 말입니까?

박 씨: 때가 되면 자연히 알게 될 것입니다, 그 여인이 사랑에서 머물길
청할 것이니 그때 부디 제 말을 기억해 주십시오.

그로부터 시간이 꽤 흐른 후, 어느 날 아름다운 여인이 시백의 집을 찾아온다.

시백: (눈을 크게 뜨며) 오오, 정말 아름다운 여인이구나. 너는 어디 사
는 누구냐?

여인: (부끄러운 듯 살포시 고개를 숙이며) 소녀는 시골 기생으로 서울 구
경을 왔다가, 이 댁에 실수로 들어오게 되었습니다.

시백: 방으로 들어오너라. 그래, 네가 시골에 살았다 했지? 어느 마을
에 살며, 이름이 무엇이냐?

여인: 소녀는 천마산성에 살았으나, 어릴 적 부모님을 잃고 떠돌다가
관에 속한 기생이 되었습니다. 그래서 성은 모르옵고 이름은 풍매
라고 합니다.

시백: (고개를 끄덕이며) 이리 와 옆에 앉아라.

여인: 그리하겠습니다.

시백: (문득 무엇인가 떠오른 듯이) 아, 그렇지. 너도 서울 구경하느라고
피곤할 터니 일단 안으로 들어가 편히 쉬어라.

여인: (약간 당황한 표정으로) 제가 어찌 대감님의 댁 안에 있겠습니까.
저는 오늘 밤 대감님과 술이나 주고받으며 조금의 이야기를 하는
것만으로도 만족합니다.

시백: (단호하게) 오늘 밤에는 따로 할 일이 있어 그러니 너는 안으로 들
어가 쉬어라.

여인: (마지못한 듯 계화를 따라나서며) 알겠습니다.

여인은 계화를 따라 피화당으로 간다.

여인: 안녕하십니까. 하루 신세지겠습니다.

박 씨: 들어오도록 해라. 너의 이름이 무엇이냐?

여인: 소녀는 풍매라 하오며, 부모님을 일찍 잃어 성을 모릅니다.

박 씨: 참으로 안타까운 일이다. 계화야, 손님께 술과 안주를 푸짐히 대
접해 드려라.

여인: 감사히 받겠습니다.

박 씨: (술을 따르며) 그대는 행동거지 하나하나에 기품이 묻어 나오니
보통 사람이 아닌 듯하구나.

여인: 부인께서는 참으로 글 짓는 솜씨가 탁월하십니다. 꼭 한 수 배워
가고 싶군요.

박 씨: 그러나 자네가 할 소리는 아닌 듯하네. 이미 솜씨가 일취월장이
니…….

여인: 과찬입니다. 그런데, 저는 부인과 더욱 깊은 대화 나누고 싶은데
너무 피곤하네요. 죄송하지만, 오늘은 이만 잠자리에 들어도 되겠
습니까?

박 씨: 피곤한 사람을 내가 너무 잡아 두었구나, 편히 자도록 하라.

여인이 잠들고, 부인, 여인의 행장을 펴 본다. 그 안에는 비수 하나가 덩그러니 있고 비수에는 '비연도'라고 쓰여 있다.

박 씨: (화난 표정으로) 기홍대야, 당장 일어나 나를 보아라!

기홍대: (깜짝 놀라 일어난다) 부인께서 어찌 저를 아십니까?

박 씨: 네 오랑캐 왕 놈이 위기에 처하였을 때 우리 승상이 구하였건만, 은혜를 갚기는커녕 원수로 갚는구나!

기홍대: (벌벌 떨며 애원한다.) 부인께서 이미 알아차리셨으니 지금까지 꾸민 일들이 무슨 소용이 있겠습니까? 어차피 이렇게 된 것 부인의 고운 마음씨로 제 한 목숨 구해 주십시오. 저는 왕명을 받았기에 신하된 도리로 거역할 수 없었을 뿐입니다.

박씨 부인, 무섭게 기홍대를 노려보다 고개를 끄덕인다. 기홍대, 사시나무 떨듯 떨며 도망치듯 나간다. 밖에서 지켜보던 집안사람들과 승상, 입을 다물지를 못한다. 승상은 즉시 왕께 이 사건을 전달하니 왕께서는 크게 감탄하시며 박씨 부인을 명월 부인으로 임명한다.

왕: (놀란 표정을 지으며) 만일 박씨 부인이 아니었으면 이 나라가 큰일을 당할 뻔했구나! 의주 부윤에게 수상한 여인을 주의하라고 전하여라!

기홍대는 부인께 인사올리고 바로 청국으로 떠나 왕께 복명하니 오랑캐 왕이 물었다.

오랑캐 왕: 임무는 무사히 마쳤느냐?

기홍대: (고개를 푹 숙인다.)

오랑캐 왕비: (한숨을 쉬며) 최근에 하늘을 보니 조선에 간신이 많아 현명한 자를 질투하여 박 씨의 말을 듣지 않을 테니, 재빨리 군사를 일으켜 북으로 가지 말고 동으로 들어가되 장수 하나를 뽑아 북쪽을 막으면 임경업의 기병도 어쩌지 못할 것입니다.

오랑캐 왕: 어허, 그것 참 묘책이구나. 용골대야, 율대야, 너희에게 30만 군대를 줄 테니 의주로 가지 말고 동으로 돌아가되, 의주 길을 막아 소식을 주고받지 못하게 해라.

오랑캐 왕비: 그리고 두 장수들아, 이번에는 동으로 들어가 서울로 바로 쳐들어가면 임경업도 소식이 끊겨 어쩔 못할 것이니 부디 우의정 이시백의 집 뒤뜰은 들어가지 마라. 만일 들어갔다가는 성공은커녕 목숨을 보전치 못할 것이니, 부디 명심해라.

양장: 알겠습니다.

두 장수가 명을 받들어 군사를 데리고, 동으로 황해를 건너 바로 서울로 향한다. 한편 박 씨, 이때에 피화당에서 하늘을 보고 승상을 불러 말하니,

박 씨: 북방의 오랑캐들이 곧 쳐들어올 것이니 급히 왕께 말씀을 올려 임경업을 불러다 군사를 뽑아 서울을 지켜야 합니다.

승상: (어리둥절하며) 북쪽 오랑캐가 쳐들어오면 북쪽을 막아야지 어찌 부인은 북쪽을 지키는 용맹한 신하를 서울로 불러들입니까?

박 씨: 오랑캐들이 계책을 써서 북쪽으로 오지 않고 황해를 건너 동쪽으로 올 것입니다.

승상, 고개를 끄덕이고는 궁으로 가 박 씨의 말을 그대로 옮긴다.

원두표: (고개를 끄덕이며) 옳소, 북방의 오랑캐들은 본디 꼼수가 많으니 분명 그러할 것이다. 왕이시여, 박씨 부인의 말대로 하는 것이 좋을

듯합니다.

김자점: (버럭 소리 지르며) 지금 제정신이오? 어찌 요망한 여인네의 말만 믿고 북방을 비운단 말이오.

왕: (얼굴을 찌푸리며) 박 부인은 예지력이 있어 여러 번 그 능력을 증명해 보였으니 박 부인의 말을 따르는 것이 좋을 듯한데.

김자점: 지금 이리도 나라가 평화로운데 이런 태평성대에 무슨 전쟁이 있겠습니까? 분명 박 씨는 요망한 여자이거늘, 전하는 그 요망한 말에 빠져 중요한 일을 그르치려 하십니까?

신하들: …….

박씨 부인, 이야기를 시백을 통해 전해 듣는다.

박 씨: 가슴 아픈 일입니다. 오랑캐가 서울을 빼앗고자 하는데 간신이 판을 치다니. 이제는 나라의 운에 맡기는 수밖에 없군요.

시백: (고개를 들질 못한다.)

이시백은 굳은 얼굴로 다시 궁으로 향한다. 시백, 궁에 발을 들이려는 순간 함성소리가 들린다.

왕: (허둥지둥하며) 이럴 수가! 벌써 오랑캐들이 서울을 거의 다 점령했군! 우상, 내가 어찌해야 하오?

시백: (침착한 목소리로) 일단 남한산성으로 대피하도록 하겠습니다.

시백, 왕을 데리고 죽기 살기로 검을 휘둘러 남한산성에 다다른다. 한편 박씨, 일가친척을 다 모아 피화당으로 피난시킨다.

용골대: 서울을 점령하였으니, 이제 마음껏 약탈하라! 그리고 바로 남한산성으로 진격이다!

피화당에 모인 일가친척들, 술렁인다.

박 씨: 걱정하지 마세요! 여기 있으면 분명히 안전합니다!

이때, 율대, 우상의 집에 들어와 살피다가 서서히 후원으로 다가간다. 율대, 후원에 피난한 사람들을 보고 달려든다. 그때, 박씨 부인의 도술이 빛을 발하니, 율대는 혼비백산하여 어찌할 줄을 모른다. 계화, 칼을 들고 율대의 앞에 나타난다.

계화: 너는 어떤 오랑캐 놈이기에 이러한 곳에 제 발로 들어와 목숨을 재촉하느냐?

율대 : 부인께서 누구신지 알지 못합니다만, 고운 마음씨를 베풀어 살려 주십시오.

계화: 나는 박 부인의 시녀이며, 우리 아씨께서 도술을 부려 너를 잡고자 한 지 오래이다. 목 닦고 기다려라. 곧 베어 줄 터이니.

율대: 아아, 사내대장부가 공을 세우기 위해 이 먼 곳까지 왔건만 이런 조그마한 계집의 손에 죽게 되다니!

계화: (비웃음을 지으며) 세상에 장부라고 이름 좀 날린 것 같은데 이름값이 아깝구나! 나 같은 가련한 여인 하나를 당해 내지를 못하다니! 이제 너도 세상과 이별이다.

율대: 이게 하늘이 정한 운명이란 말이냐. 크으윽.

율대, 자결한다. 계화가 율대의 목을 베어 문에 매다니 용골대가 그것을 보고 분노를 금치 못한다.

용골대: (콧김을 뿜으며) 이미 조선 왕으로부터 화친 언약을 받았건만, 내 아우를 감히 죽이다니! 내 동생의 원수는 내가 갚겠다!

도원수: (이곳저곳 살피고는) 잠깐 화를 참으시오. 저 나무들을 보니 옛날 이름깨나 날리던 제갈공명이란 작자의 팔진도이니 저런 데 들

어갔다가는 목숨을 보존하기 어려울 것이오.

용골대: (더욱 격렬히 콧김을 뿜으며) 다 베어 버리면 저깟 진이고 뭐고

다 쓸모없을 것 아니오.

용골대와 그의 병사들, 나무를 베려 달려든다. 다시 한 번 박 씨의 도술이 빛

을 발하니, 용골대의 병사들이 수도 없이 죽어 나간다. 용골대, 더욱 콧김을

뿜으며 칼을 들고 달려드니 결국 나무 속에서 계화가 나왔다.

계화: (한심하다는 눈으로) 멍청한 용골대야, 네 동생이 내 손에 죽었는

데 또 그러는 것을 보니 형제가 사이좋게 황천이 가고 싶었던 모양

이로구나.

용골대: 너는 어떤 사람이길래 내 화를 숯구치게 만드느냐? 내 아우가

너의 손에 죽긴 하였다마는 이미 화친언약이 맺어진 이상 너희는

우리의 신하이다. 내 칼이나 받거라!

계화: (못 들었다는 듯이 귀를 후비며) 네 동생도 내 손에 죽었는데 너라

고 무사할 성싶으냐!

용골대, 눈에 핏발을 세우며 군사들에게 호령한다.

용골대: 저년한테 화살을 쏟아부어라!

화살이 무수히 쏟아지는데 계화, 멀쩡하다.

용골대, 아무리 화가 나도 어쩔 수 없었다.

연극 형식을 빌린 국어 수업을 마치고

그동안 진행된 장기려 청문회식 수업, 홍길동 모의재판식 수업, 「박씨전」 가면극 수업 모형은 연극 형식을 빌린 것이었다. 그것은 아이들의 흥미와 관심을 이끌어 내고, 많은 학생들이 참여하였다는 점에서 학생 중심의 수업 활동으로 적절했다고 생각했다.

아이들이 역할을 정할 때 처음엔 소극적이었지만 신기하다는 생각 때문에 많은 아이들이 호기심을 가지고 처음과 끝을 지켜보았다.

이 수업의 의미를 몇 가지 찾는다면 우선 모둠별로 진행되었기 때문에 누구나 소외됨이 없이 모두 참여하였다는 것이다. 모둠 활동을 통하여 함께하는 즐거움뿐만 아니라 다른 모둠과의 활동을 비교함으로써 더욱 적극적인 활동 수업이 되었다.

둘째, 표현력을 길러 준 언어 교육 활동이었다. 여러 사람 앞에서 말하는 것을 두려워하는 많은 아이들이 음성 언어 혹은 몸짓 언어로 자유롭고 당당하게 표현하였다.

셋째, 누구나 수업의 주인공이 되었다. 소극적이고 부끄럼을 많이 타는 아이들도 무대 앞으로 나와 자신의 끼를 발휘하였다. 소품을 만들고 의상을 준비하는 과정이 모두 아이들 손끝에서 이루어졌다.

마지막으로 엄숙한 자리, 진지한 대화, 때론 웃음이 묻어나는 수업이기 때문에 간간이 산만한 방청객도 있었으나 자신들이 수업의 주인공이니만큼 조용히 하려고 애쓰는 모습도 있었다.

무엇보다도 이러한 수업은 타인의 의견을 경청하고 존중하면서 의사 교환을 통해 문제를 해결하도록 했다는 점에서 매력을 찾았다. 수업을 마치며 느낀 점은 많은 자료와 정보를 수집하고, 교재를 재구성하여 다양한 수업 활동을 끊임없이 계획하고 준비하는 것은 교사의 몫이라는 점이다. 그럴 때 아이들 앞에서 신명 나는 수업을 꿈꿀 수 있는 것이다.

 **12월 3일(월)**

심포지엄식으로 수업하다

심포지엄이란 어떤 논제에 대하여 다양한 의견을 가진 전문가나 권위자들이 각각 강연식으로 의견을 발표하고 그 뒤에 청중에게 질문의 기회를 주는 토의 방식이다. 이것을 설명문 단원인 '한국 문학의 특질'에 적용해 보았다.

먼저 사회자를 뽑고 주제 발표(여유로운 시 형식, 양식의 다양성, 현실 중심의 문학, 인간 중심의 문학, 자연 친화의 문학, 웃음으로 눈물 닦기)할 전문가와 도우미를 선정했다. 전문가들은 일주일 전부터 각 주제에 대해 공부하고 연구했다. 청중의 역할은 주제 발표 내용을 잘 듣고 간단히 공책에 메모한 후 질의하는 것이다. 이 수업을 통해 아이들은 한국 문학 작품 속에 드러난 한국 문학의 특질을 파악할 수 있었고 한국 문학의 특질에 나타난 구체적인 작품을 감상할 수 있었다.

사회자: 안녕하십니까? 한국 문학의 특질에 대해서 토의를 진행하게 된 사회자 000입니다. 토의에 앞서 국문학의 개념 정리를 먼저 하겠습니다. 국문학은 우리 민족이 주체가 되어 우리 민족의 사상과 감정을 우리말로 표현한 예술이라 하겠습니다. 국문학은 국문 문학과 한문 문학을 포함하는데 우리말로 표기하면 국문 문학이고, 한자로 표기하면 한문 문학입니다. 국문학과 국문 문학을 혼동하지 않기를 바랍니다. 첫 번째로 '여유'의 전문가인 000께서 한국 문학의 특질인 '여유로운 시 형식'에 대한 주제 발표가 있겠습니다.

여유 전문가: 예, 여유 전문가 000입니다. 여러분 평시조와 사설시조의 형식을 떠올려 보십시오. 평시조는 초·중·종장으로 되어 있고, 각 장은 4음보를 원칙으로 하며 한 음보의 글자 수는 형편에 따라 적절히 조절합니다. 사설시조는 세 개의 장으로 이루어져 있는 점은 평시조와 동일하지만 종장을 제외한 초장과 중장은 음보 수를 마음대로 늘려서 말하는 이의 생각을 좀 더 자유롭게 표현합니다. 다음 제시한 평시조와 사설시조를 보면서 시가 문학의 특질을 이해하도록 하겠습니다.

('여유' 도우미! 나와 주십시오.)

여유 도우미 1: (PPT 자료를 보며 설명한다.)

평시조의 일반적 형식은 3.4.3.4(초장) / 3.4.3.4(중장) / 3.5.4.3(종장)의 3장 4음보로 짜여 있으나, 한 음보에 들어가는 글자 수가 석 자에서 여섯 자로 그 수가 엄격하지 않습니다. 여기에 자유로우면서도 미묘한 맛이 있습니다.

여유 전문가: 여유 도우미, 수고하셨습니다. 평시조에서 글자 수의 변형이 허용되는 것, 주목해야 할 중요한 특질입니다. 그런데 그 정도의 자유로움으로 마음에 흡족하지 않고 진솔한 생활 감정을 제대로 표현할 수가 없어서 평시조의 틀에서 크게 벗어난 사설시조를 다시 마련하였습니다(여유 도우미 2, 나와 주십시오).

여유 도우미 2: (PPT 자료를 보며 설명한다.)

이 시조는 사설시조입니다. 3장으로 구성되어 있지만 종장을 제외하고는 초장과 중장은 음보 수도 일정하지 않습니다. 평시조보다 자유로움을 추구합니다. 이상입니다.

여유 전문가: 여유 도우미 2, 수고하셨습니다. 두 시조를 통해서 우리 시가 문학은 형식적 질서가 없는 것은 아니지만 형식이 자유롭다는 점을 알았습니다. 이상입니다.

사회자: 그렇습니다. 형식의 자유로움 때문에 시대가 변함에 따라 그 형식도 다양한 양식으로 변했습니다. 여유 전문가, 수고했습니다. 다시 한 번 뜨거운 박수를 부탁합니다.

청중들께서는 한국 문학의 특질인 '여유로운 시 형식'에 대해 잘 들었을 줄로 압니다. 발표자들에게 더 알고 싶은 내용이나 잘 모르는 것을 질문해 주십시오.

사회자: 다음으로 다양성 전문가께서 국문학의 두 번째 특질인 '양식의 다양성'에 대한 발표가 있겠습니다.

다양성 전문가: 예, 방금 소개받은 OOO입니다. 반갑습니다. 저는 우리 문학의 다양한 양식에 대해 정리해 보았습니다. PPT 자료를 봐 주십시오.

■ 다양한 문학 양식
- 구비 문학-신화, 전설, 민담, 민요
- 시가 문학-향가(신라 때 주로 불리다가 없어진 노래), 고려가요 (고려시대의 평민들이 부르던 노래), 시조, 가사(조선시대 지어진 노래)
- 산문 문학-소설
- 한문 문학

■ 시가 문학의 변화 과정

고전 시가 → 향가 → 고려가요 → 시조, 가사 → 자유시

이 표에서 본 것처럼 문학 양식이 다양하게 변화해 온 것은 우리 문학이 그만큼 삶의 변화에 잘 대응하였음을 말해 줍니다. 문학 양식이 이처럼 다채로운 것은 우리 민족의 예술적 감수성이 그만큼 빼어났다는 뜻도 됩니다. 이상 발표를 마치겠습니다.

사회자: 다양성 전문가 ○○○ 수고했습니다. 다시 한 번 뜨거운 박수를 부탁합니다. 질문 있으신 분은 질문해 주십시오. 질문 없으면 다음 주제 발표로 넘어가겠습니다. 현실 전문가 나와 주십시오. 먼저 현실 전문가에게 여쭤어 보겠습니다. 「심청전」, 「구운몽」을 현실 중심의 문학이라고 보는 이유가 있습니까?

현실 전문가: 현실 전문가 ○○○입니다. 안녕하십니까? 방금 사회자께서 질문한 것을 다시 한 번 말씀해 주시겠습니까?

사회자: 「심청전」, 「구운몽」 두 작품 모두 현실의 삶과는 다소 거리가 있는 용궁의 세계나 꿈속의 이야기를 그리고 있는데도 '현실 중심의 문학'이라는 특질을 지닌다고 볼 수 있습니까?

현실 전문가: 예. 「심청전」, 「구운몽」에는 용궁의 모습이 나오기도 하고, 신선들의 세계가 펼쳐지기도 하며 현실에서는 일어날 수 없는 사건들도 일어납니다. 그래서 비현실적인 느낌을 주기도 하지만 궁극적인 관심은 현실에 있으며, 현실의 삶을 중요하게 생각합니다(현실 도우미 나와 주십시오).

현실 도우미: 안녕하십니까? 현실 도우미 ○○○입니다. 제가 현실 중심의 문학적 특질에 대해 설명해 드리겠습니다.

현실 중심의 문학적 특질

1. 현실의 삶을 중요하게 생각한다.

2. 현실 세계를 무대로 하여 현실 세계의 삶을 꾸려 나간다.

3. 비현실적인 것도 현실의 중요성을 말하기 위한 장치이다.

4. 현실적인 문제를 해결하기 위해서 영웅을 등장시킨다.

이상입니다.

현실 전문가: 현실 도우미 수고했습니다. 현실 중심의 문학은 현실 세계를 배경으로 하여 현실 세계에서 일어날 듯한 사건을 다루고 있는 것이지 현실에서 일어난 사건 그대로를 다루고 있는 것은 아닙니다.

청중 1: 그렇군요. 고전 소설은 보통 사람과는 다른 영웅이 등장하여 신통한 재주를 부리기도 하고 그렇게 해서 문제를 해결하기도 하므로 비현실적인 느낌을 줄 수도 있지만 어디까지나 현실적인 고민을 해결하기 위한 결과일 뿐이군요.

현실 전문가: 예. 잘 이해하셨습니다. 핵심은 현실의 문제를 해결하려는 것이지 현실을 떠난 공상의 세계를 그리고자 한 결과는 아닙니다. 이상입니다.

사회자: 현실 전문가, 도우미 모두 수고했습니다. 다시 한 번 뜨거운 박수를 부탁드립니다. 청중들께서도 서슴지 마시고 질문해 주시고 함께 참여해 주셨으면 합니다.

사회자: 잠시 쉬었다 할까요? (개그 준비) 다음 발표자 나와 주십시오.

인간 전문가: 인간 전문가 000입니다. 저는 한국 문학의 네 번째 특질인 '인간 중심의 문학'에 대해 말씀드리겠습니다. 먼저 여러분에게

질문을 하겠습니다. '인간 중심'이라는 말의 뜻은 무엇일까요?

청중 2: 인간의 문제에 관심을 갖는 것, 바람직한 인간상을 주된 관심사로 갖는 것, 인간이 겪을 법한 사건을 다루는 것, 인간이 어떻게 살아가야 하는가를 의미합니다.

인간 전문가: 예, 잘 말씀해 주셨습니다. 그러면 인간다운 삶이란 무엇일까요?

청중 2: 가난에 굴하지 않고 꿋꿋하게 살아가는 것, 형제간에 화목하게 지내고, 부모님께 효도하고 나라에 봉사하는 성실한 모습을 가진 것, 이웃을 도우며 사는 것, 남에게 해가 되는 일은 하지 않고 착한 일을 하도록 애쓰는 것이라고 생각합니다.

인간 전문가: 예, 그렇습니다. 인간적인 삶은 바로 주변에 있습니다. 인간 도우미 나와 주십시오.

인간 도우미: 제가 '인간다운 삶'이 무엇인지 「춘향전」과 「심청전」, 「흥부전」, 「홍길동전」 등의 소설을 예로 들어 보겠습니다. 이 자료를 보아 주십시오.

춘향전: 춘향이 고난을 극복하고 이 도령과 결혼하게 되는 것
심청전: 심청이 온갖 어려움을 이겨 내고 결국 아버지의 눈을
　　　　뜨게 한 것
흥부전: 흥부가 가난한 삶을 이겨 내고 부유하게 살게 된 것,
홍길동전: 길동이 온갖 신분차별을 극복하고 한 나라의 왕이
　　　　　되는 것

등 모두 인간이 누려야 할 행복한 삶을 추구한 것입니다.

인간 전문가: 인간 도우미 수고했습니다.

청중 3: 우리 문학에도 동물을 등장시키는 이야기가 있습니까?

인간 전문가: 예. 용궁을 무대로 전개되는 토끼전이 있습니다. 이 작품은 물속에서 사는 자라와 산에 사는 토끼가 중심이 되어 이야기를 벌여 나가나 그것은 어디까지나 사람의 세계를 동물의 세계에 빗대어 표현한 우화일 뿐입니다.

청중 3: 그렇군요. 결국 바람직한 삶을 말하기 위해 동물을 인물로 설정하여 사람의 세계를 동물의 세계에 빗대어 표현한 것이군요.

인간 전문가: 쉽게 이해하시는군요. 결국 인간이 누려야 할 행복한 삶을 추구하는 것이 우리 문학의 중요한 지향점이었다고 할 수 있습니다. 이상입니다.

사회자: 정말 인간적으로 설명을 잘하는군요. 인간 전문가에게 다시 한 번 뜨거운 박수를 보냅니다. 다음 발표자 나와 주십시오.

자연 전문가: 자연 전문가 000입니다. 깊어 가는 겨울입니다. 앙상한 가지에 눈꽃이 아름답게 피었습니다. 아마도 제가 자연 친화의 문학을 설명하려니 더욱 가슴에 느껴지는가 봅니다. 힘드실 텐데 잘 들어 주시기 바랍니다.

우리 민족은 인간과 자연을 서로 도와야 하고 함께 살아가는 존재로 여겼습니다. 그래서 우리 문학에서는 자연과 인간이 하나가 되는 경지를 노래한 것이 매우 많습니다. 이 자료를 보십시오.

이 시조의 말하는 이는 자연 속에서 자연과 더불어 살아가고 싶어 함을 알 수 있습니다. 이처럼 우리 문학은 자연과 친해지고 자연과 더불어 사는 것을 지향하는 특질을 지녔습니다. 이상입니다.

사회자: 잘 들었습니다. 다시 한 번 자연 전문가에게 뜨거운 박수를 부탁드립니다. 이제 마지막 주제 발표가 있겠습니다. 끝까지 잘 들어서 학생 중심의 좋은 수업을 마칠 수 있도록 하기 바랍니다. 해학 전문가 나와 주십시오.

해학 전문가: 마지막 주제 발표자 OOO입니다. 우리 문학에서는 슬픔을 재미있게 표현하고 슬픈 일도 웃음으로 이겨 냈습니다. 다음 자료는 흥부전에서 흥부가 집을 쫓겨 나와 잠을 잘 곳을 마련하는 정경인데 상상만 해도 비참합니다. 그러나 이 대목은 결코 슬픈 어조로 말하지 않고 해학으로 표현하였습니다. 다 같이 읽어 봅시다.

그렇지 않습니까? 가난하고 비참한 상황을 우스꽝스럽게 표현함으로써 웃음이 나게 하지요?

슬픔으로 눈물 닦기는 위급하거나 절박한 상황을 해학적으로 표현하여 위기감이나 슬픔을 극복하는 것입니다. 이상입니다.

사회자: 오랫동안 기다려서 발표를 잘해 준 해학 전문가 고맙습니다. 다시 한 번 뜨거운 박수 부탁드립니다. 이상으로 여섯 분 전문가의 주제 발표를 통하여 한국 문학의 특질에 대하여 알아보았습니다. 특히 여러 전문가께서 한국 문학의 특질을 구체적인 예를 들어서 PPT 자료로 제시한 점이 인상적이었습니다. 지금부터 청중들의 질의응답 시간을 갖도록 하겠습니다. 더 알고 싶은 내용이 있으면 질문하여 주십시오. 질문이 없으면 정리하겠습니다.

문학은 우리 조상의 사상과 가치관, 삶의 태도를 담고 있기 때문에 한국 문학의 특질은 문학의 특질임과 동시에 우리 민족의 사상과 가치관입니다. 따라서 우리 문학의 특질을 오늘날에 더욱 소중하게 여겨야 하겠습니다. 이상으로 한국 문학의 특질에 대한 토의를 마치겠습니다. 긴 시간 고맙습니다.

삶의 행복을 꿈꾸는 교육은 어디에서 오는가?

미래 100년을 향한 새로운 교육

▶ 교육혁명을 앞당기는 배움책 이야기

혁신교육의 철학과 잉걸진 미래를 만나다!

핀란드 교육혁명
한국교육연구네트워크 총서 01 | 320쪽 | 값 15,000원

일제고사를 넘어서
한국교육연구네트워크 총서 02 | 284쪽 | 값 13,000원

새로운 사회를 여는 교육혁명
한국교육연구네트워크 총서 03 | 380쪽 | 값 17,000원

교장제도 혁명
한국교육연구네트워크 총서 04 | 268쪽 | 값 14,000원

새로운 사회를 여는 교육자치 혁명
한국교육연구네트워크 총서 05 | 312쪽 | 값 15,000원

혁신학교에 대한 교육학적 성찰
한국교육연구네트워크 총서 06 | 308쪽 | 값 15,000원

혁신학교
성열관·이순철 지음 | 224쪽 | 값 12,000원

행복한 혁신학교 만들기
초등교육과정연구모임 지음 | 264쪽 | 값 13,000원

서울형 혁신학교 이야기
이부영 지음 | 320쪽 | 값 15,000원

혁신교육, 철학을 만나다
브렌트 데이비스·데니스 수마라 지음
현인철·서용선 옮김 | 304쪽 | 값 15,000원

혁신교육 존 듀이에게 묻다
서용선 지음 | 292쪽 | 값 14,000원

다시 읽는 조선 교육사
이만규 지음 | 750쪽 | 값 33,000원

프레이리와 교육
한국교육연구네트워크 번역 총서 01
존 엘리아스 지음 | 한국교육연구네트워크 옮김
276쪽 | 값 14,000원

교육은 사회를 바꿀 수 있을까?
한국교육연구네트워크 번역 총서 02
마이클 애플 지음 | 강희룡·김선우·박원순·이형빈 옮김
352쪽 | 값 16,000원

비판적 페다고지는 세상을 변화시킬 수 있는가?
한국교육연구네트워크 번역 총서 03
Seewha Cho 지음 | 심성보·조시화 옮김 | 280쪽 | 값 14,000원

마이클 애플의 민주학교
한국교육연구네트워크 번역 총서 04
마이클 애플·제임스 빈 엮음 | 강희룡 옮김 | 276쪽 | 값 14,000원

미래교육의 열쇠, 창의적 문화교육
심광현·노명우·강정석 지음 | 368쪽 | 값 16,000원

대한민국 교사, 어떻게 가르칠 것인가?
윤성관 지음 | 320쪽 | 값 15,000원

아이들을 어떻게 가르칠 것인가
사토 마나부 지음 | 박찬영 옮김 | 232쪽 | 값 13,000원

아이들의 배움은 어떻게 깊어지는가
이시이 준지 지음 | 방지현·이창희 옮김 | 200쪽 | 값 11,000원

모두를 위한 국제이해교육
한국국제이해교육학회 지음 | 364쪽 | 값 16,000원
2015 세종도서 학술부문

경쟁을 넘어 발달 교육으로
현광일 지음 | 288쪽 | 값 14,000원

독일 교육, 왜 강한가?
박성희 지음 | 324쪽 | 값 15,000원

대한민국 교육혁명
교육혁명공동행동 연구위원회 지음 | 224쪽 | 값 12,000원